The Extraordinary Catalog of Peculiar Inventions

by Julia Suits

デムーリン・ブラザーズの
華 麗 な る 秘 密 結 社
グ ッ ズ カ タ ロ グ

ジュリア・スーツ 著
宇佐和通 訳

ヒカルランド

THE
EXTRAORDINARY
CATALOG OF PECULIAR
INVENTIONS

The Curious World of the DeMoulin Brothers and Their Fraternal
Lodge Prank Machines
—— from Human Centipedes and Revolving Goats
to Electric Carpets and Smoking Camels

JULIA SUITS

THE EXTRAORDINARY CATALOG OF PECULIAR INVENTIONS
By Julia Suits

ジュリア・スーツの楽しく奇抜な新刊は、秘密結社と入会儀式、
そして数多くの奇行に彩られた不穏ながらも素晴らしい時代を垣間見せてくれる。
花火や飛び道具、爆発物に信じられないような笑いの可能性があったことには、
まったくといっていいほど気づかなかった。

──ウィリアム・ガーステル

（『裏庭の弾道学 Backyard Ballistics』
『実践的放火 The Practical Pyromaniac』著者）

「過去は異国である。ものごとが違ったやり方で行われる」
L. P. ハートレイの言葉だ。
この素晴らしい本ほど、ハートレイの言葉に込められた真実を明らかな形で綴った
ものはない。

──マイケル・クッパーマン

（『ニューヨーク』『サタデーナイト・ライブ』の漫画家。
『スネークン・ベーコン Snake 'n' Bacon』
『スリズルの物語 Tales Designed to Thrizzle』作者）

両親に

時折の小さな馬鹿げた行いは、人間の最良の部分によって愛でられる。

──『ロッジのヤギ : ヤギの乗り物、お尻とヤギの毛 *The Lodge Goat : Goat Rides, Butts and Goat Hairs*』
（ジェームス・ペティボーン著、1902年）

目次

凡例

- 〔　〕は著者による補足を、［　］は訳注を示す。
- 訳文では、原著の度量衡を以下の通り換算して掲載した（小数点以下は切り捨て。参考：『改訂新版 世界大百科事典』平凡社、2007年）。

  1インチ＝2.54センチ

  1フィート＝30.48センチ

  1ヤード＝0.9144メートル

  1ポンド＝453.59237グラム

  1オンス＝28.35グラム

  1マイル＝1.609キロメートル

  1エーカー＝0.4047ヘクタール

- 本書に掲載するカタログのうち、説明文があるものについては、日本語での要約を指マーク（☞）の下に付した。
- 19世紀後半～20世紀前半のアメリカの貨幣価値を正確に示すのは難しいが、参考までに、当時の家族数2人以上の都市賃金・俸給労働者の平均貨幣所得を示すと以下の通り。

  1874～75年　763ドル

  1888～91年　573ドル

  1901年　651ドル

  1917～19年　1,505ドル

  （出典：小町谷寿子「19世紀後半アメリカにおける被服費の検討」『名古屋女子大学紀要』61号、2015年、田口芳弘「四 消費生活」榊原胖夫編『総合研究アメリカ 第5巻 経済生活』研究社出版、1976年）
- 本書に掲載するカタログには、現代においては人種的・民族的差別と見なされる表現が含まれるが、当時の時代性を伝える資料としてそのまま掲載する。これによって差別を是認または助長する意図は一切ない。

序 文

私は、ちょっと変わったものに情熱を傾ける。アメリカの秘密結社の入会儀式で使われた装置の研究もそのひとつだ。デムーリンという名前の三兄弟が、車で言えばロールスロイス級の爆発葉巻やブーブークッション、そしてジョイ・ブザーを作った。もし「三ばか大将」が家具業界に進出していたら、デムーリン三兄弟と同じ存在になっていただろう。

私自身、デムーリン・ブラザーズ製品のコレクションを楽しんでいる。少しお金があれば、誰でも素晴らしい美術品を手に入れることができる。スパンキング・シャベル（お尻叩きシャベル）やスローンズ・オブ・オーナー（名誉の王座）、コラプシング・サプライズ・チェアー（バラバラどっきり椅子）を集めて管理できる人はどれだけいるだろうか？　私はルーブル美術館が大好きだ。でも、笑いを求めてルーブルに行く人はいない。私がもし博士課程の学生だったら——あえて学部を卒業したらの話だが——こんな題名の論文を書くだろう。「デムーリン・ブラザーズ・カンパニー社製装置がもたらす社会的影響——何でも忌々しいほど真面目に受け取る社会的背景から考える」。

彼ら兄弟には、芸術家のような破壊性があった。真面目さと深刻さを皮肉り、儀式の荘厳さや威厳を爆笑に変えた。彼らはルールを完全に無視して数多くの素晴らしい装置を生み出し、誰かを笑いたいと思う人すべてが手に入れられる道具にした。誰かを笑う。最高の娯楽のひとつだ。

この本に記されているように、デムーリン・ブラザーズ・カンパニー社の製品は19世紀終わりから20世紀初めの時代にかけて隆盛を誇った友愛秘密結社向けに作られたものにほかならない。フーディーニは結社員だった。モーツァルトも、ウォルト・ディズニーもそうだ。当時、有名人は誰もが秘密結社のメンバーだった。一番人気があったのは、それぞれが体験した入会儀式に関する話だ。さまざまな入会儀式を終えて初めて、メンバーだけで使う握手の仕方や合図、そして秘密の言葉を教えてもらうことができる。

製品情報の文章を貫く感性を通して、人生の残酷さが陽気な言葉遣いで綴られていく。弁護士たちが権力を握る前の時代、人々がお互いを笑い合えることができた時代を思わせる響きだ。私の弁護士は、デムーリン・ブラザーズ・カンパニー社製品のコレクションを見たいという人たちに免責書類を求めるよう勧める。腰を痛めたり、心臓発作を起こしたり、何らかの不都合を被っても私が責任を負うことがないようにするためだ。そんなことになったら、悪徳弁護士たちから狙い撃ちにされるかもしれない。

でも、要はそういうことなのだ。「冗談もわからないやつは死んじまえ」（誰が言い始めたのかはわからないが、モーセ五書に記されていないことは知っている）という言葉がある。膨らみ切ったエゴは、何らかの方法でしぼませることが必要だ。荘厳すぎる儀式には、おならをしてやろうと思う人が必要だ。デムーリン兄弟は無秩序と破壊性、反抗心を盛り込んで美しく仕上げた製品に、道化師を閉じ込めた。手の込んだいたずらという単純な言葉だけで片付けられるものではない。アメリカの歴史的遺物だ。ナンセンスという感覚が、これほど真摯に扱われたことはないだろう。この本の序文を書かせていただけることは、私にとって誇り以外の何物でもない。秘密結社について何も知らない——この表現は許していただきたい——人たちにとってこの本は魅惑的で、大きな刺激を受けるものとなるだろう。

開いた途端に38口径拳銃の空砲が鳴り響き、顔に水がかからなければの話だが。

デビッド・カッパーフィールド＊
2011年 マッシャ・ケイ・アイランドにて
＊［訳注］米国出身の世界的マジシャン、イリュージョニスト。

はじめに

> D775　人間ムカデ、あるいは夢魔。この装置に乗り込んで
> しっかりつかまる自分の姿を思い浮かべるだけで、
> 引き船道を歩くほうがはるかによいと思うでしょう。
> ──『バーレスク・アンド・サイド＝ディグリー（BSD）カタログ』（No. 439）

年に1回、あるいは2回。これ以上ないほど奇抜なメールオーダー・カタログがキャンバス地の袋に詰め込まれ、アメリカ各地に向かう郵便列車に載せられた。カタログに掲載されていたのは、すべて奇怪でイカれた商品だ。

あなたが、19世紀終わりから20世紀初頭にかけての時代に友愛結社の支部長を務めていたとしよう。郵便局で受け取るカタログを出していたのは、デムーリン・ブラザーズ・カンパニー（The DeMoulin Brothers Company）という会社だ。イリノイ州グリーンビルにあるこの会社は、1896年から1930年の間、きわめて限られた購買層を意識したカタログを出していた。記載されていた商品は友愛結社の入会儀式に用いる装置、そして正式な会合で着る式服の数々だ。カタログが一般人の手に渡ることはない。いや、一般人にとっては存在しないも同じだ。それは今も昔も変わらない。

デムーリン・ブラザーズ・カンパニーのカタログには「男性は、娯楽を必要とする。どこかで必ず手に入れる」という自信満々な響きの文章が綴られている。これは秘密結社のメンバーにも当てはまる。当時、人気がある団体に加入した主な理由としてまず挙げられるのは生命保険・健康保険の恩恵だが、最も重要なのはメンバー間の親交と楽しみの追求だった。住んでいる地域で十分に楽しむことができなければ別の団体に入ったり、あるいは別の種類の楽しみ──おそらくはぐっとレベルが下がるもの──を見つけたりするのが常だった。ひとことで言うなら、娯楽性に乏しい団体には何の値打ちもなかった。活気がなくつまらない団体は、いずれ「枯れている」という言葉で形容されることになる。

人口が中心地に集まり、郊外都市が次々と誕生する過程で、オッド・フェローズやフリーメイソン、ピシアス騎士団、ウッドメンなどの友愛結社（fraternal orders）が結成され、コミュニティの経済的・社会的健全性の中核的な指標として機能するようになった。ただし、団体としての成功を示す指標は会員数だった。入会希望者であふれる大広間が

理想だったのだ。だからこそ、メンバーが会合を楽しみに待てるような要素を提供する努力が必要とされたのは当然だった。

友愛結社への入会者数が爆発的に増加した1892年、それぞれの団体の間で新規メンバー獲得と既存メンバーの離反を防ぐための熾烈な競争が生まれた。こうした傾向をいち早く察知したのが、エド・デムーリンだ。デムーリンは神童がそのまま大人になったような才能あふれる人物で、頭の中は新発明のアイデアでいっぱいだった。彼はさっそく、グリーンビルで所属していた団体を活性化させるための具体的な方策に取りかかる。そしてわずか何週間か後に発表した「エド式熔融鉛テスト装置」がモダン・ウッドメン・オブ・アメリカのメンバーの心をわしづかみにし、初の商品のデビューは大成功に終わった。

こうして、二つの時代区分——発明の時代と友愛結社の黄金期——の交差点で、デムーリン・ブラザーズ・カンパニーが誕生した。

ほどなくして、エドが所属する結社の入会希望者に対し、エド自身による奇妙な発明品を使った儀式が行われるようになる。「ローラーコースター・ゴート」（ジェットコースターヤギ）、「ソウミル」（製材機）、そして言葉の響きも恐ろしい「ブランディング・アイアン」（焼き印）。1894年の『グリーンビル・アドボケイト』紙に次のような記事が掲載されている。「エド・デムーリンは間違いなく発明の天才である。エド、まだまだいけるぞ」

そして発明を続けたエドは、時代精神から考えれば典型的な人物だったといえる。アメリカ特許庁は年平均で3万5,000件の特許を登録し続けていた。しかし農業や家庭、そして実業関連の発明が多かったこの時代、見るからにふざけた機械の特許はきわめて例外的だった。

アーロン・モンゴメリー・ワードが1872年に始めた手法にならい、エドと兄弟のユリシーズは会社経営にメールオーダー（通信販売）を用いることにした。初めてカタログを発送したのは1895年だ。これが大反響を呼び、ほどなくしてデムーリンのカタログは全米中の結社に向けて定期的に送られるようになった。美しい装丁のカタログは、自分たちの団体の影響力を高めたい結社上層部の人々に好まれた。デムーリン・ブラザーズ・カンパニーのオフィスは、車輪が付けられた機械仕掛けのヤギや電気ショック装置、爆発装置など、奇妙な商品の注文書であふれかえった。そして南京錠が付けられた木箱に詰められた商品が、ほぼすべての州に向けて次々と発送された。

今の時代、奇妙な発明品——爆発パイテーブルや人間ムカデ（キャンバス地製の4人乗り“絶叫マシン”）——の市場に興味を抱いたとしても、それは遅すぎると言わざるをえない。著者の私にできるのは、12冊に上るデムーリン・ブラザーズ・カンパニーのカタログを媒体にして100年ほど時間をさかのぼり、当時入手可能だった商品の数々を紹介することだけだ。

デムーリン・ブラザーズ・カンパニーのカタログが希少で奇抜である理由は何

か。それはまず、時間軸上での距離感ではないだろうか。そして、なかなか知ることができない商品の特殊性だ。デムーリン・ブラザーズ・カンパニーのカタログは、世紀の変わり目を生きていたアメリカ中流層の人々をつぶさに見る道具となる。また、数多くの秘密結社が生まれた背景を理解することにも役立つだろう。

本書で紹介する数多くの商品から、当時のポップカルチャーを感じ取ることができるはずだ。『ザ・イエローキッド』、「チャールストン・ガールズ」、「コロンビア博覧会」、「ビッグ・ビジー・バーサ」、そして「ブラーニー・ストーン」へのキス。聞いたことがあるものはいくつあるだろうか。

名もなきコピーライターたちが綴ったイラストの説明文は、語源に関する知識の宝庫だ。ビリケン、ララッピング、カザボなど変わった言葉から目が離せないはずだ。図らずもユーモラスな響きが込められることになった言い回しや表現も多い。

頭が固い人たちは、政治的不適切性や性的な響きの風刺をことさら感じるかもしれない。至る所にちりばめられた

購買者の意見は、デムーリン・ブラザーズ・カンパニーの商品が結社のメンバー数を増やし、多くの団体を救ったことを示す直接的な証拠となるだろう。神秘的な雰囲気の式服、だまし道具、象徴的な商品として知られる「トリック・チェアー」、そして電流へのあくなき興味。いじめやしごきといった行いに対する意識の違いを埋めるため、フリーメイソンのメンバーや博物館学芸員、大学関係者による商品に関する寄稿文もそのまま掲載した。

本書は学術論文ではない。友愛結社の歴史を語る専門書でも、それらの儀式について語る本でもない。ただ本書を読んで興味を持ち、実際にメンバーになりたいと思う人はいるかもしれない。デムーリン兄弟や彼らのカタログ、そして会社の歴史をひもとくものではない。発明品やそれにまつわる文言について語るための本でもない。

本書はレンズだ。タイムマシンという表現のほうが響きがよいなら、それでもかまわない。文章の圧が強すぎるかもしれない。内容が奇抜すぎてついていけないかもしれない。でも、まず読んでみてほしい。楽しめることは保証する。

第1章

デムーリン兄弟
来歴と人生

私たちのカタログは、語らないセールスマンです。
——『オッド・フェローズ・カタログ』No. 320

OUR FACTORY

is equipped to manufacture anything included in the following arts and crafts:

Church Furniture	Jewelry
Church Pews	Plating
Lodge Furniture	Leather Work and Special Footwear
Furniture and Woodwork	Uniforms
Varnishing and Painting	Caps and Special Hats and Head Gear
Upholstering	Costumes, Regalia and Banners
Dies and Patterns	Art and Scenic Painting
Iron Machine Work	Art Bullion and Silk Needle Work
Iron Forgings	Printing Cuts
Iron, Brass and Aluminum Castings	Printing and Lithographing
Swords	Badge Embossing
Metal Stamping	Button and Celluloid Novelties

Our factory represents an investment of over a half million dollars. We are located in a small city with excellent shipping facilities, cheap fuel, natural gas and low taxes.

Our factory is thoroughly equipped with the very best machinery; is excellently lighted and ventilated, and is managed by competent stockholding managers. Our stock of materials is very heavy and complete.

We were established in 1892 and have enjoyed a constant growth since. You are assured of our stability through a successful record of more than 38 years in the business.

With these natural advantages, which reduce our fixed expense to the minimum; with such excellent manufacturing facilities; with such complete stock of materials, we are enabled to manufacture in the highest quality, economically and without delay, every article listed.

Such an establishment at your service should be sufficient assurance that all orders will be filled promptly and that you will receive the greatest possible value for the amount expended.

デムーリン・ブラザーズ・カンパニーの工場を紹介する文章。教会用の設備からセルロイド製品まで24項目の取扱商品リストが示されている。「50万ドルの資金を投入して作り、最先端の機械を揃えた設備」という一文がある。工場の立地条件のよさが固定費を下げることにつながり、それが製品の低価格化を実現し、38年間安定した経営を続けている事実が記されている。

1892年、イリノイ州に住むウィリアム・フッカーという男性が、ネズミ捕り器の改良アイデアを思いついた。バネを使った新しい仕組みで、この3年後に特許を受けることになる装置だ。こちらもイリノイ州で生まれ育ったフランク・ロイド・ライトという男性が、シカゴに建つシラービルの最上階にオフィスを構え、建築業に乗り出した。フランクには、オハイオ州デイトンで自転車レンタル業の会社を設立したオービルとウィルバーという二人の兄弟がいた。

ライト兄弟ほど伝説的ではないが、同じ1892年に似たような起業物語が生まれつつあった。舞台は、セントルイス東部にある小さな街を走る列車だ。

イリノイ州グリーンビルに住むビル・ノースコットは、少々やっかいな問題を抱えていた。彼は友愛結社ウッドメンのグリーンビル・ロッジ（支部）の支部長を務めていたが、ロッジ全体が"眠たい"＝まったく活気がない状態に陥っていたのだ。2カ月に1回ある会合もあまりに退屈で会費の徴収もままならず、出席さえしないメンバーもいた。何らかの策を打たなければ閉鎖になることは明らかだった。ノースコットの脳裏には、相談を持ちかけるべき人物が浮かんでいた。友人であり、地元で天才と呼ばれているエド・デムーリン以外は考えられない。

同じ団体のメンバーだったエドはノースコットの意見に同意し、すぐに行動に移した。エドは受賞歴もあるプロのカメラマンで、グリーンビルの中心街にスタジオを持っており、必要な道具はすべて揃っていた。ノースコットから話を聞いてからすぐに、エドは単純ながら素晴らしい「熔融鉛テスト装置」を発明した。何も知らない入会希望者たちの目には拷問道具として映っただろうが、これを使った儀式を見るメンバーが爆笑することは確実だ。そしてこの装置のおかげで、ウッドメンのグリーンビル・ロッジは閉鎖を免れただけではなく、多くの新規会員の獲得に成功した。

ほどなくして、エドはさらなる発明品を手がけるようになる。「デセプティブ・グラス」（だましグラス）、「ブランディング・アイアン」（焼き印）、「トレイターズ・ジャッジメント・スタンド」（裏切り者判別台）、そしてスマートに折りたためる「ソウミル」（製材機）といった装置に次々と特許が与えられた。

聡明で独創的なエド・デムーリンが先頭に立ち、裕福な友人たちと弟のユリシーズが彼をサポートする体制で「エド・デムーリン・アンド・ブラザー」が立ち上げられ、人材豊富で収益性の高いメーカーになるまで大した時間はかからなかった。モダン・ウッドメン・オブ・アメリカのメンバーに向けて1895年に出版された初めてのカタログは、同じ年のシアーズ・ローバック社の532ページに比べるとかなり薄かったが、大量の受注が実現した。

1896年までには数多くの制服や旗、服飾品なども手がけるようになっていたデムーリン・ブラザーズ・カンパニーだが、その存在を際立たせたのは、ヤギをモチーフにした商品や人を驚かせるグッズ、そして爆発物や液体噴射器などの奇抜な装置だった。

熔融鉛テスト装置

　その昔、ミカドは捕虜を罰す
るために煮えたぎる油に手を
入れさせたと伝えられていま
す。しかしこの装置は、溶けた
鉛の中に手を入れることで志
願者に十分な勇気があること
を示すものです。溶けた鉛に
見えるものはまったく無害です
が、志願者にとってはそう見え
ないので、暴れまわってなんと
か逃れようとするでしょう。両
手をつかまれ、鉛の中に入れ
られた瞬間に浮かべる恐怖と
安堵の表情が、どんな人も笑
わせるでしょう。

　装置に使う水銀粉は液体
水銀よりも安価で、外見は溶
けた鉛にそっくりです。レード
ルを使って容器に移し替える
ところも見せることができま
す。このプロセスでも、水銀粉
は溶けた鉛にしか見えません。
器に入っているのは、水銀粉
で表面を覆われた室温の水
です。

　容器と専用の台、レードル、
アルコールを使った加熱装置、
アルコールおよび水銀粉の
セットにマニュアルを付けてお
届けします。
フルセットで2ドル75セント
水銀粉1缶：50セント

　簡易版のレードル熔融鉛テ
ストキットもご用意しています。
レードルと水銀粉1缶、マニュ
アルで70セント
デラックス版レードルと水銀粉
1缶：80セント

THE MOULTEN LEAD TEST

It was a Mikado who suggested dropping a prisoner in boiling oil, as a punishment, but to request a candidate to dip his hands in molten lead as an evidence of his bravery will "jar his slats." He objects. He rages. He storms. He turns loose a kick. He does not know that it is harmless, and the look of surprise and overpleasure that spreads on his face when his hands have been forced into the innocent imitation is enough to make a billie-goat laugh. This test is a great improvement over the small ladel test used heretofore.

Our dry Mercurine Powder used for this test is much cheaper than the liquid mercury and looks much more like real molten lead. It can be ladled up and poured back into the pot repeatedly in the presence of candidate, and the delusion is absolutely perfect. The contents of the pot is simply cold water, with a pinch of our new Dry Mercurine sprinkled in it.

6701 Price of complete outfit consisting of Pot, Tripod, Ladle, Alcohol Stove, bottle of Alcohol and a can of our Dry Mercurine sufficient to last for fifty or a hundred trials, with full directions for using $2 75
Extra cans of Dry Mercurine when wanted, by mail prepaid, per can $0 50

THE LADLE LEAD TEST.

6702 Ladle with one can of Dry Mercurine and full directions for using.. ... ... $0 70
6703 Extra heavy and well made Ladle with can Dry Mercurine $0 80

Halter Cord or Rope

3150 Halter Cord or Rope; each $0 40
3151 Halter Cord or Rope, best quality; each $0 60

Chains.

119 Iron Chain, about four and one-half feet long, with snap on end; each $0 35
3155 Iron Chain, longer and heavier, with snap on end; each..... $0 60

困り果てていたイリノイ州グリーンビルのウッドメン・ロッジのために、
エド・デムーリンが初めて作った発明品（1892年）

DECEPTIVE GLASSES

701

677

759 Deceptive Beer Glasses, filled with composition representing beer; Indianapolis Progress Brand trade-mark etched on glasses; per pair...$0.45
701 Deceptive Wine Glasses, large size, filled with red wine-colored non-freezing solution; per pair............................... .50
676 Deceptive Wine Tumblers, extra large and strong; filled with red wine-colored, non-freezing solution; per pair.............. 1.00
677 Deceptive Outfit, consisting of one pair 759 beer glasses, one pint bottle labeled and partially filled with composition, one corkscrew and one tray. The best and most complete Deceptive Outfit ever introduced; will deceive the keenest observer; complete outfit as described................................ 1.00
678 Deceptive Outfit, same as 677, representing wine instead of beer... 1.00
679 Deceptive Outfit, same as 677, but with one pair of 676 glasses instead of 759... 1.50

Deceptive Glasses Not Mailable.

—90—

だましグラス

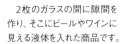

　2枚のガラスの間に隙間を作り、そこにビールやワインに見える液体を入れた商品です。

759 ● ビールに見える液体が入ったグラス。「インディアナポリス・プログレス・ブランド」のロゴマーク入り：2個45セント
701 ● ワインに見える液体入りのグラス。液体は不凍液入り：2個50セント

　その他、大型ワイングラスのセット、ビールグラスとビールボトルのセットもご用意しております。外観の違うグラスセットとの組み合わせも可能です。

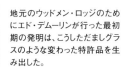

地元のウッドメン・ロッジのためにエド・デムーリンが行った最初期の発明は、こうしただましグラスのような変わった特許品を生み出した。

　「創造性あふれるハイテクの天才」、エド・デムーリンが生まれたのは1862年だ。二人の兄弟と同じように、父親が経営する鍛冶業と荷馬車製造の店を手伝いながら育った。ヤギ用の荷台の製造から始まった稼業である。最新技術への情熱に満ちたエドは時間さえあれば製図板の前に立ち、カメラ関連用品から秘密結社の儀式用装置まで、後に数多くの特許を得ることになる発明のアイデアを形にしていった。グリーンビルで初めて自動車のオーナーになり、電話や電気式呼び鈴を初めて使った人物だったことも不思議ではない。

　数字に強い弟のユリシーズが2カ月ほど早産で生まれたのは1871年だった。彼の命を救うため、両親は全身にオリーブオイルを擦り込んでかごに入れ、スト

デムーリン兄弟。左から右にラス、U.S.、そしてエド

ーブで温めた。これには効果があった
ようだ。やがて「U.S.」というニックネー
ムで知られるようになった彼は社長を
務め、アメリカ人の平均寿命が47歳だっ
た時代に84歳まで生きた。U.S.は設立
時からの共同経営者で（「エド・デムー
リン・アンド・ブラザー社」の「ブラザー」
の部分だ）、ヘンリー・オーシャッツとい
う男と一緒に経営にあたった。会社組
織の整備と経営、オーダーおよびカタロ
グ・システムの構築と円滑化など、実務
面のほとんどを取り仕切っていたのは
U.S.だ。機械に関する造詣も深く、多く
の特許を取得している。
「ラス」というニックネームで知られて
いた長男のエラスタスが生まれたのは
1860年だ。「筋骨隆々として力強い」、
「世界で一番優しい男」、「本当に穏や
かな人」といった言葉で形容されること

が多かった鍛冶職人である。また、地元
新聞で「機械の天才」と紹介されたよう
に、どんな種類の道具でも自らデザイン
して作り出してみせた。機械仕掛けの
ヤギや仕掛け椅子の特許は彼が持って
いた。スーパーバイザーとしてグリーン
ビルの工場で働き始めたのは1904年だ。
従業員と肩を並べて働くことをいとわ
なかったラスは、弟たちのように目立つ
のを望まなかった。
　当時は、友愛団体の黄金期が文字通
りアメリカ中で訪れていた時代だ。それ
ぞれの団体のパフォーマンスチームやマ
ーチングバンドが、多くの人を集めるイ
ベントの主役として認識されていた。エ
ド・デムーリンにとって最初の注文は
1893年、ウッドメンが独立記念日のパレ
ードで使う斧600挺だった。納品された
アルミ製の斧は、本物と見分けがつかな

いほどの完成度だったという。とても軽く取り扱いやすいので、誰かが近くにい

ても安心して派手に振り回すことができた。

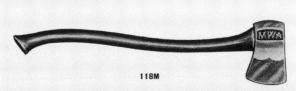

118M

Aluminum Axe, far superior to any aluminum axe ever introduced, and although it is full size it weighs but 24 ounces complete. The blade is 7 inches long (½ inch longer than any other aluminum axe), is casted clear and clean with fancy raised rustic letters M. W. A. in a sunken panel on each side of blade. The body of axe has a rich satin finish; the pole, bit and all edges are brilliantly polished. (No rough edges.) It is fitted with a pure white hickory handle, varnished with white damar varnish so that it is easily kept clean. If handle becomes soiled it can be wiped off with a damp cloth. The end of helve in blade is covered by a silver metal plate guard which gives the axe a finished appearance; also keeps the blade tight on handle and protects the axe somewhat from becoming battered in drill on paved streets. In this axe we believe we have reached the acme of perfection, and we guarantee it to be the best ever sold. There are similar axes on the market, but they are inferior to this one in that the blade is ½ inch shorter and has rough side edges; the helve is not varnished and the end of helve in blade is not covered with a guard **$1.10**

119M Aluminum Axe, same as 118M, but boys' size........................... **1.10**

120M Aluminum Axe, same as 118M, but with brilliantly polished aluminum blade, without letters; appears exactly like a new steel axe; preferred by many teams to the ones with raised letters.................. **1.10**

121M Aluminum Axe, same as 120M, but boys' size.............................. **1.10**

1893年5月に作られた最初の斧。
エド・デムーリンはモダン・ウッドメンのために
600挺の儀式用斧を製造する契約を結んだ。

👆 **アルミ製斧**

アルミ製の斧は数々ありますが、本商品は史上最高の出来栄えです。本物の斧と同じサイズですが、重さはわずか680グラム。刃の部分の長さは17センチ（既存の商品よりも1センチ長くなっています）、両面に鋳加工を施した「MWA」（モダン・ウッドメン・オブ・アメリカ）の刻印入りで重厚な質感に仕上げました。

柄の部分はご利用者の手にトゲが刺さらないよう研磨を施し、ニスを塗りました。乾いた布で拭き取っていただければ、汚れはすぐに落ちます。

刃の部分と柄は銀のプレートでしっかりと固定してあるので、パフォーマンス中の激しい動きも安心です。

価格：1ドル10セント
ボーイズサイズ：1ドル10セント

ものすごい勢いでオーダーが寄せられており、従業員は全力で商品の製造にあたっている。
　　　——『ザ・グリーンビル・アドボケイト』紙（1896年）

デムーリン・ブラザーズ・カンパニー製の制服を着たウッドメンのメンバー

　自らもウッドメンのメンバーだったエ
ド・デムーリンは、モダン・ウッドメン・オ
ブ・アメリカで使うすべての製品を製造
する許可を与えられ、郵便と電報で斧
や式服、そして制服のオーダーが徐々に
アメリカ中から寄せられるようになる。
　支部の規模がいかに小さくとも、そし
て運営資金がいかに少なくとも、制服
はマストアイテムだった。兵役経験者に
とって、軍服スタイルの魅力的な制服に
身を包むのは戦場で生まれる兄弟愛の
延長線上にあるものにほかならない。

　友愛団体にとっては、ごく単純なこと
だった。制服姿のメンバーが出席して開
催される派手なイベントは、これ以上な
いプロモーション活動だったのだ。
　高品質のウールとシルクをふんだん
に使ったカスタムメイドの美しい制服
を着たウッドメンのパフォーマンスチー
ム「フォレスターズ」が、1万人から1万
5,000人規模の行進を行う光景は圧巻
だった。この種の活動をどこの街で行っ
ても、会員数が確実に増加した。

TRAITOR'S JUDGMENT STAND

3444

This is one of the most desirable and effective pieces of furniture yet devised for initiatory work. Even after the candidate has met with various experiences tending to make him suspicious of new-fangled ideas in lodge machinery, the Judgment Stand is so honest-looking and his approach to it so natural, especially as he need not be blindfolded, that he has no thought of further trouble. The Conductor, who is by the side of the Stand, may, at any time, spring the trap by pressing the lever, allowing the top to fall to the floor. The top is certain to fall flat. The fall of the top explodes a blank cartridge and starts an alarm to ringing loudly.

Its superiority is in the following: It requires no effort in setting. The cartridge explodes wholly inside the Stand and cannot cause an injury. It is absolutely safe; up-to-date; solidly built; thoroughly durable and reliable; bound to work properly, and will not get out of order.

3444   Judgment Stand, woodwork well finished, polished, and varnished; upholstered in fine tapestry Brussels carpet, with wide fringe all around edges; packed in stained chest with hinged cover, lock and key; including 50 blank cartridges..$10.00

3445   Judgment Stand, same in all respects as 3444, but cheaper carpet and no fringe on edges; packed in stained chest with hinged cover, lock and key; including box of fifty cartridges... 8.50

Extra blank cartridges, box of fifty (not mailable).......... .25
Weight of 3444-45, packed, 98 lbs.

裏切り者判別台（1）

入会儀式にぴったりの、効果満点な製品をご紹介します。台の上に立たせた時点でも、目隠しをされないので志願者は何の疑問も抱かないでしょう。すぐ脇に立つ操作者は目立たない場所にあるレバーをいつでも足で押すことができ、それによって台の上に立った志願者が床に落ちます。人が立つ場所は平らな状態のまま落ち、それと同時に大きな発砲音が響きます。

設置もごく簡単で、空包により発砲音を出す火薬も装置内部で爆発するのでけがの心配がありません。頑丈な作りなので、長い間お使いいただけます。

3444 ● 志願者判別台（ブリュッセルカーペット、空包50回分つき）：10ドル
3445 ● 廉価版カーペットモデル：8ドル50セント
追加空包50発：25セント

顧客の声————

14ドル30セントの小切手をお送りします。
納入いただきました志願者判別台には大満足です。
今注文中の制服も満足できるものと信じています。敬具
————R. S. ガードナー

TRAITOR'S JUDGMENT STAND

D354

Explanations are now in order. The candidate has committed some offense which cannot be tolerated, even in the midst of the hilarity caused by the initiatory work. He must be made to understand that while the stunts are productive of considerable fun and amusement, each one teaches a lesson, his appreciation of which should be shown by proper decorum on his part. When the lodge has a case against any candidate this stand should be used. At the proper time the attendant presses a lever, causing the top to fall flat to the floor. A blank cartridge is exploded. This is one of the best stunts ever introduced.

☛ **裏切り者判別台 (2)**

過去モデル(前ページ)では立つ部分が落ちる仕掛けに不具合があり、けが人が出たことがあるようだ。こちらは改造版。

・使 用 例・

　1893年に製造されたデムーリン・ブラザーズ・カンパニーの裏切り者判別台。入会儀式の際の出し物に使われた。熔融鉛テストを終えた志願者は、さらなる試練としてこの台に立たされた。質疑応答がひと通り行われ、最後にレバーが押されて志願者が床に落ちる。電力が使える部屋で行われれば、台が落ちる瞬間に部屋の中を真っ暗にすることで効果が増大したはずだ。

　　　　　　　　　　　　　　　　　　　　　　　——デイブ・ラテリア

（フェニックスメイソンリー博物館・図書館 www.phoenixmasonry.org）

SAW MILL

744

Just think of a candidate being seized by "outlaws" or compelled by a fictitious charge to be bound with straps upon the sliding carriage of a saw mill and allowed to be drawn into the large circular saw! It will cause the candidate's hair to stand on end to see himself slowly but surely being fed into the saw running at high speed, but he has another guess coming, as the carriage will stop just before reaching the saw. This machine looks real and very dangerous, but can be used with perfect safety.

744   The Saw Mill is the best on the market. It folds up into a small space, but is 15 feet long, 27 inches wide and 23 inches high when opened ready for use. Price, including curtain to seclude the operator from the view of candidate; packed in chest having hinged cover, lock and key. (Shipping weight, 180 pounds)..$15.00

製材機

大きな刃が回転する製材機に縛られたら、恐怖を感じない人はいないでしょう。うなりを上げて回転する刃にゆっくりと近づいていく間に、何でも話す気になるはずです。しかし、刃に当たる寸前で止まるように設計されているのがこの機械です。きわめて恐ろしい外見ですが、安全に使っていただけます。

フルセット：15ドル

LOG FOR ADVISER, BANKER AND CONSUL

833M   Log, 12 inches in diameter, 34 inches high; substantially made of papier mache on a light wood frame; nicely painted; fine imitation of a real log..........................$5.00

833M

ALTAR STUMP

834M

834M   Altar Stump, 22 inches across top, 30 inches high; substantially made of papier mache on a light wood frame; nicely painted; fine imitation of a real stump.. $7.50

小道具用切り株

いずれもパルプ製。

833M ● 直径30センチ、高さ86センチ：5ドル

834M ● 直径55センチ、高さ76センチ：7ドル50セント

エドの弟ユリシーズ、そして後にスーパーバイザーを務めることになるヘンリー・オーシャッツが入社したのは1895年だ。会社はその後2年で徐々に生産量を増やしていく。すべてを変えたのは、車高274センチのヤギ型三輪車「ダディ・アヴ・アム・オール」だ。エラスタス・デムーリンが製作したこの装置は、1897年にカンサスシティで開催されたモダン・ウッドメン・オブ・アメリカの年次総会の会場まで鉄道で運ばれ、パレードで披露された。こうした斬新な宣伝手法が、大至急という指定で寄せられたウッドメンの

制服1万ドル分の注文、そして将来有望な多数の顧客の獲得につながった。

左から右へエド、U.S.、
1904年まで製品担当スーパーバイザーを務めた
ヘンリー・オーシャッツ

ミズーリ州カンサスシティ発。MWA年次総会会場にて――
デムーリン・ブラザーズ・カンパニーが、ウッドメンの年次総会向けに素晴らしい
展示品を製作した。これにより大量の受注があり、経費以上のものを手に入れた
と考えられる。プロモーション活動に成功したデムーリン・ブラザーズ・カンパニーは、グリーンビルで安定した雇用を提供し続けるだろう。
――『ザ・グリーンビル・アドボケイト』紙（1895年）

カタログの郵送準備をするデムーリン・ブラザーズ・カンパニーのスタッフ

『グリーンビル・サン』紙のオフィスで印刷されたデムーリン・ブラザーズ・カンパニー初めてのカタログは、1895年の感謝祭シーズンに発送された。このカタログにはモダン・ウッドメン・オブ・アメリカの制服や式服、そして斧などのさまざまな用品が掲載されていた。デムーリン・ブラザーズ・カンパニーはグリーンビルのホイルズ・アンド・サンズ・ステート銀行から90ドルの融資を受けてカタログの送料をまかない、市場の反応を待った。U.S. デムーリンは次のように語った。ヘンリー・オーシャッツとハンティングに出かけ、帰ってくると、エドが「やったぞ! やった!」と叫び声を上げながら近づいてきた。エドのデスクには、総額1,600ドル近くの注文書が積み上げられていた。

——ジョン・ゴールドスミス
『3人のフランス人と1匹のヤギ Three Frenchmen and a Goat』より

デムーリン・ブラザーズ・カンパニーの社史を研究しているジョン・ゴールドスミスによれば、1912年には新カタログの送料が1日で1,200ドルに達することがあった。1915年までに、毎年貨車2両分のカタログが発送されるようになっていた。ただ、カタログの絶対量と、対象が友愛団体上層部の人間だけだった事実を考えれば、当時でもかなり希少だったことがうかがわれる。

こうしたカタログが印刷されていた期間は30年あまりにすぎない。広まったのと同じくらいの速さで姿を消した。アメリカ全土が世界大恐慌に呑み込まれたのだ。多くの団体が消滅し、他の形態の社会的結合や保険、そして娯楽が取って代わった。

カタログの美学：カバーと内容

1890年代の初期のカタログは薄く、エド自身がイラストを描いていた。カリフォルニアに引っ越して会社を離れた1915年にプロのアーティストが後を継いだが、エドのイラストも使われ続けていた。独学で身につけた自己流のタッチには、不必要とも思える細部へのこだわりが感じられる。商業カタログ用の洗練された新しいスタイルのイラストとは対極に位置したものといえるだろう。エドが最後のカタログとなる No. 439を手がけたのは1930年だった。皮肉にも、購買者のコメントを初めて大々的に盛り込んだ作りだった。当時広く使われていた手法だ。

カタログ制作費を節約したとしても、それに気づく人はいなかったはずだ。プロのデザインによるカラフルな仕上がりの表紙は、多くの人々の目を惹いた。この本で見ていく12冊のカタログに限っていうなら、当時流行していたアール・ヌーボーやクラフトマンスタイルのデザインが盛り込まれたものが5冊ある。

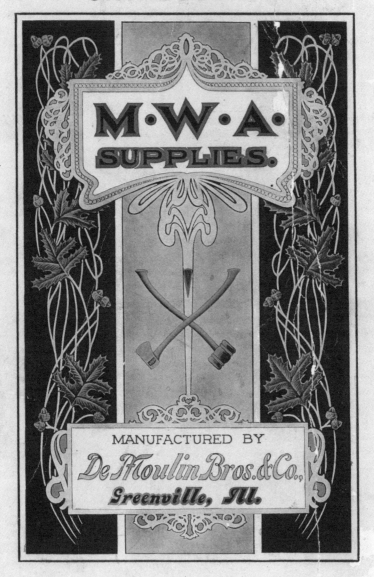

M·W·A· SUPPLIES.

MANUFACTURED BY
De Moulin Bros. & Co.,
Greenville, Ill.

CATALOG No. 267
IMPROVED ORDER OF
RED MEN
GOODS
MANUFACTURED BY
DeMoulin Bros.&Co.
GREENVILLE~ILLINOIS

カタログの言語学

　デムーリン・ブラザーズ・カンパニーのコピーライターたちは誰であれ、文字数が多いページの組版作りで印刷所に勤める人たちの仕事を増やしたようだ。魅力的な独特の言葉遣いは、当時の世相を封じ込めたものといえるだろう。ぶっきらぼうなもの言いや顧客向けの美麗な響きの文章から、大げさでふざけた調子に満ちた奇抜なセールストークまで、私と同じように、読者のみなさんも心惹かれるにちがいない。昔風の言い回しや廃語を盛り込んだり、二つの意味を持たせたりする究極の言葉遊びを感じさせる文章もある。わかりやすい笑いが好きな人たちも十分に楽しめるはずだ。以下のような言葉や文章から目が離せない。

Billiken（ビリケン）: 硬貨を置く場所がある漆喰製の幸運の人形。1908年、カンサスシティに住む美術教師フローレンス・プレッツが特許を取得。ビリケンは世界中、特に日本で大流行した。
drayage（辞書的な意味は荷馬車による運搬）: 配送という意味で使われている。
magneto（マグネト発電機）: 昔の手回し式電話機で使われていた発電機。

Lycopodium powder（石松子）: ヒカゲノカズラの胞子から作った黄色い粉末。火の近くでまくと勢いよく燃える。
kazeboあるいはgazebo（見晴らし台）: 臀部という意味で使われている。知ったかぶりをする奴、尻という意味もある。
fagged out（辞書的な意味は疲労困憊）: 意気消沈した状態、疲労している、逮捕されたという意味で使われている。
zobo（ゾボ）: コルネットに似た形状の楽器。ハミングで鳴らす。
mercurine（マーキュリン）: 水銀成分を含む防カビ剤粉末。
larrapingあるいはlarruping（ララッピング）: 打ち据える、激しく打つという意味で使われている。
jar your slats（直訳すれば板を瓶詰めするという意味）: slatsは骨を意味するので、自分に活を入れるという意味になる。
blown to atoms（直訳すれば原子の単位まで吹き飛ばされる）: 爆発させて小さな破片にするという意味で使われる。
botheration（ボザレーション）: イライラさせられている心理状態の意味。

デムーリン兄弟は抜け目のないビジネスマンとして知られていた。プロモーションの価値も熟知しており、多くの団体に向けて独自のカタログを大量に出版した。本書で紹介するカタログは、デムーリン・ブラザーズ・カンパニーの「Burlesque and Side-Degree Paraphernalia」というシリーズの商品を掲載したものだ。"お楽しみグッズカタログ"といった語感だろうか。上層部が許可しようとしまいと、お楽しみが好きな団体に向けてふざけた商品が満載されたカタログが送られたのだ。本書では、以下に示したカタログを紹介していくことにする。

第2章

友愛団体の基礎知識
団体、ロッジ、メンバー

「あなたのご主人には」訪問者は同情するような口調で言った。
「素晴らしい側面がたくさんありました」
「はい」未亡人はため息交じりに答えた。「いい人でした。
みなさんそうおっしゃってくださいます。
ただ私自身は夫をあまりよく知りませんでした。7つの団体に入っていたので」。
——ジェームス・ペティボーン『ロッジのヤギ：ヤギの乗り物、お尻とヤギの毛
The Lodge Goat: Goat Rides, Butts and Goat Hairs』（1902年）

アメリカ独立戦争の間、ジョージ・ワシントンからラ・ファイエットまで、すべての重要人物が何らかの友愛団体に属していたようだ。南北戦争後のアメリカでは、厳しい状況がひとつにまとまる力を生み出した。癒しを求め、生き続けるために多くの男性がさまざまな団体に押し寄せた。

19世紀の終わりまで、そして発明の時代の絶頂期に、アメリカ国内では300以上の友愛結社——ほとんどが新興団体だった——が存在し、それぞれの支部の数は何万という単位になっていた。この数字には女性団体も含まれるが、ギリシャ文字クラブ［大学生が運営する友愛結社］は除外してある。こうした機運が1930年代初頭に絶頂期を迎えた時点で、何らかの団体に所属している男性の人口は3,500万人に達した。

友愛組織が頼りにされた第一の理由は保険だ。家族を養う立場にある者にとっては最大の関心事にほかならなかっ

た。労働災害や心臓病、インフルエンザ、肺炎、チフス、結核など伝染病を含む病気が中低所得層に大きな被害をもたらす中、友愛結社・共済組合のメンバーになれば、自分がけがをしたり命を落としたりしても、家族の心配はない。それほど高額ではない会費という形で資金を集め、州政府の手が届かない部分で必要となる金銭的な問題を解決するために使う。こういう方法を通して、生命保険や年金、終身医療保険、そして住宅費や学費までがまかなわれた。この種の援助体制があれば農場のローンの支払いが可能となり、家族を養っていくことができる。こうした背景が、「亡くなった」ことを意味する「He bought the farm」（彼は農場を買った）という慣用句の語源になったという説もある。

世紀の変わり目の時代に最も人気があった次の諸団体は、デムーリン・ブラザーズ・カンパニーの製品を購入し、使っていた。

＊モダン・ウッドメン・オブ・アメリカ（MWA）

＊ウッドメン・オブ・ザ・ワールド（WOW）

＊インディペンデント・オーダー・オブ・オッ
　ド・フェローズ（IOOF）

＊ピシアス騎士団（KoP）

＊ジュニア・オーダー・オブ・ユナイテッド・
　アメリカン・メカニクス（JOUAM）

＊インプルーブド・オーダー・オブ・レッドメ
　ン（IORM）

＊ブラザーフッド・オブ・ザ・プロテクティブ・
　オーダー・オブ・エルクス（BPOE）

＊エンシェント・アラビック・オーダー・オ
　ブ・ザ・ノーブルズ・オブ・ザ・ミスティッ
　ク・シュライン（AAONMS）

＊ローヤル・オーダー・オブ・ムース（LOM）

＊ブラザーフッド・オブ・レイルロード・ト
　レインメン（BRT）

　最大かつ最古の団体であるフリーメ
イソンは、娯楽のためでしかないふざけ
た商品の数々を徹底的に拒絶した。た
だし、例外的な出来事もあった（第3章
参照）。

　経済面での安心に加え、友愛結社は
職場や家庭でのストレスや制限と無縁
で自由にふるまえる空間をもたらす場
となっていた。慈善活動を通して、主導
権を握って何かを行う感覚、自分が何
かの役に立っている感覚を確認し、チー
ムの一員としての帰属意識を実感する
ことができた。「楽しい仕事」あるいは
「第二義的な仕事」と呼ばれるものは、
メンバーが集まって大笑いし、ストレス

を発散できる活動だった。共済組合や
友愛団体の概念は社会全体に広く定着
し、1900年までにアメリカ人男性の40%
が最低ひとつ、多くの場合は複数の団
体に属していた。

　どんなに小さな街にも何らかの団体
の支部がいくつかあり、多くの団体が混
在することもあった。それぞれに特徴と
長所があったので、複数の団体のメンバ
ーになる男性も多かった。フリーメイソ
ンのメンバーが、望めばウッドメンにも
エルクにもピシアス騎士団にも加入でき
たということだ。こうした人は、1カ月に
何回も会合に出席していたはずだ。中
核都市から遠く離れた村に住む人たち
が、馬や馬車、あるいは徒歩でかなりの
距離を移動しなければならなかった事
実も忘れてはならない。あまり活発では
ない団体のメンバーが、より魅力的な活
動を展開している団体に惹かれるのは
当然だ。会合への出席率が悪くなった
り、脱退してしまったりすることも珍し
くなかった。泥にまみれて働き、疲れた
体で会合に出席するメンバーが求めて
いたのは、取るに足らないと感じられる
ことがらについて何時間も話し合うこ
とではない。団体運営は、ある程度まで
の粗暴さや娯楽要素が必要だった。メ
ンバーにしてみれば、自分の好みに合っ
た団体に加入できるチャンスはいくらで
もあったのだ。

　世紀の変わり目に存在していた数々
の団体は、ほとんどが男女や人種、民族、
そして医師や裁判官、鍛冶職人、政治
家、農業従事者、鉄道員、商人、教師、ジ
ャーナリストなど職業、そして宗教によ

ってグループ分けが行われていた。多くの団体において、労働階級の人たちが大多数を占めていたというのは事実だ。ただ、特定の宗教観を重視する団体はごく少数だった。大切なのは、神の存在を信じることだ。それに加えて誠実さ、そして遅延のない会費納入も求められた。アルコール依存やDV、働かない人、詐欺師は入会を断られた。その一方で、反移民主義で白人至上主義のジュニア・オーダー・オブ・ユナイテッド・アメリカン・メカニクス（JOUAM）やクー・クラックス・クラン（KKK）のように、入会基準が低い団体もあった。

デムーリン・ブラザーズ・カンパニーの取引団体

ザ・モダン・ウッドメン・オブ・アメリカ
(The Modern Woodmen of America 〈MWA〉)

　MWAは、開拓者が団結して森林伐採を行い、家族を養っていくという理念を基にジョゼフ・カレン・ルートによって創設された。特定の宗教の概念に縛られることがない友愛団体を思い浮かべたルートが立ち上げたMWAは、当時アフリカ系アメリカ人の入会を認めていた唯一の団体でもある。エド・デムーリンの発明が初めて製品化されるきっかけとなったのもMWAだ。それから30年間、MWAは制服からさまざまな装置まで、デムーリン・ブラザーズ・カンパニー製品の最大のユーザーだった。

　1883年の設立以来、MWAはシュライナーズと並んで一般社会に対して最も印象の良い団体となった。1900年初頭に結核が流行した時は、約405ヘクタールという広大な敷地の療養所を開設した。アメリカ国内で最上級の設備を誇った施設で、38年間にわたって1万2,000人以上の患者が治療を受けた。

　やがてマーチングバンドとパフォーマンスチームが次々と作られ、各団体の顔として機能するようになる。パレードの花形であるMWAのパフォーマンスチーム「フォレスターズ」を知らない人はいなかった。国際博覧会や大統領就任式をはじめとする大きなイベントに出演するフォレスターズを見るため、多くの人々が集まった。デムーリン・ブラザーズ・カンパニー社製のユニフォームに身を包み、ぴかぴかの斧を手にして、複雑な動きのパフォーマンスを披露する。フォレスターズに驚かない人はおらず、総勢1万人が繰り広げるパフォーマンスはアメリカ中のレインボー・パレードのメインイベントだった。これはLGBTのアイデンティティを主張する今日的な意味でのレインボー・パレードではない。最大2万人規模で行われる、計算しつくされた動きを見せるパフォーマンスだ。それぞれの団体が、目立つ色とデザインのユニフォームを身に着けていた。記録に残る最後のレインボー・パレードは1925年6月、大観衆を前にシカゴのミシガン・アベニューを2時間以上通行止めにして行われた。

> 2002年のハリウッド映画『アバウト・シュミット』で、ジャック・ニコルソンがウッドメン・オブ・ザ・ワールドのメンバーを演じている。

ジ・インディペンデント・オーダー・オブ・オッド・フェローズ
(The Independent Order of Odd Fellows〈IOOF〉)

　F、L、T（Friendship＝友情、Love＝愛、Truth＝真実）という三つの文字で知られるIOOFは、困っている人々に救いの手を差し伸べる慈善団体として18世紀のイギリスで設立された。労働階級の人たちがこうした目的のために団体を作るのはodd＝奇妙であるととらえられたようだ。団体の名称はこうした事実にちなんでいる。病気に苦しんだり、経済的に困窮したりしているメンバーに向けて金銭的援助をアメリカで初めて行った団体で、亡くなったメンバーの葬儀や残された子どもたちの救済活動も行った。IOOFは「貧困者のメイソン」と形容されることが多い。現在世界各地に1万以上の支部があり、そのうち約1,750支部はアメリカ国内にある。

　IOOFは、デムーリン・ブラザーズ・カンパニーの装置を「下品で道徳心に反する」としていた。これは注目しておくべきだろう。しかし、実際は数々の製品を使ってメンバーが楽しんでいた支部があったことも事実だ。

ピシアス騎士団
（The Knights of Pythias〈KoP〉）

　南北戦争の勃発を受け、兄弟愛精神を新たにすることを目的にして1864年にワシントンD.C.で創設された。創設者のジャスタス・H.ラスボーンはフリーメイソンのメンバーで、ピシアス騎士団の各階位の授与の儀式はフリーメイソンに倣った。ピシアス騎士団には三つの階位があったが、その儀式はソロモン王の神殿設立ではなく、ギリシャ神話で語られた、信頼と忠誠心の象徴である友情で結ばれたダモンとピュティオスの伝説に基づくものだった。騎士団のモットーは「友情、慈善、博愛」だ。デムーリン・ブラザーズ・カンパニー製品のユーザーとして知られ、当時の他の多くの団体と同じく、入会資格を与えたのは白人男性だけだった。アフリカ系アメリカ人およびネイティブ・アメリカン系の人々は、それぞれ独自の支部を設立しなければならなかった。

ジ・オーダー・オブ・ユナイテッド・アメリカン・メカニクス（The Order of United American Mechanics〈OUAM〉）

　1845年にペンシルバニア州フィラデルフィアで設立された。愛国精神と社会福祉、そして慈善を基本理念にした団体で、アメリカ本土で生まれた人々の雇用、亡くなったメンバーの未亡人や子どもたち、そして働くことができないメンバーの生活支援を行った。この団体の使命は、アメリカ人よりも安い賃金で雇用される移民に対する怒りを反映したものにほかならない。本書で紹介するカタログは、ジュニア・オーダー・オブ・ユナイテッド・アメリカン・メカニクス（JOUAM）に向けて特別に出版されたものだ。

> 　各州を代表する5,000人の黒人男性を集め、ピシアス騎士団の黒人部会設立記念行事が今朝アイバンホー・ホールで始まった。この催しは金曜日の夜まで続く。同様のものとしては、カンサスシティでは最大級の催しとなった。出席者には医師や弁護士、銀行家、商人、事務員、荷物運搬人、理容師、教師、編集者、農家などあらゆる職業に就く黒人が含まれている。
>
> 　　　　——『ザ・カンサスシティ・
> 　　　　ジャーナル』紙（1909年）

D1205-D1206

レッドメンのペンシルバニア州支部の集合写真。
デムーリン・ブラザーズ・カンパニー社製のパレード用衣装を身に着けている。

ジ・インプルーブド・オーダー・オブ・レッドメン（The Improved Order of Red Men〈IORM〉）

フリーメイソンとインディペンデント・オーダー・オブ・オッド・フェローズに倣い、メリーランド州ボルティモアで1834年に設立された。ネイティブ・アメリカンの生活様式からインスピレーション得て、自分たちの理念とした。メンバーは「部族」単位でテントの中でミーティングを行い、憧憬の感覚も含め、ネイティブ・アメリカンの伝承に基づく数々の儀式を執り行った。皮肉なのは、活動期間のほぼすべてを通じて、会員資格が白人男性に限られていたことだ。アメリカへの移民の増加に対し、こうした規制を設けたものと思われる。

ザ・ブラザーフッド・オブ・ザ・プロテクティブ・オーダー・オブ・エルクス（The Brotherhood of the Protective Order of Elks〈BPOE〉）

1868年、ニューヨークの俳優たちが集まるパーティーを母体として発足した。

とある支部の議事録には、志願者に鉛の底の靴を履かせて歩かせるよう記されている。酔ったような歩き方をさせるためだ。「割れたグラスの上を歩く」という儀式についての記述もあるが、これに使われた小道具は卵の殻だった。「ホースプレイ」は空包を入れた本物の銃で、入会希望者を背後から撃つというものだった。派手なパーティー以外の使命として掲げていたのは「慈善と正義、兄弟愛、忠誠」の原則の徹底だった。会員数は、アメリカ国内で男女合わせて100万人以上になる。[団体名のエルク（elk）はアメリカアカシカのこと]

> シンクレア・ルイスの小説『バビット』の主人公ジョージ・バビットは BPOEのメンバーとして描かれている。

ジ・エンシェント・アラビック・オーダー・オブ・ザ・ノーブルズ・オブ・ザ・ミスティック・シュライン（The Ancient Arabic Order of the Nobles of the Mystic Shrine〈AAONMS〉）

「シュライナーズ」あるいは「フリーメイソンの遊び場」と呼ばれることもあるAAONMSは1870年、フリーメイソンのメンバーのための非メイソン的な側面を実現していくグループとして設立された。目的は仲間意識を高めながら気軽に楽しめる場を提供することだった。集まる人たちはリラックスした雰囲気の中でジョークを交わし、大声で「ラクダのミルク、次は誰がおごる？」などと言い合っていた。使用していた象徴や紋章は歴史上実在したものだったが、これは本物らしさを醸し出すためだけで、団体そのものに古代やアラビア、そして神秘的な要素は一切関係していなかった。今は「フリーメイソンの劇場」と形容されることが多いが、フリーメイソンとはまったく異なる団体であり、シュライナーズ独自の儀式と信条がある。楽しい儀式の数々は、きわめて重要な人生訓を伝える手段でもあった。シュライナーズは小児病院の設立と子ども向け医療のチャリティー活動で特に有名な団体である。

ザ・ローヤル・オーダー・オブ・ムース（The Loyal Order of Moose〈LOM〉）

1888年、男性社交クラブとしてケンタッキー州ルイビルで創設された団体。その後、主として労働階級層で構成されるメンバー向けに疾病手当を提供した。1912年の時点で会員数は50万人、支部の数は1,000に達した。子ども向けの専門学校「ムースハート」が1913年に設立され、今はシカゴから64キロ西に行ったところにある約405ヘクタールの施設で恵まれない子どもたちが暮らしている。現代のムースは全米50州とカナダの4州、イギリスとバミューダを含む、およそ1,800に上る支部と80万人ほどのメンバーが、慈善事業への寄付や社会活動に積極的に参加している。[団体名のムース（moose）はヘラジカのこと]

> ひとりはみなのために。
> みなはひとりのために。
>
> ——ムースのモットー

ふ ざ け た 団 体

以下に紹介するふざけた団体は特定団体を模倣したわけではないが、他団体に対する愚弄という意味が活動に込められていることは否めない。ここに名前が出ている団体がデムーリン・ブラザーズ・カンパニーの製品を購入していたかどうかは明らかではないが、公式の団体として記録に残されているので、本書にも収録しておくのも楽しいと感じた。どの団体も今も盛んに活動している。

ザ・クランパーズ
(The Clampers〈E Clampus Vitus〉)

バージニア州西部の丘陵部に住む鉱員が行った入念ないたずらをきっかけにして、1840年代中頃に設立された団体。「不条理なものこそ信じる *Credo Quia Absurdum*」という文言をモットーとしていた。1849年、西部を目指して旅立ったジョー・ズムウォルトという金鉱員は、採掘道具と一緒に手製の儀式典礼集を携えていた。

カリフォルニアに着いた彼は儀式典礼集をひもとき、知り合った男たちと一緒にグループを立ち上げた。クランパーズは今も存在し、バーなどに集まってはフリーメイソンやオッド・フェローズをはじめとする正統派の神秘主義団体をからかって楽しんでいる。複雑で秘密に満ちた内部構造もいじらずにはいられない。マーク・トウェインはクランパーズの会合で『キャラベラス郡の名高き跳び蛙』の着想を得たという話もある。現在、アメリカ西部の7州にいる数多くのメンバーが慈善活動を熱心に行っている。

フー=フーズ (Hoo-Hoos
〈The International Concatenated
Order of Hoo-Hoo Inc.〉)

1892年にアーカンソー州ガードンで創設された団体。現在も友愛奉仕団体として活動しており、会員のほとんどが林業に従事している。慣例や因習にとらわれない自由な団体を念頭に設立され、メンバーの健康と幸福、そして長寿を目的とする。面白味を出すために、上層部の役職名にはルイス・キャロル作の詩「スナーク狩り」に出てくる言葉が使われる。ちなみに会長の正式名称は「宇宙のスナーク」だ。他の呼称には「古代の家と至高の9人の予言者」、「スープリーム・フーフー」、「シニア・フーフー」、「ジュニア・フーフー」、「スクリベノーター」、「ボージャム」、「ジャバーワーク」、「カストケイシャン」、「アーカノパー」、そして「ガードン」といった言葉が使われている。フー=フーズのエンブレムには、しっぽが数字の9になっている黒猫があしらわれている。

6745

あって当たり前の施設

1800年代の終わり、家畜として飼われていた豚のほうが人口よりはるかに多く、足跡がありとあらゆる道に残っていた頃、アメリカ中に友愛団体や共済組合の支部が続々と作られていた。ノースダコタ州インクスターやケンタッキー州ブラッズタウンといった小さな田舎町にも何らかの団体の建物がひとつはあった。こうした町は地域の拠点として機能し、大通り沿いに建てられた友愛団体や共済組合の建物は周辺に点在する村の住人や農民が集まれる場所となっていた。1910年当時、ユタ州オグデン（人口2万5,000人）は小規模ながら活気にあふれる都市として知られ、以下に紹介する通り、各団体の活動が盛んだった。

友愛結社の会合日一覧
——『オグデン・スタンダード・ニュースペーパー』紙（1909年）

モダン・ウッドメン・オブ・アメリカ（MWA）: ユタ・キャンプ第22支部: 毎週火曜日8時

オーダー・オブ・レイルウェイ・コンダクターズ: 第二・第四金曜日6時、KoPホール

メイソン第4支部: 毎月第一水曜日・第三金曜日

ブラザーフッド・オブ・ザ・プロテクティブ・オーダー・オブ・エルクス（BPOE）: 毎週土曜日7時

ウイメン・オブ・ウッドクラフト（モダン・ウッドメン）: 毎週水曜日7時

インディペンデント・オーダー・オブ・オッド・フェローズ IOOF: オグデン第五支部、毎週火曜日夜

レベカ第一支部（IOOF）: 第二・第四金曜日夜

フラターナル・オーダー・オブ・マウンテン・ゴーツ: 第一・第三金曜日、オッドフェローズ・ホールにて

フラターナル・オーダー・オブ・イーグルス（FOE）: 毎週水曜日夜、イーグルホールにて

ウッドメン・オブ・ザ・ワールド: 第74支部、K of Pホールにて毎週木曜日夜

ピシアス騎士団（KoP）: オグデン第二支部、毎週月曜日夜

レイディーズ・オブ・ザ・マカビーズ: シルバー・ハイブ第一支部、第二・第四木曜日

ブラザーフッド・オブ・アメリカン・ヨーメン＊: ＊[訳注]ヨーメンは自由農（ヨーマン）の複数形

第二・第四水曜日夜、IOOFホールにて

インプルーブド・オーダー・オブ・レッドメン: 第一・第三月曜日夜、イーグルホールにて

フラターナル・オーダー・オブ・オウルズ: オグデン支部、毎週木曜日夜、リード・ホテル・ロイヤルにて

ハイランダーズ: 第一・第三月曜日、ユニオン・レイバーホールにて

ローヤル・ネイバーズ・オブ・アメリカ: 第二・第四月曜日夜

各団体の有名メンバー

プリンス・ホール・メイソンズ（※アフリカ系アメリカ人向け団体だが、それが入会条件ではない）

ナット・キング・コール、ジェシー・ジャクソン、カウント・ベイシー、デューク・エリントン、チャールズ・ランゲル、リチャード・プライヤー、シュガー・レイ・ロビンソン、クワイイーシ・ウムフーメイ、W. E. B・デュボイス、ブッカー・T.ワシントン、アレクサンドル・デュマ、サーグッド・マーシャル、アレックス・ヘイリー、アル・シャープトン、ドン・キング、アレクサンドル・プーシキン

フリーメイソン

ウィリアム・シェイクスピア、ウィンストン・チャーチル、ヨハン・セバスティアン・バッハ、アービング・バーリン、W. C. フィールズ、ウォルフガング・アマデウス・モーツァルト、ジョン・ハンコック、ジョン・グレン、バッファロー・ビル（ウィリアム・コーディ）、ハリー・フーディーニ、ハリー・S.トルーマン、ルイ・アームストロング、マーク・トウェイン、オスカー・ワイルド、ジョン・ウェイン、ヴォルテール、メリウェザー・ルイス、チャーリー・チャップリン、ジェシー・ジャクソン、ヘンリー・フォード、ベン・フランクリン、ナット・キング・コール、マイケル・リチャーズ

エルクス

ジョン・F. ケネディ、クリント・イーストウッド、ミッキー・マントル、ヴィンス・ロンバルディー、ティップ・オニール、ケイシー・ステンゲル、ジェラルド・フォード、ハンター・S.トンプソン、ジョン・パーシング、ローレンス・ウェルク、ウィル・ロジャース、ジャック・ベニー、ハリー・S.トルーマン

イーグルス（FOE）

セオドア・ルーズベルト、フランクリン・D. ルーズベルト、ウォーレン・G. ハーディング、ハリー・S. トルーマン、ジョン・F. ケネディ、ジミー・カーター、ウォルター・モンデール、アール・ウォーレン、J. エドガー・フーバー、スタン・ミュージアル、ファーザー・フラナガン、ジャック・デンプシー

ムース

ジミー・スチュアート、ラリー・バード、ウォーレン・G. ハーディング、バド・アボット、ルー・コステロ、アーノルド・パーマー、ロッキー・マルシアーノ、アーネスト・ボ

ーグナイン、マヌート・ボル、アール・ウォ
ーレン、リチャード・デイリー、ウッディ・ヘ
イズ、ビリー・マーティン、ビリー・マーテ
ィン、ホーナス・ワグナー

オッド・フェローズ

フランクリン・D.ルーズベルト、チャーリ
ー・チャップリン、ユリシーズ・S.グラン
ト、アル・フランケン、チャールズ・リンド
バーグ、オーラヴ5世ノルウェー国王、ワ
イアット・アープ、アール・ウォーレン

クランパーズ

ロナルド・レーガン、ジョン・ヒュースト
ン、ハーブ・カン

シュライナーズ

ハリー・S.トルーマン、ハロルド・ロイド、
アービング・バーリン、エディ・リッケン
バッカー、レッド・スケルトン、バズ・オル
ドリン、ジョン・ウェイン、クラーク・ゲイ
ブル、ロイ・ロジャース、タイ・カップ

覆面の男たちは誰だったのか

　ほとんどの男性は、複数の団体に所属していた。自分と家族が最大限の利益を得られるようにするためだ。所属している団体の半分が主催する毎月12回の会合に出席する人もいたという。会員の人種や民族、宗教はさまざまだった。

　ただ、その時代ならではの先入観のため、多くの団体は人種ごとのメンバーで構成されることが多かった。以下の死亡記事に、デムーリン・ブラザーズ・カンパニーの時代に生きた男性の典型的な人物像が示されている。

フランク・W. マスグレイヴ

イリノイ州ジョーンズボロ在住。先週木曜日に肺気腫で死亡。死亡時年齢41歳4カ月17日。バプテスト教会にて葬儀が行われた。1870年5月15日、ユニオン郡生まれ。農業に従事した後に数年間教職を経験し、その後、W. W. ストークス社にセールスマンとして勤務。死亡時はユニオン郡でスタンダード・オイル社の代理人を務めていた。ピシアス騎士団、オッド・フェローズ、コート・オブ・オーナー、モダン・ウッドメンのメンバー。夫人と3人の子ども、自身の母親、数人の姉妹を残して亡くなった。──『ザ・ジョーンズボロ・ガゼット』紙（イリノイ州ジョーンズボロ、1911年）

ジョゼフ・ゴールドマン

1875年、ミズーリ州ジェファーソンシティ生まれ。新聞編集者として活躍し、ミズーリ・ボランティア第2志願兵部隊で大佐を務めた。法学を研究していたが、実際の仕事は新聞編集だった。『カンサスシティ・スター』特派員から『デイリー・ステイト・トリビューン』の社主兼編集長に就任し、ゴールドマン・シュー・アンド・クロージング社長となる。モダン・ウッドメン・オブ・アメリカのメンバーで、民主党員として活発に運動を行い、ジェファーソンシティ野球クラブでスコアラーを務めていた。──コール郡歴史協会（ミズーリ州ジェファーソンシティ）

R. B. スペンサー

享年22歳。木曜日の夜、ヘムフィルで事故死。暗闇の中、列車に推進装置を装着する作業中に起きた事故で即死だった。ブラザーフッド・オブ・レイルウェイ・トレインメンおよびカルメット・トライブ・オブ・レッドメンのメンバーで、彼を知る人々からは尊敬され、愛されていた。──『ザ・ブルーフィールド・デイリーテレグラフ』紙（ウェストバージニア州ブルーフィールド、1902年）

トーマス・P. ゴア

オクラホマ州ロートン在住。1870年12月10日生まれ、1949年3月16日没。民主党員。1907年から1921年にかけてオクラホマ州選出上院議員を務める。ピシアス騎士団、ムース、ウッドメン、エルクスのメンバー。子どもの頃の事故により、目が不自由だった。目が不自由な人として初めて上院議員に選出された。ユージーン・ルーサー・ゴア・ビダル・ジュニアの祖父。──www.politicalgraveyard.comより

すべての団体が兄弟愛の象徴として受け容れられていたわけではない。アメリカ人ジャーナリスト、エッセイスト、社会批評家として知られる H. L. メンケンは、1948年の著書『メンケンの選句集 A Mencken Chrestomathy』に、嘲り（あざけ）の響きが感じられる次のような文章を記している。

「アルコール度数の低いビールのグラスを手に、バーの個室に集まった10人の鉄型職人が『アメリカ薔薇十字会』の支部を組織し、車輪修理工を至上指導者に任命する」

メンケンは友愛団体や共済組合について深い知識を持ち合わせていたわけではないし、そうしたカルチャーに冷ややかな視線を向けた唯一の人物でもなかった。ただ、アメリカに住んでいた人の約半数が何らかの団体とのつながりを持っていたことを示す資料が存在するという事実を見る限り、批判的な姿勢を保ち続けた人たちは少数派だったといえるだろう。

チャールズ・ハーガーは、団体を内側から描いたライターだ。1879年にカンザス州からニューヨーク州に移住したハーガーは教育水準が高く、農業にいそしみながら『ハーパーズ』や『アトランティック』といった雑誌や多くの新聞に記事を寄稿していた。『アビリーン・リフレクター』紙の編集長を25年以上務め、フリーメイソンとシュライナーズのメンバーだった。筆者は、ハーガーが辛辣（しんらつ）な口調で綴ったメンバーについての文章を見つけた。

ザ・ロッジ

　郊外の街や小さな都市。夜はすっかり更け、街灯がぼうっとした光を投げかけている。立ち並ぶ店の前は薄暗く、安い食堂の窓の輪郭も見にくくなっている。あちこちから疲れ切った馬のいななきが聞こえてくる。孤独を絵に描いたような光景だ。しかし、一カ所だけ明るい場所がある。2階にあるホールに続く階段を浮き上がらせているのは、まぶしいほどの光を投げかけているランタンだ。通りに向いた面には、固く握られた二つの手が描かれている。兄弟愛の象徴だ。すぐそばに文章が見える。「ハイラム第678支部。会合は毎週水曜日夜に開催。見学者歓迎」。

　メンバー間で使う合図や合言葉を知っているのなら、そのまま階段を上がっていけばいい。金物店の2階に、その街に住むほとんどの男性が集まっている。医師、弁護士、政治家、労働者、編集者、教師、農業従事者、そして鉄道関係者。彼らは「第二

義的な仕事」にいそしんでいる。あるいは、会合用の装飾品を身に着けたまま家に帰ってしまったメンバーへの罰金、月会費の増額についての話をしているのかもしれない。

　入り口でしばらく立ったままでいたら、声をかけられるかもしれない。補助的な役割の女性団体の代表者を務める「高貴で尊敬すべき女性」(その街で生地店を営む男性の妻) が先頭に立ち、後に続く女性が、サンドイッチが入ったかごと湯気の立つコーヒーポット、そして山のように積み上げられたドーナツとリンゴを運んでくる。やがて会合は楽しげな雰囲気に満ちたパーティーになり、ダンスも始まる。翌日の新聞には「十分に楽しんだ参加者が家路についたのは真夜中過ぎだった」という旨の記事が掲載されるだろう。

　共済組合や友愛団体のロッジ＝支部は、多くの都市において社交の場として機能するようになった。こうした傾向は、おそらく東部よりも西部において顕著であるはずだ。大平原地帯の諸州は、人口集中地間の距離が離れている。昔から家族付き合いをしている人たちとのつながりもない。富や地位の差を気にせずに付き合うことができる場は、ロッジだけなのだ。

　自分の会社や店で働く従業員の一つひとつの動きに気を配る人はあまりいないだろう。しかし会合が行われる夜、赤と黄色を基調にした威厳ある式服に身に包んだメンバーが儀礼の合図を交わし合う。その相手が従業員かもしれない。彼が躊躇なく、完璧にことを進めていく姿に驚かされる。こうしたことを学べる場はほかにない。

　昔ながらの文化活動援護団体は、そこに所属する人々に対して討論の仕方や、決断力を養う方法を教えていた。今日、こうした教えが伝えられる場となっているのはロッジだ。各団体が抱えるさまざまな問題や確実に存在する見解の相違の理解、すべてのメンバーが議会的な規則に則る形で自由闊達な議論を行えるようにする気配りも不可欠だ。軽んじられるべき組織ではない。それと同時に、こうした知識を得られる場所がロッジしかないという人たちも多く存在している。

どの町にも、さまざまな団体に自ら進んで参加し、さまざまな儀礼を知ることに大きな意義を感じる人たちがいる。オフィスに入ってきた男性がメンバー間の儀礼として使われる合図を見せる。22巻ものの奇抜な内容の百科事典の売り込みが始まるのは、そこからだ。喫煙車両に乗り合わせた男性が、あなたが身に着けている紋章をしげしげと見るかもしれない。彼も同じ紋章を着けている。「どちらのロッジですか?」という言葉で親しげな会話が始まる。

人口4,000人くらいの、典型的な西部の街を想像していただきたい。16カ所ある教会に信徒として参加しているのは1,500人くらいだ。しかしロッジの数は28カ所、メンバーは2,400人いる。差が出るのはなぜか。ロッジはいくつでも好きなだけ登録できるが、信徒として登録できる教会はひとつだけだ。ロッジは教会のライバルにはなりえない。教会と同じ資質の上で機能するものではないからだ。多くの教会は信徒に対し、秘密結社のメンバーになることで得られる恩恵を禁じている。

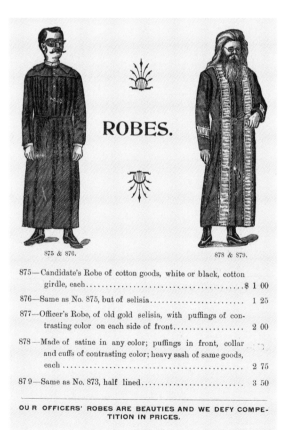

ROBES.

875 & 876.　　　　　878 & 879.

875—Candidate's Robe of cotton goods, white or black, cotton
　　　girdle, each......................................$ 1 00
876—Same as No. 875, but of selisia......................　1 25
877—Officer's Robe, of old gold selisia, with puffings of con-
　　　trasting color on each side of front.................　2 00
878—Made of satine in any color; puffings in front, collar
　　　and cuffs of contrasting color; heavy sash of same goods,
　　　each...　2 75
879—Same as No. 873, half lined.........................　3 50

OUR OFFICERS' ROBES ARE BEAUTIES AND WE DEFY COMPE-
TITION IN PRICES.

安堵感を与える紋章

紋章を着けてピクニックなどのアウトドア活動に参加すれば、大きな安堵感が得られるでしょう。

教会とロッジがそれぞれ提供してくれるものについて、混乱している人もいる。こんな例を紹介しておこう。人通りが少ない道路際に住んでいた農業従事者が体を壊し、何週間かして亡くなってしまった。助手を二人連れた牧師が未亡人を訪れ、こう語ったという。「ご主人が教会ではなく、ロッジに属していたことは不幸でした」。

「いいえ」未亡人は答えた。「この家に越してきて2年が経ちますが、夫が病気になった時や亡くなった時に来て助けてくれたのは教会の人たちではありませんでした。ロッジの人たちが毎晩二人組で来てくれて、夫についていてくれました。私や子どもたちに必要なものを持ってきてくれた上に、2,000ドル渡してくれました。子どもたちと一緒に新しい生活を始めるのに十分な金額です。夫がロッジの会員でよかったと思います」。

友愛結社には、教会機構がうらやむような忠誠心があった。正しく生きるために会員に与えられる特権は、大きな動機になった。兄弟たちの思いに沿わない生き方は、叱責や非難の対象となった。

ロッジの運営状態が不活性になると、直ちに対策が講じられる。新会員募集のための大規模な運動を通して、ありとあらゆる人に対する働きかけが行われる。最も多くの新会員候補を集めた会員には賞が与えられた。

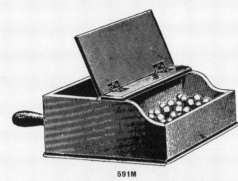

BALLOT BOXES

591M Ballot Box, semi-secret **$0.50**

592M Ballot Box, fine walnut finish, secret **$1.25**

BALLOTS AND CUBES

593M China Balls, white or black; per hundred **$0.30**

594M Porcelain Balls, larger and finer, white or black; per hundred. **$0.50**

595M Black Cubes; per hundred. **$0.90**

596M White Rubber Balls; per hundred. **$1.50**

597M Black Rubber Cubes, which sound the same as the round balls when dropped in the box; per hundred **$0.80**

591M

592M

👉 投票箱

> ロッジは、志願者の受け入れに関する投票を行う。白いボールは賛成票で、黒いボールは反対票だ。これが「blackballed」（反対される、拒否される）という言葉の語源になった。

　ただ、本当のお楽しみは何も知らない志願者がすべて儀式を終えた後に始まる。街で一番のレストランにメンバー全員が集まって行われる晩餐会のメインはカキ料理だ。妻や娘たち、そして恋人たちもやってきて、夜遅くまで宴会が続く。

　こうした楽しみにあらがえる者があるだろうか？ ロッジの影響力が絶大であることは明白だ。何らかの理由で負うべき義務を果たせずに失敗に終わることもあるだろう。しかし、常に新しい団体が生まれており、メンバーの意識は年々高まっていく。

WANDS, SPEARS, STAFFS, AXES

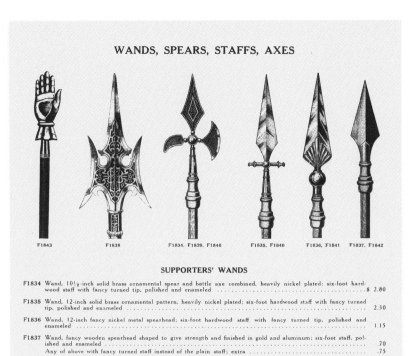

F1843   F1838   F1834, F1839, F1846   F1835, F1840   F1836, F1841   F1837, F1842

SUPPORTERS' WANDS

F1834 Wand, 10⅛-inch solid brass ornamental spear and battle axe combined, heavily nickel plated; six-foot hard-
wood staff with fancy turned tip, polished and enameled ....$ 2.80

F1835 Wand, 12-inch solid brass ornamental pattern, heavily nickel plated; six-foot hardwood staff with fancy turned
tip, polished and enameled 2.30

F1836 Wand, 12-inch fancy nickel metal spearhead; six-foot hardwood staff with fancy turned tip, polished and
enameled 1.15

F1837 Wand, fancy wooden spearhead shaped to give strength and finished in gold and aluminum; six-foot staff, pol-
ished and enameled .... .70
Any of above with fancy turned staff instead of the plain staff; extra .... .75

SPEARS FOR CONDUCTOR AND GUARDS

F1838 Halberd, 19-inch combination double axes and spear of malleable iron having rich oxidized copper finish; fine
heavy shaped hardwood handle, fine French wax polished ....$ 5.40

F1839 Spear, 10⅛-inch solid brass ornamental spear and battle axe combined, heavily nickel plated; six-foot hard-
wood staff with fancy turned tip, polished and varnished or enameled 2.80

F1840 Spear, 12-inch solid brass ornamental pattern, heavily nickel plated; six-foot hardwood staff with fancy turned
tip, polished and varnished or enameled 2.30

F1841 Spear, 12-inch fancy nickel metal spearhead; six-foot hardwood staff with fancy turned tip, polished and var-
nished or enameled 1.15

F1842 Spear, fancy wooden spearhead shaped to give strength and finished in gold and aluminum; six-foot staff, pol-
ished and varnished or enameled .... .70
Any of above, except F1838, with fancy turned and fine French wax-polished walnut staff instead of the plain
staff; extra .... .75

👆 儀仗や槍、斧のサンプル

THE J'INER（ジャイナー）

彼は、いわゆる「ジャイナー」だった。
街にあるすべての団体の入会許可証に
サインしていたからだ。
新しい団体が設立されるとすぐに加入し、
彼の名前は常に会員リストの一番上に記される。

　　　　こんな話がある。ロッジのメンバーが多いことで知られる大きな街が西部にある。ここでは誰もが少なくともひとつの団体に入っていると言われ、実際は誰もが二つあるいは三つの団体に加入している。ごく最近、街に引っ越してきた家族がいる。彼らが住む家は、この街のすべての団体に関係する実力者の家と道路を挟んで向かい合っていた。引っ越しから1週間たったある日、この人物は一家の5歳になる息子と話す機会を得た。挨拶を交わして、彼はこう尋ねた。
「坊や、パパはメイソンかね?」
「いいえ」と男の子は答えた。声に鋭い響きが感じられる。
「じゃあ、オッド・フェローズのメンバーかな?」
「いいえ、違います」
「ピシアス騎士団か? それともウッドマン? ワークマン? ピラミッド? フォレスター? マカビーか?」
　男の子は頭を横に振った。
「パパはどのロッジにも入っていないのか?」と戸惑った声で質問が続く。
「どれも違います」と男の子は答えた。
「ならば、毎朝庭に出ていろいろな合図をするのはなぜかな?」
「ああ、あれはロッジとは関係ありません」と男の子は答えた。「パパは舞踏病にかかっているんです」
　ロッジが社会的影響を与える範囲は広く、コミュニティ内の私生活にまで及んだ。冬の夜、暖炉のそばで本を読んでいるところにメンバーが押しかけてくることも珍しくない。しかしこうした"驚き"は、小さな街に住む人たちにとって喜ぶべき出来事なのだ。メンバーであるスミスの誕生日、彼を驚かせるために彼の店に集まることもあった。赤いベルベットを張った派手な揺り椅子を贈り、これがスミス氏に対するメンバーたちの信頼を雄弁に語るしるしとなった。訪問者たちが持参した昼食がふるまわれた後、スミス氏を讃えるスピーチが行われる。訪問者がすべて帰った後、スミス氏は贈られた椅子の座り心地を楽しみながら、ロッジに入った幸せを噛みしめる。
　メンバーが亡くなる時も、ロッジが提供する厚遇がいかんなく発揮される。フロンテ

ィアと形容される人たちは、新しい土地で多くの悲しみと対面してきた。隣人と呼べる人たちはきわめて少なく、顔見知りさえほとんどいない。しかし、大きなロッジに所属している男性が亡くなると、家族のもとに葬儀を手伝う人たちが集まり、花が届き、馬車が使えるようになる。葬儀が始まると、家の前の通りを式服に身を包んだロッジの全メンバーが列を作り、2人1組になってゆっくりと歩く。上着の袖には喪章が付いている。メンバーが儀杖隊のように並び、霊柩車の後ろについて墓地まで歩き、真新しい墓穴に遺体が納められ、埋められる様子を円になって見守るのだ。

DOVE BOX

Our Dove Box accomplishes all that is desired. Its mechanical construction is perfect. A live dove is enclosed in the box on a platform, and by pulling the cord, is released and started on its journey by a mechanical arrangement, which insures the carrying out of this part of the ceremony without any drawback, interruption or delay.

The solemn service attending the ceremony of a brother's burial is rendered more beautiful by the Woodmen of the World by the use of our new and perfected apparatus, which by its mechanism releases the dove (emblem of the spirit of the dead), which, springing from the grave is sent on its upward flight, vividly illustrating the flight of the soul to its heavenly home. It is a part of the beautiful ceremony, and nothing should be omitted that will add to the impressiveness of the scene at the grave.

8W37 Dove Box, of wood, covered with black casket felt, brass carrying handle $3.75

ダヴ・ボックス

私たちのダヴ・ボックス（鳩箱）は望まれるすべての要素を現実にした製品です。精巧な仕組みが施され、中に入れた鳩を最高のタイミングで放つことができます。メンバーの埋葬など、荘厳な雰囲気の中で行われる儀式にも理想的な、頼れる装置です。墓穴に置いておけば、空に向かって飛び立つ魂の象徴として参列者の心に残るでしょう。セット一式：3ドル75セント

羽根飾りを施した服を着て儀式を執り行うという行為を馬鹿げていると公言する人もいる。中世の甲冑や、軍服風のきらびやかな装束に身を包んだロッジのメンバーによるパレードを冷笑する人たちだ。お互いを大げさな名前で呼び合うなどいい大人がやることではないし、馬鹿馬鹿しい。教会機構や国以外の存在に威厳を求めることもおかしい。そういう考え方だ。ごく普通の感覚を持つ男性の目には、金ぴかでちゃらちゃらした式服が今の主流であるシンプルな服装の対極にあるものとして映るだろう。これ見よがしな服装は見ていて疲れる。結局、ロッジの存在を強めるものは儀式や式服ではなく、背景にある教えなのだ。

COSTUMES

D951-D953　　　　　　　　D963-D978

　ただ、娯楽的な要素が垣間見えるのも事実だ。メンバーの誠実さを試す儀式もあった
が、これはあくまで「第二義的な仕事」として認識され、ロッジの公式行事や通常
行われる入会儀式とはまったく異なる形で行われていた。メンバーが馬鹿騒ぎするこ
ともあるが、それが近代的な組織の主要な要素とはなりえない。スムーズな運営を実
現するためには、メンバーの娯楽的志向性ではなく、理性や知性に訴えかける必要が
ある。

　過去7年間、各団体のメンバー数増加が顕著になった。大都市から西部の農業地
帯まで、ロッジ組織は浸透しきっている。多くの男性が週一度あるいは2週間に一度、
一番近くにある町の公民館まで出かけ、他のメンバーとの関わり合いを楽しんだ。

　ロッジは何らかのクラブ、あるいは教会の代わりになるものではない。また、それ自
体が生きる糧となるものでもない。昔ながらのギルド的な思想を現代に当てはめ、実
業界や政界、そして社会全般で大きな影響を与えるまでになった。急速に人気が出
た現状を見ていると、影響力がますます増していくことは間違いないだろう。

　――チャールズ・モロー・ハーガー『アトランティック・マンスリー』（97号、1906年）

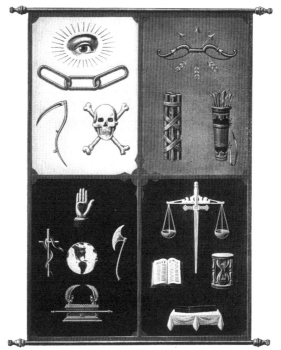

F1900

避けようがなかった、という表現が正しいのだろう。第一次世界大戦後、ロッジは一気に衰退した。戦争から生きて帰ってきたメンバーもいたが、あまりにも多くの死者が出てしまった。人々は、自動車や映画をはじめとするさまざまな娯楽を選べるようになった。訴訟の時代と言われた1920年代、各ロッジは告訴の可能性を真剣に考えるようになる。

余興で使われていたいたずら装置は、楽しい余興ではなく、やっかいな問題を生むかもしれないものとなった。世界大恐慌が訪れてすべてが打ち砕かれると、ロッジのメンバーはいよいよ苦境に追い込まれた。1930年代半ばに書かれた次の記事が、当時の状況を物語っている。

シカゴのスティーブンス・ホテルで先週開催されたモダン・ウッドメンの年次総会に参加したメンバーの年齢層は高く、盛会とは言い難いものだった。資金面の見直しが行われた後、1903年から会長を務めるアドルファス・ロバート・タルボットが再選されて終了した。現在78歳のタルボット氏は弁護士で、ウィリアム・ジェニングス・ブライアンの共同経営者として法律事務所の運営に関わっていたこともある。タルボット氏はネブラスカ州リンカーンに妻と一緒に住んでおり、趣味は庭いじり。モダン・ウッドメンをはじめとする一流の友愛共済組合の保険制度が破綻したことはないというのが自慢の事実。　　　　　　　　　　　——『タイム』紙（1937年6月21日付）

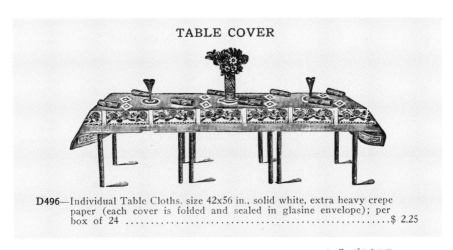

TABLE COVER

D496—Individual Table Cloths, size 42x56 in., solid white, extra heavy crepe paper (each cover is folded and sealed in glasine envelope); per box of 24 ....$ 2.25

テーブルクロス

第3章

お楽しみ
「第二義的な仕事」

尻尾をつかんで猫を運ぼうとする者は、
他の方法では学べない何かを学ぶ。
――マーク・トウェイン

第二義的な仕事（side-degree）

　楽しい入会儀式あるいは悪ふざけは、"余興"として行われたものだ。荘厳な空気の中で行われる階位授与式などの公式儀式の一部としてではなく、「第二義的な仕事」はあくまで娯楽を追求するために行われた。話を簡単にするため、本書では「第二義的な仕事」と「悪ふざけ」という言葉に互換性を認めることにする。そして本書で紹介するカタログの数々は、すべて第二義的な仕事＝悪ふざけ用の商品に関するものである。

「尻尾をつかんで猫を運ぶ」ことから学べるものと同じく、友愛団体の第二義的な仕事＝悪ふざけは人生訓をもたらすものだった。ただし、仕掛けられる側である志願者たちにとっては、母親に泣きつきたくなるほどの内容であることがしばしばだった。教育的な意味合いも持たされていたが、まず大切なのは、仕事で疲れた体を引きずるように長い距離を移動し、会合が行われる場所にたど

THE AUTO-MUL-TI-PEDE

"Taking Things as They Come."

"Parting With Them as They Go."

👉 **オート・マルティピード**

　あるがままに受け入れ、あるがままに送り出す。

り着く既存会員と志願者双方が大笑いできることだった。19世紀終わりから20世紀初頭にかけての時代は、確かに革新性と明るい見通しできらめいていたかもしれない。しかしほとんどのアメリカ人にとっては死と病気、そして貧困に対するやり場のない怒りで満ちていた。きわめて低い安全基準しか定められて

いない職場でのひどい事故も日常茶飯事だった。多くの男性がちょっとしたお楽しみを求めて集まる場所があったとしても、何の不思議もない。フリーメイソンの一部、そしてオッド・フェローズの多くのメンバーを除き、さまざまな団体がデムーリン・ブラザーズ・カンパニーのカタログで商品を選び、注文した。

威厳と冷笑、慈善：
デムーリン時代の〝お楽しみ〟の進化

18世紀のドイツに存在した「ヤギの結社」は、ならず者の集団だった。入会希望者を酒に酔わせ、木に取り付けた回転装置から吊るしたヤギの模型にまたがらせ、ぐるぐる回したりヤギごと跳ねさせるような動きをさせたりした。やられる側にしてみれば、死んだ気がしたに違いない。

それから1世紀後の1850年代、ならず者とは程遠い人々——新聞編集者や発明家、大学教授や市長が集まってサンズ・オブ・マルタという友愛団体を設立

することにした。この団体が基本概念としたのは偶像崇拝とバカ騒ぎ、そして慈善だ。

入会儀式での悪ふざけの起源を正確に指摘することは不可能だが、サンズ・オブ・マルタの活動を通して、1900年代初頭におけるデムーリン時代の〝お楽しみ〟の進化の手がかりを探っていくことができる。

フリーメイソンとオッド・フェローズの威厳に満ちた入会儀式は、サンズ・オブ・マルタの格好の標的となった。サン

ズ・オブ・マルタのメンバーは、フリーメイソンとオッド・フェローズの儀式から悪ふざけを生み出した。「ウェット・スポンジ」（濡れたスポンジ）や「バング・ホール」（樽の穴）といった名前を付け、志願者をボイラータンクに入れて前に這わせ、そのタンクをメンバーたちが外から叩き続けた。サンズ・オブ・マルタは、こうした荒っぽい悪ふざけによって、好き嫌いが極端に分かれる形ながらも、南北戦争前の時代のアメリカ中で存在を知られるようになる。ニューオーリーンズからニューヨーク・シティ、フィラデルフィア、セントルイスなどさまざまな都市で支部が生まれた。大都市間に点在する小さな街も例外ではない。身内の不幸以外、毎週行われる会合を欠席するメンバーはいなかった。多くの支部で、急増するメンバーの数を収容しきれない状況が生まれた。

SONS OF MALTA—THE ROUGH ROAD OF THE CANDIDATE—HAVING PASSED BLINDFOLD THROUGH MANY TRIBULATIONS, HE IS SUDDENLY TILTED DOWN A STEEP PLANE AND TOLD TO "CRAWL FOR HIS LIFE"—HE CRAWLS THROUGH A HUGE IRON TUBE, UPON WHICH THE BRETHREN POUND WITH STOUT STAVES, AND THE MUSICAL DEPARTMENT BEAT GONGS AND SIDE-DRUMS, AND TAMBOURINES, SPRING RATTLES BLOW COW HORNS, AND GRIND OUT HORRORS FROM THE ACCORDEON.

サンズ・オブ・マルタの入会儀式

荒っぽさと奇抜さで知られていたザ・サンズ・オブ・マルタだったが、メンバーは慈善事業においてはまさに無私無欲で奉仕した。解散から20年後の1883年、『ルイビル・クーリエ・ジャーナル』紙に以下のような記事が掲載されている。

「ザ・サンズ・オブ・マルタは徴収した入会金の半分を慈善事業に寄付し、残りの半分を運営費用として使っていた。同団体は困った人たちを見つけ、助けるための組織的な努力を払っていたというのが事実である。たとえばセントルイスでは、体にシーツを巻いたりフード付きのマントを着たりした100人ほどのメンバーが集まり、あらかじめ決めておいた貧しい家庭を回り、食料や生活必需品を配るということがしばしば行われていた。孤児や未亡人たちが、善きサマリア人となって小麦粉や肉などの食料を積んだワゴンの列を作るザ・サンズ・オブ・マルタのメンバーの贈りものに心から感謝した」

名誉の王座

　小型のそりを想像してください。目隠しをされた状態で「栄誉の王冠」を与えられるために階段を上り、そこにある椅子に座らせます。椅子の座面と階段が平らになり、大きな滑り台のようになって、座っている人が一気に滑り落ちるという仕掛けが隠されています。

　家具調の木材を使った美しい製品です。装置の下にあるレバーのボタンを押すと椅子が前に傾き、それに連動して階段が平らになって、座っていた人が鳴り響く警告音とともに豪快に滑り落ちます。装置の脚と階段は折りたたみ式で、使わない時はわずかなスペースで保管が可能です。

3370 ● 名誉の王座：フルセット：40ドル

3371 ● 名誉の王座のみ：37ドル

5375 ● 滑り落ちてくる人を受けるワゴン：7ドル

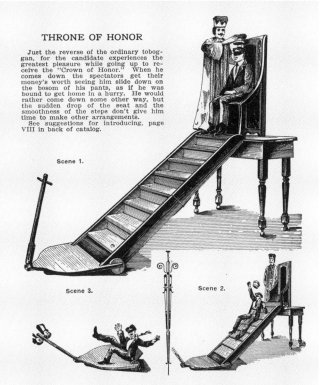

THRONE OF HONOR

Just the reverse of the ordinary toboggan, for the candidate experiences the greatest pleasure while going up to receive the "Crown of Honor." When he comes down the spectators get their money's worth seeing him slide down on the bosom of his pants, as if he was bound to get home in a hurry. He would rather come down some other way, but the sudden drop of the seat and the smoothness of the steps don't give him time to make other arrangements.

See suggestions for introducing, page VIII in back of catalog.

Scene 1.

Scene 3.　　Scene 2.

The Throne of Honor is handsomely constructed. All woodwork has a beautiful furniture finish and the chair is nicely upholstered. By pushing a single lever the bottom of chair suddenly drops to an inclined position, the steps adjust themselves to a smooth surface, a blank cartridge explodes with a loud report, an alarm bell rings vigorously and the candidate goes on his journey. Legs of table fold under top and stairs hinge in center, so the entire outfit occupies but little space when not in use. Weight, packed, 350 pounds.

3370　Throne of Honor, complete as described above..............$40.00

3371　Throne of Honor, same as 3370, but without hinges on stairs, and legs of table do not fold................................ 37.00

5375　Wagon on which to receive the candidate and give him a ride "around the world in three minutes," extra............ 7.00

The Throne can be used effectively without wagon.

> 　志願者は目隠しをされた状態で階段に連れて行かれ、そのまま登って一番上の段に座るよう言われる。そしてそのままの状態で、部屋を埋め尽くす多くの友人や見知らぬ人たちの目の前で、自らがした道徳に反する行いを告白させられるのだ。
>
> ——1850年代にサンズ・オブ・マルタで行われていた「第二義的な仕事」に関するメンバーの証言。
> 『ザ・ルイビル・クーリエ・ジャーナル』紙（1883年）

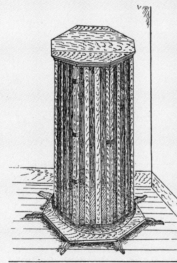

Whirling Elevator.

6892 The Whirling Elevator is about what its name implies. It whirls round and round with the candidate standing in it until he feels like it is going to "elevate" all that he has eaten for twenty-four hours before he entered the "durn thing." Its a cheap "jag producer," and it produces very promptly; a few whirls is all that will be necessary, then let the candidate walk out without staggering if he can.

The Whirling Elevator is strongly made of wood and iron; the lower end or bottom is pivoted on a platform and has rollers that run on an iron track. The candidate is hoodwinked before he is placed in the elevator so that he may be led to believe that he is to ascend to the roof garden or some other place to have a "high ball" or some other jag producer dished out to him. Size of elevator 2 feet 6 inches diameter and 6 feet 8 inches high. Weight about 125 pounds. Price $40 00

No. 6892

👉 回転エレベーター

6892「回転エレベーター」は、名前の響きそのものの商品です。志願者を直立した状態で箱の中に入れ、全体を回転させます。過去24時間以内に食べたものがすべて"上昇"するでしょう。ほんの数回転で事足ります。まっすぐ歩ける人はいません。

木材と鉄を組み合わせた頑丈な製品です。底面には鉄製のレールと車輪が設置されています。目隠しをされた状態で装置に入る人物は、体が屋上庭園まで上昇していくように感じるでしょう。エレベーター本体は直径76センチ、高さは203センチ、重さは56キロです。価格40ドル

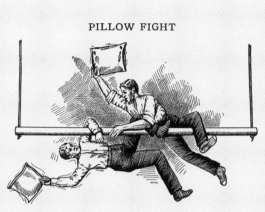

PILLOW FIGHT

This stunt is a reminder of the days when the kid brothers had their usual Sunday morning pillow fight in bed. It is full of fun and action, as it taxes the ability of the candidates to stay on the pole. We suggest that the "Toss-up" be held beneath the fighters. The first one to fall off is "elevated" to the next degree.

D361—Pillow Fight Outfit, complete, consisting of round pole four inches in diameter and seven feet long, ropes, eye bolts and two pillows...$ 8.00

ピローファイト

子どもの頃、日曜日の朝にベッドでしたピローファイト（枕投げ）を思い出させてくれる装置です。思い切り動くのを楽しんでください。ポールの上に乗ったままでいられますか？ どちらかが下に落ちても安全なよう、後に紹介する「トスアップ」を準備しておくことをお勧めします。

D361 ● 直径10センチ・長さ213センチのポール、ロープ、設置用アイボルト、マクラ二つ：8ドル

高い台に立たされていた人が、大きな帆布に向かって突き落とされる。10人ほどのメンバーがこの持ち手つきの帆布をしっかり支えている。天井まで放り上げられ、落ちてくるという繰り返しが60秒で30回続けられる。これは、体験者にしかわからない感覚だ。

——1850年代にサンズ・オブ・マルタで行われていた
「第二義的な仕事」に関するメンバーの証言。
『ザ・ルイビル・クーリエ・ジャーナル』紙（1883年）

THE TOSS-UP

When it's a "toss-up" as to which candidate has shown the most courage, this test might be used to decide the matter. It's just like the game of "head you lose, tail I win." The candidate is up in the air most of the time and never knows how he is going to light, whether head up or t'other way. This is a great stunt—perfectly harmless and full of fun.

The "Toss-up" is made of extra heavy canvas, reinforced to prevent tearing. On the ends and at the sides are a sufficient number of handles for the attendants. We GUARANTEE THESE NOT TO RIP OR TEAR, provided the attendants use the handles in tossing.

D362—"Toss up," size 9½x 9½ feet $18.25
D363—"Toss up," size 11½x11½ feet 26.00

トスアップ

　これに挑むのは、最も勇気がある男性です。問題解決にも用いることができます。コイントスの人間版と思ってください。放り上げられる人は、自分がどのように落ちるかまったくわかりません。ただ、完全に安全でしかも楽しい道具です。

　強靭なキャンバス布にさらに補強加工を施しているので、破れる心配はありません。外縁部には持ち手を付けてありますので、安全に持っていることができます。持ち手を使っていただく限り、破れたり取れてしまったりすることはないのを保証します。

D362 ● 289センチ四方：18ドル25セント

D363 ● 350センチ四方：26ドル

トンネル・オブ・トラブル

犠牲者二人は目隠しをされ、最初にトンネルの向こう側に抜け出た人に賞品が与えられることを知らされます。中に行く手をはばむボールが転がっていることは知らされません。両端から同時に二人がスタートするので、トンネル中央部でボールを押し合う展開となります。なんとかしてボールを通り過ぎようと、さまざまな形に体をねじるでしょう。詳しい使用法は解説をご覧ください。
5371●トンネル・オブ・トラブル ボールおよびロープ等備品付き：20ドル

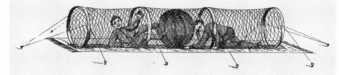

"TUBULAR TRIBULATION,"
(TUNNEL de TROUBLE.)

The victims, being blindfolded and after having been told that a reward of merit awaits the first one out at the opposite end, and not knowing that there is a ball in the Tunnel to impede their progress, start in one at each end, each determined to win the reward. When the middle is reached the fun begins. Each candidate thinks that the other is, with malice aforethought, preventing his progress, which tends to spur on the misguided wretches, who do their level best to pass the ball, and then is when you see the acme of contortion—any one act alone being worth the price of admission. They tie themselves in knots, do the split and other acts not strictly on the program.
See suggestion for introducing, page X in back of catalog.
5371　Tunnel of Trouble, including ball, guy ropes, hooks, etc.,
　　　(Weight, packed, 35 pounds)...............................$20.00

Note: This side-degree teaches you to be cautious in promising to do things that you later find impossible to do.

・プリンスホール・シュライナーズのバング・ホール・

長さ9メートルほどの大きな金属製の円筒が使われる。二人の参加者は「臆病者と呼ばれたことがあるか、敵に背を向けたことがあるか」と尋ねられる。望まれるのは、こういう答えだ。「いいえ。私は自ら引き受けたことを完全に遂行し、後ずさりしたり止めてしまったりすることはありません」。

そして二人はそれぞれ円筒の両端に連れて行かれ、敵が近づいているため、急いで中に入るよう指示される。円筒の中央には強靭な素材で作られた障害物があり、前に進めないようになっている。二人が円筒の中でなんとか前に進もうと苦闘する間、他の参加者は棒で円筒を叩き続ける。やがて二人は「外に出たいか」と尋ねられる。どうしようもない状態なので、「出たい」と言って外に出されるが、そこで説教されることになる。自分を過信してはいけないこと、実際に試してみるまで確実なことなど言えないことを諭されるのだ。

――フェニックスメイソンリー博物館・図書館
（www.phoenixmasonry.org）より

SIDE-DEGREE WORK.

A SURPRISE TO MANY——HOW TO INCREASE ATTENDANCE.

Many lodges have increased the attendance; have been cured of the blues; have been rescued from the rock of despair, by using some of our side-degree paraphernalia.

This is a day of competition. Other places——club rooms, picture shows, etc.——are made attractive. Why not make the lodge room the same way and hold the members?

Men like fun and entertainment——they need it——they are going to get it somewhere.

第二義的な仕事

多くの人々がびっくり：
出席率の上げ方

　多くのロッジが会合の出席率を上げました。停滞状態から抜け出せたのです。絶望から脱しました。私たちデムーリン・ブラザーズ・カンパニーの商品がお役に立つことができました。

　競争です。クラブの建物の一室や映画ショーなどが、魅力あふれる場所として映るようにされています。ロッジも同じようにしてみませんか？　男性は、エンタテインメントと楽しいことが大好きです――いや、必要なのです。どこかで手に入れるでしょう。

いじめでは？

「第二義的な仕事」は、たわいのないものから危険なものまでさまざまな内容だった。団体ごとに定義や好みが異なったのが事実だ。どんな団体であれ、飲酒と犯罪行為は除名の正当な理由として認識されていた。可能な限り多くのメンバーを集め、脱退者を極力少なくしたいという思惑と同時に、メンバーを威嚇したり、怒らせてしまったり、ましてや訴えられることは避けたかった。デムーリン時代のカタログに掲載されている製品の数々が、現代ならばいじめにあたるのではないかという疑問は、理にかなっているといえる。いじめ問題のエキスパートとして高名なアルフレッド大学の学生部長ノーム・ポラード教育学博士は、デムーリン・ブラザーズのカタログについてこう語っている。「過去何十年にもわたって学校の校舎で起こり続けてきた恐ろしい事件と比べれば、入会儀式としてはおとなしい」。

デムーリン・ブラザーズの製品を使った儀式はアルコールや薬物、性的行動や危険行動と無関係だったが、「今日的ないじめの定義に明確に当てはまり、かつてはそれほど悪意がなかった行為が私たちの社会に根付いた事実を理解する一助になるかもしれない」と付け加えた。

抜歯どっきり

友愛団体のいたずらはすべて知っているという人なら、なおさら驚くはずです。文字通り、親知らずの抜歯をそのまま再現するものです。目隠しをされた状態で装置が口の中に入り、歯が欠ける音、流れ出る血の温かさが口の中に広がります。"手術"の後は欠けた歯や血を吐き出すことになります。「百聞は一見に如かず」——このことわざも、時として正しいようです。
D774 ● 抜歯器具：4ドル

装置のアイデアをお寄せください。デムーリン・ブラザーズ・カンパニーでは、商品製造だけではなくユーザーのみなさんからのアイデアも受け付けています。

TOOTH-PULLING STUNT

D774

This is a mighty keen set-back for the candidate who thinks he is wise to all the lodge tricks. Just pull a wisdom tooth or two; let him spit out the pieces and the blood. He'll be ready to admit that even after the loss of his wisdom teeth he is wiser than he was before the operation.

The impression which this stunt produces upon the candidate is the nearest possible approach to a real tooth-pulling ordeal. He hears the tooth crack; he feels the spurt of the warm blood in his mouth; he spits out the blood and the pieces of his broken tooth. Seeing is believing—sometimes.

D774—Tooth Extractor ....$ 4.00

Let us develop your ideas on any novel or distinctive stunts. Write us about them. That's a part of our service as well as to manufacture and supply them economically.

顧客の声————
活動的なメンバーと多くの活動目的がなければ、
ミーティングはつまらないものになり、
出席者が少なくなり、
やがてロッジそのものが消滅してしまう。
——C.T. サーバー（カンサス州ハイランド在住）

HULU HULA BULL DANCE

A novel stunt that is a whole show in itself can be worked up with this outfit. It consists of tuned cowbells to hang between the legs of the candidates, well up in the crotch, and appropriate costumes. The operator uses a bull prod to "play the bells." Each candidate represents a certain note and dances when prodded by the director thus producing his note. There are ten bells representing ten notes including F sharp and B flat, making it possible to play many simple airs, "How Dry I Am," etc.

D428—Hula Hula Bull Dance, consists of 10 suits of tights in assorted sizes and colors with note fastened on back, 10 imitation grass skirts, 10 cow bells tuned for one complete octave and including F sharp and B flat suspended by strap, also prod with which bull driver directs music from rear; complete $76.00

    Can furnish trunks instead of tights on above outfit at a reduction of 22.00

    If above outfit without trunks or tights, deduct 36.00

The Human Shimmy Bell Outfits (see illustration above) is somewhat similar but more effective on account of substituting tuned sleigh-bells in place of cowbells. These can be worn around the wrists, waist and ankles if desired, but sufficient music can be produced with the bells just on the wrists. We can elaborate on this outfit, to make the effect more deceiving to the spectators, by including a miniature piano with wires connected from each key to the candidate. These wires are attached to a waist belt which has a small electric light in front. The "musician" at the piano silently plays a familiar air—the lights immediately flash and the candidates respond with a shimmy, thereby producing the "real music." Prices quoted on request.

イラストをご覧ください。この製品は、そりの鈴よりもカウベルを使ったほうが効果的に音を出すことができます。カウベルは手首や腰、そして足首に装着可能です。響きが最もよくなるのは手首に装着した時です。参加者をピアノとワイヤーでつなぐ方法に変更することも可能です。それぞれにライトで合図を送り、それに反応してワイヤーを引いて音を出すという方法です。ご依頼いただければお見積もりいたします。

フル・フラ・ブルダンス

まったく新しいタイプのエンタテインメントを実現できる一式です。股間にぶら下げるカウベルを含む衣装も揃えました。参加者が大きな音でベルを鳴らせるよう、突っつき棒を使ってけしかけてください。参加者それぞれがベルの一音を担当します。音階はFシャープからBフラットまでの10音あるので、多くの楽曲を演奏可能です。

D428●フラ・フラ・ブルダンス セット内容：各種サイズ・カラーのファスナー付きタイツ10着、腰みの10枚、音階別カウベル10個、突っつき棒　フルセット：76ドル
トランクスタイプ：22ドルディスカウント
タイツなし：36ドルディスカウント

オリエンタル・ダンス

グール［屍肉を喰らう悪鬼］：タルタル族の大酋長、まずはちょっと楽しみましょう。ここにいる奴隷の中に、ファティマを思い出させる者が含まれています。さあ、大酋長のために踊るのだ。（東洋の音楽がかかる。参加者がスカートに着替え、踊らされる）

———ビール・コーマック『通過儀礼の馬鹿げた儀式：大学男子友愛会の行いと楽しみ』
Initiation Stunts: A Book of College Fraternity Pranks and Assorted Fun（1922年）
（注：コーマックはデムーリン・ブラザーズ・カンパニーの製品を思い浮かべながらこの文章を書いた）

スコットランドでは、エイプリルフールの翌日が「テイリー・デイ」と呼ばれていて、あちこちでいたずらが行われる。背中に「私を蹴って」と書かれた紙を貼るいたずらの起源は、この日の習慣までたどることができる。この種のいたずらをアメリカに持ち込んだのはスコットランド人かもしれない。いずれにせよ、デムーリン・ブラザーズ・カンパニーのカタログでも叩き道具に関する記述は目立つ。

小さなバラ

拷問者：いいか、お前の足元に小さなバラがある。ハンサム君、かがんで摘んで、テーブルに持って行けば華やかな雰囲気になるだろう。さあ、急げ！　もう一度言わなければわからないか？（志願者が身をかがめると、船のオールのようなもので突然お尻を叩かれる。オールには空包が仕込まれていて、叩くと同時に大きな音が出る）

——ビール・コーマック『通過儀礼の馬鹿げた儀式：大学男子友愛会の行いと楽しみ』(1922年)
(注：コーマックはデムーリン・ブラザーズ・カンパニーの製品を思い浮かべながらこの文章を書いた)

ストライキング・モール

イラストの通り、「ストライキング・モール」は叩かれる人に大きな衝撃をもたらします。お尻と頭を同時に叩かれたように感じるでしょう。この製品は木こりが使う木槌そっくりに、大きめで本物より軽く作られています。お尻を叩く衝撃で、内部に入れた空包が大きな音を出します。
D454● ストライキング・モール 空包50発付き：12ドル50セント
空包（郵送不可）50発：45セント

THE STRIKING MAUL

As shown in the pictures, the striking maul has a "striking" effect upon the candidate; in fact, he imagines he is struck at both ends. The maul is a very close imitation of a lumberman's maul. Though somewhat larger and of light weight, yet it is realistic enough to deceive even the oldest forester. the firing mechanism is released by a slight jar, firing a 32-calibre blank cartridge. Absolutely safe and no danger whatever of an accident.

D454—Striking Maul, complete with 50 blank cartridges $12.50

Extra Blank Cartridges (not mailable), loaded specially for us to give an extra loud report; per box of 50 .... .45

GREASED (?) POLE

Greased Pole Outfit—pole waxed so that it is as hard to climb as the old familiar greased pole. How aptly this stunt illustrates the saying that "man is but a boy of larger growth." We all recall how we, when kids, tried to get the dollar from the top of the greased pole at the County Fair. At the top of this pole is placed a goblet of water, so that when the candidate has reached the top in an exhausted condition, he can refresh himself with a nice cool drink. The fun produced by this stunt will even warrant the placing of a coin at the top of the pole as an inducement for the candidate to try his "durndest." And if he lacks the energy, a little assistance applied at the rear with one or two hand spankers or a shot from a water gun will not be out of order. Here's how the candidate gets it "fore and aft."

D455—Greased Pole Outfit, complete
(spankers not included) $26.00

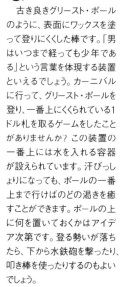

グリースト（?）・ポール

　古き良きグリースト・ポールのように、表面にワックスを塗って登りにくくした棒です。「男はいつまで経っても少年である」という言葉を体現する装置といえるでしょう。カーニバルに行って、グリースト・ポールを登り、一番上にくくられている1ドル札を取るゲームをしたことがありませんか？ この装置の一番上には水を入れる容器が設えられています。汗びっしょりになっても、ポールの一番上まで行けばどの渇きを癒すことができます。ポールの上に何を置いておくかはアイデア次第です。登る勢いが落ちたら、下から水鉄砲を撃ったり、叩き棒を使ったりするのもよいでしょう。

D455 ● グリースト・ポール完全セット：26ドル（叩き棒は含まれません）

男の子はいつまでも男の子

　いたずらや悪ふざけを避けて通ることはできない。男ならではの行いとされ、未熟さあるいは低い社会階層のイメージがついて回る。具体的な方法がどんなものであれ、古代ギリシャ・ローマ時代から存在し続けていた。

　悪名高い古代ローマ皇帝ヘリオガバルス（西暦218〜222年在位）は、晩餐会の招待客を膨らませたクッションに座らせ、徐々に空気を抜いていって、最終的にテーブルに隠れてしまうのを見て喜んでいたと言われている。

　西暦1300年頃のドイツの伝承物語に出てくるティル・オイレンシュピーゲルは、多くの人々にいたずらを仕掛け、人間の悪行や強欲さ、愚かさと偽善性、愚行を暴いた。標的となったのは権力者だ。こういう悪名高いいたずらもあった。金貨を入れた携帯便器を普通に使った後に聖職者を招き入れ、直接手を入れてつかめるだけ寄付金として持って帰っていいともちかけたのだ。

　高名な博物学者ジョン・ミューアの父親は、厳格で信心深い人物だった。真夜中過ぎの、自分だけの時間にならないと、好きなこともできないような環境で育てられた。1860年に爆発する椅子を

発明したが、これは抑圧されながら育ったことの副産物だったのだろうか？　いずれにせよ、このいたずらのおかげでたくさんの友達ができた。ウィスコンシン大学マディソン校のキャンパスでの彼の評判はよく、奇抜な思考で遊び心に満ちた天才として知られていた。その才能は、指定した時間が来るとベッド全体が崩壊する目覚まし時計などに表れている。

**空気に漂ういたずらの雰囲気：
ロッジメンバー修行中**

　先月の25日、W. H. ヘイニー夫妻の家で、5キロの"木こり"に対する"儀式"が執り行われた。時が経って、彼が君よりもうまくヤギを取り扱えるようになることを祈っているよ、ビル。
　　　　　　　——『デイリー・デモクラット』紙
　　　　　　　　　（ミズーリ州、1895年）

　友愛会のメンバーに息子が生まれると、地元新聞に告知が掲載されることがあった。生まれた息子は「木こり」（ウッドメン）、「水平を取る者」（フリーメイソン）、「小さいピシアン」（ピシアス騎士団）といった言葉で表現された。父親になったメンバーは、息子が自分の仕事を継ぎ、自分と同じ友愛団体に入会することを期待した。大人になっていく過程で、多くの子どもたちが犯罪的な内容のいたずらを実践した。デムーリン・ブラザーズの時代は、特にハロウィーンの時期になると、ひどいいたずらの記事が地元新聞の紙面を飾った。後に大人になった彼らがロッジで繰り広げる馬鹿騒ぎなど、比べるまでもない過激さだったのだ。

いたずら者はすべて逮捕される

ハロウィーンの夜に羽目を外しすぎる者には厳罰が下る

　近所の子どもたちが街角に集まって何かこそこそ話をしていないだろうか？　もしそうなら、気をつけるに越したことはない。今夜は「物干しロープの夜」、そして明日はハロウィーンだ。今日洗濯が終わったら、日没に物干しロープをしまっておこう。そうしなければ、痛い目をみることになる。2～3ブロックも離れた家のポーチに置かれたベンチにくくり付けられているかもしれない。物干しロープの夜は、若い世代にとってハロウィーンそのものよりも大きな意味を持つ行事として認識されている。いたずら者たちが仕掛ける悪ふざけを予測していない人々は、驚かされることになるだろう。急ぎ足で歩く人たちが急に止まり、奇妙な言葉が聞こえてくる。そこにあるのは、物干しロープだけだ。草むらから聞こえる奇妙な声に追い立てられるようにして歩く人を見るのも楽しいかもしれない。玄関のドアのノブとポーチの支柱を物干しロープで結び、開けられなくしてしまうのも楽しいだろう。その後わざと呼び鈴を押して、家の中の人が怒って拳を固めるのを見るのだ。ただ一番楽しいのは、真新しい物干しロープを小さく切り分け、庭にばらまいておくことだ。

　しかし、物干しロープの夜もハロウィーンも、他の夜のお楽しみもすべて台無しにするような話をお知らせしなければならない。ハロウィーンが終わるまでの期間に関し、警察が少年たちに厳しい態度を見せている。「注意を怠ることなく、私有財産を壊したり、壊そうとするそぶりを見せたりするすべての人（大人の男性であれ少年であれ）を逮捕すべし」という命令がすべての警官に対して出されているのだ。それだけではない。「すべての種類の所有物」という言葉が明記されているが、これはとある人物の所有物を隣の家に移すだけであっても逮捕の理由になるということを意味する。

　特に強調されているのは、石鹸を使ったいたずらだ。これを行っているのを見つかると、すぐに逮捕されて最寄りの警察署で身柄を拘束されることになる。逮捕後に父親が現れて「うちの息子です。彼は悪い子ではない。ただいたずら者なのです」と言って保釈してもらうこともないだろう。保釈は現金で保釈金が支払われた場合のみ行われる。一定期間を過ぎると、保釈金の納入も認められない。大きな男の子たちも小さな男の子たちも、おとなしくしていたほうがよさそうだ。少なくとも、注意を怠らないに越したことはない。

——『ザ・カンサスシティ・ジャーナル』紙
（1908年）

> 　先日の朝、トム・ドーシットは、隣人が飼っている牛が自宅の屋根にいるのに気づいた。少年たちに持ち上げられながら歩いていったことは間違いない。
> ——『セミ・ウィークリー・バーボン・ニュース』紙
> （ケンタッキー州、1897年）

DRINKING THE GOAT'S BLOOD

D422

Whether it be the Camel, Tiger, Elk, Eagle, Moose, Owl or Goat, there can be no more appropriate ceremony than serving the candidate with the blood of the animal, in order that he might be thoroughly imbued with the spirit and life of the organization. When the invitation is first extended, the candidate smacks his lips and even has thoughts of some "home brew," but when he takes a look at the contents of the tub, his stomach turns upside down. He sees the "blood" adulterated with old shoes, rags, feathers, leaves, sticks, etc. And as the attendant draws a glass of the "blood" for the candidate, some of the members spit into the tub, others throw in cuds of tobacco, others cigar butts. It is needless to say that the candidate is extremely reluctant about taking the drink which is offered him and it may be necessary for several attendants to help serve the refreshments. The liquid is actually drawn from separate container in bottom.

D422—Drinking-the Goat's Blood, complete, table not included $12.50

👉 ヤギの血を飲む

ラクダであれトラであれ、エルクであれ、ワシ、ムース、フクロウ、そしてヤギであれ、団体の精神とともに動物の血を身に沁み込ませることは大切な儀式です。ホームメイドビールが入っていることを予想していた入団希望者は、容器いっぱいに満たされた血を見て胃が逆さになるような感覚に襲われるでしょう。しかも、古い靴やぼろきれ、羽根、木の葉や棒が混じっているのです。さらにほかのメンバーが唾を吐き入れたり、吸殻を放り込んだりするのを見れば、気分は沈む一方です。

しかし、実際に飲む液体は完全に仕切られた別の容器から汲み出されるので、衛生的な問題はまったくありません。

D422 ● ヤギの血装置：12ドル50セント（テーブルは除く）

エルクス・トースト

　エルクス・トーストは1868年にニューヨークで生まれ、エルクス団、別名ジョリー・コークスによって定期的に行われていたものと認識されている。エルクスのメンバーは午後11時になると乾杯（トースト）したが、方法はたくさんあった。1906年頃までは公式の、あるいは決まった方法は存在していなかった。この儀式の起源は、団体としてはるかに古い歴史があるイギリスの団体、ロイヤル・アンテデルヴィアン・オーダー・オブ・バッファローズにたどることができる。この団体は、1066年10月の「ヘイスティングスの戦い」を記念する意味で11時の乾杯を実践していた。

　「時は午後11時。記憶をたどる瞬間が来た。グラスを持ち上げ、今は亡きエルクスの兄弟たちのために乾杯し、飲み干す。鐘が11回鳴るのが聞こえたはずだ。エルクスと共にある者たちにとって、11時という時間には大きな意味がある。どこにいようと、暮らし向きがどんなものであろうと、夜の11時が来るたびにエルクスの精神が脈動し、大きく広がっていく。記憶をたどる時である。さまよっていた人々が故郷に戻る時である。答えない者たちの名前を響かせる時である。生きていても死んでいても、エルクスのメンバーが忘れられることはない」

第4章

工場生まれのヤギ
分類不可能なヤギ属の数々

僕はロッジのヤギ。いつ、どこで生まれたか。記録は一切ない。
──ジェームス・ペティボーン『ロッジのヤギ』（1902年）

謙虚な性質の動物であるヤギは、はるか昔の時代に紡ぎ出された寓話に盛り込まれた基本的真実を反映する存在にほかならない。しかし友愛結社では、冗談のネタにされる。こうした概念は南北戦争の後の時代に生まれたものといわれている。友愛団体のメンバーが閉ざされた扉の中で行っていることに対して部外者が抱きがちな誤解を大げさにあげつらう。ヤギに乗るという行いの目的はそれだけだった。フリーメイソンでは「ヤギに乗る」という表現は策略を意味し、本来は荘厳で厳格な入会儀式の婉曲的な表現だ。ちなみに、メイソンのメンバーが実際にヤギに乗ることも、ヤギが崇敬対象となることもなかった。

友愛団体の設立が相次いだ1800年代終わり、入会儀式を意味する言葉として「ヤギに乗る」という表現が使われた。悪ふざけを主眼とした入会儀式を行う団体での象徴的な意味合いの"ヤギ"は単なる厚い板か横木であることがしばしばで、志願者を乗せてメンバーが担ぎ、部屋の中を歩き回った。しかし、機械仕掛けのヤギを使ったほうが圧倒的に楽しい。こういう理由で、あっという間に人気が出た。

機械仕掛けのヤギを創った男たち

1892年、中西部で車両製造業を営む移民の息子の三兄弟が、機械仕掛けのヤギを自社カタログに掲載した。ちなみに彼らは、デムーリン兄弟ではなかった。

友愛団体で使われた機械仕掛けのヤギの製造業者として初めて知られるようになったのは、オハイオ州ティフィン郡に本拠を置くジョセフ・ヴァン・ネストとその兄弟たちだ。彼らはデムーリン兄弟の3〜4年先を行く形でビジネスを展開していた。デムーリン兄弟がネスト兄弟の製品を見たり、話を聞いたりした可能性は否定できない。製品に類似点があることも事実だが、これは驚くほどの話ではないかもしれない。デムーリン兄弟の父親もまた、車両製造業を営んで

いた。
　ヴァン・ネスト社の友愛団体向け製品は、8ページのパンフレットに収まるくらいのバリエーションだった。フィラデルフィアのスティルツ社、そしてシンシナティのペティボーン・ブラザーズ社が"ワイルド・アス・オブ・ザ・デザート"という商品をヴァン・ネスト社に提供していた。

"A Regular Rip Snorter." "More Fun than Finnegan's Wake."

"THE DAY MARE, OR WILD ASS OF THE DESERT."

Pat'd Nov. 29, 1892. All ingringements will be vigorously prosecuted.

　The invention illustrated above was designed and patented for the use of all secret and other Societies, to be used in conferring degrees when it is desired to make the work amusing to the members and impressive to the Candidate; and can also be used to splendid advantage in conferring The Munchers of Hard Tack Degrees and for giving public entertainments with Van Nest's Burlesque Rituals, Nos. 1 and 3.
　Price, with chest, $35.00.
　The above is the net Cash price. No discount allowed.
　In ordering be sure and give name, number and location of Lodge or Society that will use them, as the machines are all numbered and will not be sent until this information is furnished. Also state whether the machine is to be sent by slow freight or express.
　Weight of machine without chest 50 pounds, and with chest about 100 pounds. Size of chest 48 inches long, 14 inches wide and 22 inches high.

For Sale by J. P. VAN NEST, Sole Agent,

Miller's New Block.　　　　　　　　　　WOOSTER, OHIO.

忌まわしい白日夢、
あるいは砂漠の暴れ尻

　友愛団体、秘密結社のメンバーの皆様にお使いいただける製品です。ミーティングや儀式を特別なイベントにしてくれるでしょう。既存のメンバーも志願者も同じように楽しめます。価格は収納箱込みで35ドルです。お支払いはキャッシュでお願いいたします。割引には応じかねます。ご注文の際は団体名と施設の住所をお知らせください。装置自体の重量は22キロ、箱込みで45キロになります。
販売取扱 J.P.ヴァン・ネスト社

デザインおよび製造：ジョゼフ・ヴァン・ネスト（1891年）

友愛団体向けの奇抜な商品で知られていたジョージア州アトランタの E. L. フロディングの1912年版カタログには、木製の車輪が付けられた機械仕掛けのヤギが紹介されている。製造業者はわからない。

No. 879.

No. 879 ● E・L・フロディング社の友愛団体向け
レガリアカタログ（1912年版）より
（ジョージア州アトランタ）

機械仕掛けのヤギが生まれる場所

デムーリン兄弟は少なくとも13種類の機械仕掛けのヤギをデザインし、特許を取り、製造した。これらの製品は、すべて本書で触れていく。グリーンビル市民がデムーリン・ブラザーズ・カンパニーを「ヤギ工場」と呼んでいたことも不思議ではない。デムーリン兄弟は機械仕掛けのヤギのデザインを変更し続けた。気づくことさえ難しいごくわずかな変化もあった。大きな改良点は、本物の角を鋳物製にしたことだ。

カタログの説明文によれば、ヤギは会合での最初の出し物として使われた。志願者は目隠しをされた状態で待合室に入れられる。その後広間へ連れて行かれ、体を持ち上げられてヤギに乗せられ、部屋の中を走り回る。そして支部長の前で降ろされ、次の指示を待つことになる。

ヤギに乗るという行為、そして友愛団体が使うヤギについての言及は、20世紀初頭に多く見ることができる。

● C. M. クーリッジの有名な連作絵画「ポーカーをする犬」に「ヤギに乗る」という作品がある。
● 『オール・ストーリー・キャバリア』という人気月刊誌に、チャールズ・F. バーク作の「ヤギに乗る」というタイトルの短編小説が掲載された（1912年）。
● フランク・ジー・パッチン作の『モンタナの仔馬に乗る少年たち The Pony Rider Boys in Montana』という児童文学の人気シリーズの一冊に「ヤギに乗るチャンキー」というタイトルの章がある。「ヒックスは叫んだ。『ヤギに乗っている！"何も知らない団"への入会儀式だ！』」。
● アール・ハード作の1916年の漫画『バビー・バンプス、友愛団体を設立する Babby Bumps Starts a Lodge』で、友愛

団体を設立したボビーと友達が雄ヤ
ギと一緒に描かれているコマがある。

● 黒人脚本家メイ・ミラー・サリバンが
1929年に『ヤギに乗る』という作品を
書いた。夫に何らかの団体に加わる
ことを説得するために書いた作品と
されている。

運動が必要な人は、ヤギに乗ってみてはいかがでしょうか？　友愛結社には必
ずあります。ニューヨーク・シティには何万という数の団体があり、ヤギに乗るの
も毎晩のように行われています。——『ブルックリン・デイリー・イーグル』紙（1902年3月15日付）

IMPROVED BUCKING BILLIE.

724 & 725.

This Goat is an improvement over all other Goats on the mar-
ket. It is operated by a pitman rod running from an eccentric on
axle to a pendulum bar attached to center of body ; the wheels are
now made with hubs a little out of center, and causes a side sway
motion of the Goat. The principle on which this animal is con-
structed makes it the lightest running Goat ever introduced. This
Goat being built low and supported by three wheels, makes it im-
possible to turn over or give the rider a "header" as is the case with
some Goats that have been sold heretofore. We therefore claim in
this, one of the safest and lightest running Goats ever made and
cheerfully recommend it to all who want a first-class article at a
reasonable price.

724—With Chest, Lock and Key, Price,................$20.00
725—With Rubber Tires, Chest, Lock and Key,.........$22.00

Utility, Durability and beauty combined in our goods.

暴れヤギ、ビリー：改良版

　現在市場に出回っているヤ
ギに改良を加えたタイプです。
中心軸に取り付けた偏心器
が装置全体の中心に据えら
れ、車輪の中心軸をほんの少
しだけずらしてあります。これに
よってヤギの動きに横揺れが
生まれます。史上最も軽い
「走るヤギ」として紹介させて
いただきます。三つの車輪で
支える構造はこれまでのタイ
プにない操作性と安全性を約
束します。最高の品質を納得
の価格で提供いたします。

724 ● 箱付きフルセット：20
ドル

725 ● ゴムタイヤモデル、箱
付きフルセット：22ドル

実用性と耐久性、美しさが同
時に実現された当社の製品を
よろしくお願いいたします。

ある日父親の様子が
変だったことに気づいた
緊張して、真面目くさった
顔つきをしていた
気が気じゃないことは間違いない
ひと目見てわかった
その後理由がわかった
その夜、父は
ヤギに乗ることになっていた

——ジェームス・ベティボーン
『ロッジのヤギ』（1902年）

据え置き型ヤギ

当社は、比較的狭いスペースでも安全に使っていただくため、据え置き型ヤギの開発に取り組んできました。そして、われわれ自身の予想を上回る製品の商品化に成功しました。鉄製フレームの上に載せた本体は振り子運動の動きをします。高さはレバーで調節し、一番高い所まで行ったところで本体が前かがみ、あるいは背中側に傾斜します。こちらの方向もレバーで制御します。操作はとても簡単です。
一式価格：収納箱・カバー含む：15ドル

STATIONARY GOAT.

No. 1030.

We have been experimenting for some time on a Stationary Goat so as to meet the requirements of Camps that have but a small room in which to meet, and have succeeded in the construction of such a Goat that has proven to be beyond our expectation. It is mounted on a steel frame-work, and works on a system of a pendulum attached to center of goat body, which is operated by a lever ; the lever raises the pendulum until it gets its hinged part past center, and then lets it drop forward or backward according to the up or down motion of lever. This Goat is very easily operated, and can be made to buck more or less according to the will of the operator.

Price, complete, including cherry stained chest with hinged cover, lock and key,......................................$15.00.

ウッドメンはアルタスで会員数を増やしている。オール判事も新しいメンバーとなる予定である。執務室に大きな木馬を持ち込み、入会儀式に備えていることは周知の事実である。

——『ザ・プレイン・ディーラー』紙
（オクラホマ州アルタス、1901年）

顧客の声

ヤギと手錠の早急な配送に感謝します。ヤギはカタログ通りでした。指導者層も「最初に使った夜に代金の2倍の価値を感じた」と言っています。　——J.W.マッコール
（ミシシッピ州ローレル在住）

FORESTER'S IMPROVED GOAT.

722 & 723.

The cut herewith shown will give a faint idea of its superiority over many that are now on the market. The gear and frame-work is made of steel, making it light and strong. The wheels are made with hubs out of center, forming an eccentric, giving the Goat an up and down and side sway motion, making in all a most natural "Bucking Goat" motion which makes it very interesting to the candidate. Each Goat is packed in a cherry stained chest with hinged cover, lock and key, weighing in all but 80 pounds. We make them in two grades, viz:

722—Iron Work Finished in Black Enamel, Price,......$13.50.
723—Iron Work Finished in Gold Bronze, and extra select
     pelts used in upholstering,.....................$15.00.
☞ Rubber tires on wheels of either of the above, $2.00 extra.

FOUNTAIN ATTACHMENT.

This consists of a rubber bulb with tubing conducted to the back of the Goat where rider sits. The bulb is filled with water, and at the proper time the escort can squeeze the bulb and cause the desired effect which is better understood than here described.

These attachments will be put on any of our Goats for $1.50 extra.
Our goods are thoroughly made from best materials.

フォレスターズ型ヤギ:改良版

イラストだけで、本製品の素晴らしさのすべてをお伝えすることはできません。すでに市場に出ている多くのタイプよりも優れた製品を作ることができました。軽く強靭な鉄製です。中心をずらした車輪により、ヤギが上下方向と横方向に動き、本物のヤギの動作を表現することに成功しました。鍵付きの箱を含めても重量は36キロです。
722 ● ブラックエナメル仕上げ：13ドル50セント
723 ● ゴールドブロンズ仕上げ、表面ヤギ皮貼り：15ドルゴム製タイヤは2ドル増しとなります。

付属部品

ヤギの座面の後方に取り付けるためのゴム製の球根状の部品です。水で満たしておくと、面白いことが起きます。当社製のすべてのヤギに装着可能です。料金は1個1ドル50セントとなります。

デムーリン・ブラザーズ・カンパニー製のヤギの初期のモデルには、本物のヤギの角が使われていた。ある夏の日。暑くジメジメとした空気の中、グリーンビル駅の係員が「貨車1台分のヤギの角」が届いていることを知らせるために連絡を入れた。ひどい悪臭で、南から風が吹いてくると、多くの人々がデムーリン・ブラザーズ・カンパニーに町から出て行ってもらいたいと思ったそうだ。こうした背景から、数年後に金属製の角が鋳造されるようになった。
——ジョン・ゴールドスミス『3人のフランス人と1匹のヤギ』

マウンテン・ゴート

ヤギとザリガニの交配種です。前後方向への動きが可能で、乗り続けているうちに前後上下、どの方向に動いているのかわからなくなるでしょう。底なしの穴に落ちている感覚、どこまでも昇っていく感覚を同時に実現します。

難易度も品質も当社の最上級モデルです。目隠しをされたまま乗る人は、屋根を突き抜けて外に飛び出すような感覚に襲われるでしょう。人生山あり谷ありという表現を、身をもって体験するのです。

商品説明

当社の最新製品は、すべてのお客様にご満足いただけるでしょう。本体構造は鉄製で、強靭なコイルが取り付けられ、激しい動きにも耐えられるようになっています。合計四つの車輪がダイナミックな動きを支えます。乗ったままで引き回す場合も便利です。揺り椅子式のレールは121×91×60センチとなります。

3439 ● マウンテン・ゴート：箱入り：32ドル、発送時重量113キロ

The Mountain Goat.

No. 3439.

This Goat is a cross-breed between a goat and a crawfish, as it runs and bucks backwards as well as forward; in fact, the candidate who rides this double back action brute will not be able to know whether he was traveling forward or backward, upward or downward. He will be more likely to believe that he is going down to the bottomless pit or some other place where they do not shovel snow.

This is the "dog-gondest" hardest riding Goat we manufacture; The candidate who rides it blindfolded will swear that the "bob-tailed ske-dadlar" leaped over housetops, mountains and over all the ups and downs of life, but he has another guess coming.

BRIEF.

The Mountain Goat is one of our latest productions and will give a candidate his money's worth. The goat body is fastened to a steel frame by a strong coil spring the same as our "Rollicking Mustang Goat," and the lower part of steel frame has wheels which run on the steel tracks of rockers; the frame has small roller guides underneath the track, so that it cannot possibly jump off. There are also two small wheels under the center of each rocker so that every time the rocking motion passes center, the candidate receives an extra impression to remind him that he is traveling over a rough road and the coil spring supporting the goat body does not forget to put in its good work also. These wheels are also useful in case the attendants desire to pull the Goat around the room or turn it around as if on a pivot.

The rockers, also handles on each end fold up, and pack in space 4x3x2 feet.

3439 Mountain Goat, including box; each $32 00
Shipping weight 250 pounds.

先週の土曜日の夜、イーラム・チャップマンはウッドメンのロッジでヤギに乗り、大いに楽しんだ。あまりに楽しかったため、彼は町に同行していた妻の存在まで忘れ、自分だけ車に乗って自宅に向かってしまった。家に着いた時も鍵をポケットに入れたと思い込んでいたが見当たらなかったため、窓から中に入ったという。
——『ルマーズ・センチネル』紙（アイオワ州、1898年9月）

HUMPY DUMP

A peculiar acting animal indeed. It is generally conceded to be perfectly harmless although in this fast going day and age, we are prone to accept it as a means of transportation because of the tedious, wearisome and fatiguing effect we are required to endure. Not so with this camel for he has been associated with the goat family so much that he has acquired many of their characteristics. The ups and downs in this world will be thoroughly instilled and vividly shown to the candidate who rides this kicking, bucking, wabbling, rearing and maneuvering beast of burden.

See suggestions for introducing, page II in back of catalog.

We can highly recommend this noiseless Camel as the most substantial and effective made—in fact, there is nothing like it manufactured by any other firm.

The eccentric front wheel serves as a safeguard against the candidate taking a "header," but does not rest on the floor except when "Humpy" takes a notion to balk.

The body of this fine beast is well upholstered with the best tanned skin (an exact imitation of camel's hide) and has glass eyes.

———

We are of the opinion that if the candidate knows he is to ride a camel, he will anticipate with joy the long easy strides of the beast. It's a case where ignorance is bliss. Little does he know that old Humpy Dump has associated with the goats in the DeMoulin Zoo so long that he has acquired many of their characteristics.

　　　　——Junior Order of United American Mechanics
　　　　(JOUAM) catalog no. 127

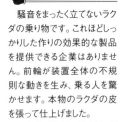

ハンピー・ダンプ

　騒音をまったく立てないラクダの乗り物です。これほどしっかりした作りの効果的な製品を提供できる企業はありません。前輪が装置全体の不規則な動きを生み、乗る人を驚かせます。本物のラクダの皮を張って仕上げました。

　ラクダに乗るというのは、何らかの楽しさを連想させる行いでしょう。ところがそうはいきません。ハンピー・ダンプはデムーリン・ブラザーズ・カンパニー製のヤギの特徴をすべて備えているのです。

——『ジュニア・オーダー・オブ・ユナイテッド・メカニックス（JOUAM）カタログ』No.127

Steel Frame Revolving Goat

鉄製フレーム回転ヤギ

Nos. 2287-88.

> バージニア州ホットスプリングスの最新流行は、体育館に集まって機械仕掛け
> のラクダや馬に乗ることだ。　　　　　　　　——『ザ・ニューヨーク・タイムズ』紙 (1915年)

可動式暴れヤギ

THE ROLLICKING MUSTANG GOAT

560, 561

（マサチューセッツ州レキシントンのアメリカ国立文化遺産博物館所蔵）

デムーリン型ヤギ三輪車

目立つ場所に置き、興味を
持たせ、実際に乗ってもらいま
しょう。暴れヤギは、全方向の
ありとあらゆる動きを実現でき
ます。クロスカントリーの乗馬
でしか味わえないような感覚を
再現できます。

音も静かで完成度がきわめ
て高い製品です。当社の実
績がすべて反映されていると
言っても過言ではありません。
可動性も耐久性も最上級で
す。当然のことながら、安全性
や装置の大きさにも気を配りま
した。

前輪によって前のめりの姿
勢での落下を防ぎます。後部
のハンドルで動きの方向を決
めてください。ヤギ本体の表
面にはウールを張ってあります。
箱に入れた状態で総重量は
63キロとなります。

D175 ● ゴム製タイヤモデル：
53ドル

D176 ● 通常タイヤモデル：
49ドル

本体部分は馬、ロバ、トラ、ラ
クダもお選びいただけます。
追加料金：10ドル

One way to get the candidate's goat is to watch where he ties it. A better way is to give him a ride on this rollicking, frolicking mustang. When it comes to kicking, bucking, wabbling, rearing and other antics peculiar to the goat family, this mustang has 'em all beat. The candidate experiences all the thrills of a cross-country ride in a "lizzie." Don't let any candidate get by without taking a ride on this wild beast.

We recommend this noiseless goat as the most substantial and effective made. Our many years of practical experience has enabled us to build it with all points of merit, combining the greatest variety of motions with strength, perfect safety, compactness, simplicity and light running.

The eccentric front wheel serves as a safeguard against the candidate taking a "header" but does not rest on the floor except when "Billy" takes a notion to buck. Then the handle-bar is raised until the frame runs on all three wheels. As the hubs are out of center, the irregular motions produced are indeed very realistic and characteristic of the goat family. The peculiar arrangement of wheels and the strong spiral spring pivoted to body, together with the up-and-down motion of the handle-bar, produce the desired results. The body is well upholstered with best tanned wool skin, and has horns and eyes. Goat packed in a chest with hinged cover, lock and key. Weighs about 140 pounds.

D175—Goat, with rubber tires $53.00

D176—Goat, without rubber tires 49.00

Horse, Donkey, Tiger or Camel Body, instead of goat body, extra 10.00

観覧車型ヤギ

本製品は現在市場に出回っている中でも最高の部類に属するでしょう。簡単な構造で、故障することはありません。車輪の中央にしっかりと据えられたヤギに乗る人の体はストラップで固定されるため、落ちることはありません。仕掛けはたくさんあります。4人の男性が運びながら再現される動きは、ヤギの散歩そっくりの光景です。また、ヤギの部分が激しく動きます。車輪を半分回転させれば、乗っている人はさかさまの状態になります。車輪は鉄製で、半円状の部品を簡単につなぎ合わせることができます。つなぎ合わせた状態の車輪の高さは約213センチで、60×106×213センチの箱に収納した状態でお届けいたします。全体重量はおよそ136キロとなります。

THE FERRIS WHEEL GOAT.

No. 910.

This is one of the best Goats on the market, and is made so simple, that it is impossible for it to ever get out of order. It has a Goat body fastened securely in the center of two wheels. The harness is put on candidate who is strapped on the Goat and wheel so he cannot fall. There are many tricks about this Goat. For instance, four men can carry it so as to imitate the walking of a Goat; it can be turned as if supported on a pivot; it can be rocked like a hobby horse; it can be made to revolve half way round, so that the candidate will be "up side down;" it can be turned completely around as often as desired, etc., etc. The wheel is made of steel in halves and so constructed that it can be easily put together or taken apart. Size of wheel, when ready for use is about 7 feet high by 2 feet wide; when packed, size of chest is 2x3½x7 feet; weight about 300 pounds.

注) デムーリン・ブラザーズ・カンパニーのカタログの背表紙。このタイプの製品はそもそも、まったく同じイラストを使ってペティボーン・ブラザーズ・カンパニーのカタログに掲載されていたもので、説明文も一字一句同じである（80ページ参照）。友愛団体にさまざまな製品を納めていた企業は、競争相手であると同時に同志の関係にあったことがわかる。この業界は景気が良かったため、特定の1社だけですべての製品を提供できるわけがなかったのだ。

IMPROVED "FERRIS WHEEL GOAT"

3385

This wheel is like a vest pocket edition when compared in size to the World's Fair Wheel, but the unlucky candidate that takes a spin in it, although blindfolded, sees plenty of sights—or imagines he does; he also sees stars and sometimes he thinks he sees his finish. Around the world in one, two, three—sometimes traveling on his ear, other times right side up with care; but try as he will, he can't budge an inch from the back of the fuzzy little billie goat, as he is shackled hand and foot.

Improved Ferris Wheel Goat; strong, requires little space, quickly put together without tools; body fastened securely in the center of two oval-shaped steel wheels, a great improvement over the old round wheel in the sensation produced. The improved harness and hand-cuffs which are put on candidate hold him securely, so that it is impossible for him to slip off or get injured.

There are many tricks about this Goat. It can be turned as if supported on a pivot or rocked like a hobby horse. It can be made to revolve half way round, so that the candidate will be "upside down," or it can be turned completely around as often as desired.

3385 Goat, including chest with hinged cover, lock and key (weight,
about 250 pounds)..$19.50
Horse or Mule body instead of goat; extra................... 6.00

We suggest that the Goat be manipulated by Panhandle Pete and his two pals, Cecil and Smoky.

観覧車型ヤギ：改良タイプ

観覧車型ヤギをぐっと小さくしたタイプをご紹介いたします。ただ、これに乗る人が体験するものが減ることはありません。頭の中に星が飛び、人生の終わりが来たことを実感するかもしれません。

強靭な作りの本製品は組み立てが簡単で、わずかなスペースで使っていただくことができます。楕円形の車輪は鉄製で、円形の車輪を使っていた以前の商品から大きく改良されました。ヤギに装着されている手綱や乗る人にかける手錠など、細かい部分にも新しい工夫が盛り込まれています。

全体を揺らしてロッキングホースのようにしたり、あるいは全体を回転させて乗る人を上下さかさまの状態にしたり、動かし方はいろいろあります。

3385 ● 装置一式：重量約113キロ：19ドル50セント
乗る部分を馬あるいはラバへ変更：6ドル増し

顧客の声

少し前、御社から購入した観覧車型ヤギは予定通り配達され、しばらく使ってみて、これまでで最高の製品であることがわかりました。大満足です。会合への出席人数が少ないことに悩んでいるなら、この製品を使ってみることを強くお勧めします。出席者の数はあっという間に増えるでしょう。われわれの団体では「ウィリアム」と名付け、80キロメートル離れた場所まで運び、使いました。毎週別の場所から披露の依頼が寄せられています。敬具

——F.B.ヤング（第1222支部）

THE ROYAL BUMPER

800-801

This is a strong and well built Goat.　The frame and wheels are of steel. The motion of this "animal" is produced by the hubs of wheels being made out of center and the eccentric axle which is connected to a pendulum attached under the body of Goat.　These peculiar constructions produce a galloping and also a sort of side-sway or swinging motion.　The body is well upholstered with best tanned wool skin, and has genuine horns and glass eyes.　Shipping weight 150 pounds.

800　Goat, including chest with hinged cover, lock and key.....................$18.00
801　Goat, same as 800, but with rubber tires on wheels............................ 19.50
　　　Horse or mule body instead of Goat; extra.................................... 4.00
　　　Camel body instead of Goat; extra.. 10.00
　　　We suggest that the Goat be manipulated by Panhandle Pete and his two pals, Cecil and Smoky.

☞ ロイヤル・バンパー

　丈夫で、細部までこだわった作りのヤギです。骨組みと車輪は鉄製です。中心をずらした軸と振り子構造の組み合わせで上下動が生まれ、まるでヤギが跳ねながら走っているような横方向の動きも実現できます。ヤギの角は本物を使いました。発送時重量は68キロです。

800 ● ロイヤル・バンパー：18ドル
801 ● ゴムタイヤモデル：19ドル50セント
乗る部分を馬あるいはラバへ変更：4ドル増し
乗る部分をラクダへ変更：10ドル増し

　水曜日の夜、BPOEのロチェスター支部はロス・W. ブライアント氏に対する入会儀式を行った。ブライアント氏の身長は207センチあるので、儀式に使われたヤギもそれに合わせて一部が改造される必要があった。
　　　　——『ザ・レコード』紙
（ニューヨーク州ソーダス、1913年3月7日付）

THE PRACTICAL GOAT

1642-1643

> エルクスのロッジにあるヤギのぬいぐるみは、ある背の高い紳士のために竹馬を付けなければならなかった。 ——『イブニング・サン』紙（ニューヨーク州ロチェスター、1913年）

THE BUCKING GOAT

D180● 効果音発生器は、どのタイプのヤギにも装着可能です：3ドル増し

GOAT BLAT

D180—Goat Blat, can be attached to any of our Goat Bodies; extra ......$ 3.00

THE FUZZY WONDER

The Champion of His Species

D181-D182

ザ・ファジーワンダー

　野生馬よりも荒々しいチャンピオン級のヤギの登場です。本製品はすべての部品が鉄製で、現在市場に出回っているどの製品よりもスムーズな動きを実現しました。ハンドルを持って装置全体を押すだけで、飛んだり跳ねたりする上下・左右の動きをさせることができます。装置重量は90キロ。
D181 ● ゴムタイヤタイプ：82ドル
D182 ● 通常タイヤタイプ：79ドル
乗る部分を馬あるいはロバ、トラ、あるいはラクダへ変更：10ドル増し

Kipling wrote: "The female of the species is more deadly than the male." If judged from this viewpoint, this Fuzzy Wonder must be a she-goat instead of a he-goat. While it might appear ridiculous to attempt to establish any relationship between Fuzzy Wonder and a wild western bronco, yet our suspicion is confirmed by the fact that a bronco is tame compared with this goat.

"Fuzzy Wonder" is a spectacular Goat in every respect. Every part is substantially made of steel and so constructed that it affords less resistance in order to bring about the desired results than any other Goat on the market. Attendants do not have to exert themselves to demonstrate the galloping, rearing, wobbling, kicking and bucking antics by the up-and-down motion of the handle-bar. This is all brought about by merely pushing on the handle-bar. The frame remains in a normal position at all times, but the body is arranged so that a special centrifugally designed mechanism, automatically produces a series of maneuvers peculiar to no other Goat but "Fuzzy Wonder."

The same qualities characteristic of our other Goats may well be applied to this one also. The body is well upholstered with best tanned wool skin, and has horns and eyes. Goat is packed in a chest with hinged cover, lock and key. Weighs about 200 pounds.

D181—Goat with rubber tires $82.00
D182—Goat, without rubber tires 79.00
Horse, Donkey, Tiger or Camel Body, instead of goat body, extra 10.00
For Electric Stirrup, Fountain Attachment and Goat Blat,
To create more amusement, we suggest that goat be manipulated by persons wearing burlesque costumes.

そう、もし一度も試したことがないのなら、次に入会儀式を行う時には、ヤギのひげにカイエンペッパーを振りかけておくのがいいだろう。3倍楽しめるに違いない。
——ジョージ・W. ペック『ペックの悪ガキとお父さん *Peck's Bad Boy and His Pa*』（1900年）

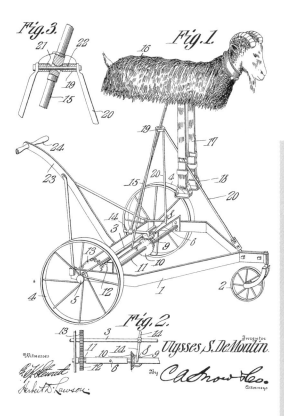

U. S. DE MOULIN.
INITIATION DEVICE.
APPLICATION FILED MAR. 3, 1909.

943,219.

Patented Dec. 14, 1909.

ユリシーズ・S.デムーリン
による装置説明図

奇妙な発明に特許

　自動チップ帽とニワトリ用メガネが登場。

機械仕掛けのヤギも

　入会儀式の際に使うヤギが原因で時として問題に巻き込まれる秘密結社のメンバーは、このニュースを知って喜ぶだろう。アメリカの頭脳が助けに入ってくれるのだ。この装置は機械仕掛けのヤギで、使わない時はクローゼットにしまっておくことができる。餌をはじめ、飼育に関する心配がまったくいらない。また、実際に使用する時も何の心配もいらない。この装置は三脚状の骨組みに載せられた形状で、三つの車輪で動く。前輪の軸が中心から少しずれる形で装着されており、後部のハンドルで全体を押すことができる。

　これに乗る者は目隠しをされ、両側にあるストラップに両足を置く。装置を押すと車輪の作用で全体が前後左右に複雑な動きをするよう設計されていて、振り落とされないようしっかりとつかまっていなければならない。

　　——『ザ・ニューヨーク・タイムズ』紙
　　　　（1910年5月15日付）

FERRIS WHEEL COASTER GOAT

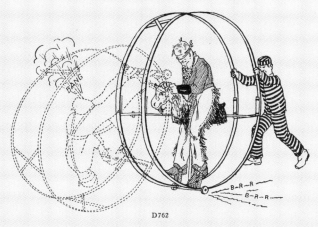

D762

This is the Ferris Wheel Goat with several new features added which make it a much more exciting stunt. See the two small wheels. These enable the attendant to coast the ferris wheel on the floor with the candidate right-side-up. About the time the candidate has relaxed and has kidded himself into believing that he is to enjoy a smooth ride—over he goes right on his head. The firing of a blank cartridge adds to the consternation. A ba-a-a attachment also makes this goat more goaty.

D762—Goat, including cartridge firing attachment under body, goat blat and 50 blank cartridges (weight packed, about 190 pounds) $58.00

Extra Blank Cartridges (not mailable), loaded specially for us to give an extra loud report; per box of 50 .... .45

Rubber Tires on above goat, extra 15.00

Horse, Donkey, Tiger or Camel Body, instead of goat body, extra 10.00

👆 **観覧車コースター型ヤギ**

観覧車コースター型ヤギをご紹介いたします。さらなる楽しさを追求するため、いくつか機能を追加しました。装置の底に付いている小さな車輪をご覧ください。これで人を立った状態で乗せたまま移動することができるようになりました。安心して自分でヤギを動かそうとし始めたところで、装置全体をひっくり返し、上下さかさまの状態にします。それと同時に空砲を鳴らせば効果は倍増します。また、小さな車輪はヤギの鳴き声そっくりの音を立てます。

D762 ● 装置一式と空包50発セット 総重量86キロ: 58ドル

空包 50発: 45セント

ゴムタイヤモデル: 15ドル増し

乗る部分を馬あるいはロバ、トラ、あるいはラクダへ変更: 10ドル増し

オッド・フェローズのロッジが爆笑に包まれた。フレッド・バセットをはじめとするメンバーが披露したヤギ乗りと棒登りはこれ以上ない娯楽となった。
——『センティネル・デモクラット』紙（ケンタッキー州マウント・スターリング、1880年4月30日付）

A LOW-DOWN BUCK

D760

We thought we had about reached the limit when it came to inventing goats, but out of the realm of our imagination and ingenuity we have produced another specimen of the goat family. Though probably more applicable to his construction than to his conduct, yet we believe this animal is deserving of the title "A Low-Down Buck".

This goat is entirely different from any other we have ever invented—different not only in construction but in action as well. The action is not mechanical but is produced by the man at the handle, and he can sure make it rough for the candidate. As the weight is all on and directly over the large wheel, the goat is light on his feet and very easy to manipulate. The four small wheels keep the goat "right side up".

Only the large wheel runs on the floor. The small wheels might be compared to the four hoofs of a goat in action—they hit the floor, occasionally. When this goat is hustled into the hall, these four wheels produce a clatter that sounds like a gallopin' horse, and the candidate does not have to work his imagination overtime to believe that he is to be given a ride on a real live prancin' steed.

We haven't space here to tell about all the good (?) points of this goat and how he will perform, but we do say that your Lodge will find him to be a rip snorter. No matter what experience you might have had with other goats, you cannot afford to miss the big show which this low-down buck will produce.

Goat is packed in a chest with hinged cover, lock and key. Weight, packed, about 165 pounds.

D760—A Low-down Buck, with rubber tires and goat blat $53.00

D761—Rough Rider or Cowboy Outfit, consisting of hat, shirt trousers
    with fringe on outside seams, belt and handkerchief, complete...... 7.50

👆 ロー・ダウン・バック

ヤギに関する発明は限度に達したと思っていました。しかしわれわれの想像力と創意工夫はとどまるところを知りません。このほど、ロー・ダウン・バックと名付けた新種が加わりました。

これまでのモデルとはまったく新しい構造で、まったく新しい動きを実現します。動きは機械によるものではなく、後部ハンドルを握る人が創出します。乗る人の全体重がかかっても、装置全体はとても軽いので、楽に操作することができます。四つの小さな車輪が装置全体を安定させます。常に接地しているのは大きな車輪だけであり、四つの小さな車輪は前脚と後ろ脚にたとえることができるかもしれません。

この装置の優れた点をすべて述べるスペースはありません。ただ、メンバーのみなさんに気に入っていただけることは保証します。

D760●装置一式：53ドル
D761●暴れ馬乗り・カウボーイの衣装＝帽子・シャツ・ベルト・ハンカチ：7ドル50セント

　　グリーンビルのビクトリーキャンプ第452支部は、4名のモダン・ウッドメン・オブ・アメリカ新入会員に対する儀式を火曜日の夜に行った。凶暴にして向こう見ず、強力で野蛮、無慈悲、大地を揺るがすように上下左右に激しく動く野生動物を模した容赦ない機能を備えた「カプラ」はその能力をいかんなく発揮し、これに乗った人々は翌朝仕事に行くことはできなかっただろう。装置に乗せられたのが夜更けになってからなら、なおさらだ。
　　　　　　　　　　　　　　　——『ザ・グリーンビル・アドボケイト』紙（1899年）

父がヤギに乗ったとき

家の中はアルニカ［キク科の薬用植物］、
そして深い謎で満たされていた
走り回って遊ぶ気も、
音を立てる気さえしなかった
大きなピアノを閉じたまま、
音を鳴らすことはなかった
父がヤギに乗ってから、
お医者が7回家に来た
先週ロッジに入って、
儀式は午前4時に行われた
16人の仲間たちに抱えられて
家に帰ってきた
手首を捻挫して、
上着が大きく破れていた
父がヤギに乗ったとき、
ハラハラする時間が
流れていたにちがいない
ヤギも大変だったにちがいない
乗る人たちみんなを困らせてきた
それを父に話したら、父は怖い顔をした
父がヤギに乗ったのか
ヤギが父に乗ったのか
本当のところはわからない
　　　　——ジェームス・ペティボーン
　　　　　『ロッジのヤギ』（1902年）

第5章

法廷でお会いしましょう
散々なイニシエーションと法の目

最高の状態では、人間はあらゆる動物の中で最も気高い。

——アリストテレス

Fig. 29.

GRIP OF A MOST EXCELLENT MASTER.

「ワイルド・ワウガマトードルディー」という名前の機械仕掛けのヤギに乗ってけがを負ったとして、秘密結社を訴え出た男に興味を持たない人などいるだろうか？

　個人のけがにまつわる訴訟は、20世紀初頭までにごく普通に行われるようになっていて、友愛結社やロッジが訴えられることもあった。実際の件数はそれほど多くなかったが、訴えられた場合には『ザ・ニューヨーク・タイムズ』紙などの大新聞も記事にした。前世紀から残っている公判記録も多くはない。数が限られた記録に目を通すのは、こちらも数が限られた法律家や法学部の学生だけだったようだ。この章で紹介していくエピソードには、ハリウッド映画の脚本を思わせるものもある。昔の法廷とマルクス兄弟のコメディ映画、そしてデムーリン・ブラザーズ・カンパニー社製品の要素が交わり合ったうえ、ものごとが間違った方向に進んでいったらどうなるか。1900年代のアメリカで実際に存在し

た訴訟の数々を見ていくことにしよう。「秘密結社のメンバー同士の握手」から一歩踏み込んだところで展開されていた法廷劇に興味がない人は、この章を飛ばしていただきたい。

F1893—F1895
Initiatory Degree

象牙製小槌。4×7センチ。20ドル25セント

　秘密結社の建物の中で行われる入会儀式の夜の出来事に興味があるなら、すべてを知ることができる確実な方法がひとつある。それは、団体内でメンバーとしてしっかりとした地位を築くことだ。ひとつあるいは複数の団体のメンバーとなっていても、それだけですべてを把握できるとは限らない。定期的に会合に出席している人も、どの式服を着ていくべきかすぐには決められない。生涯の友と思っている人物が、自ら属する団体の話が出たとたんに口をつぐむ。

その場は、秘密結社のメンバーだけが察することができる空気で満たされる。賢い妻であっても、夫から何も聞き出すことはできない。普段は何でも話せるのに、突然無口になる時がある。ロッジで何が起きているのか。会合から帰ってきた夫の様子から何かを感じ取るしかない。しかし長い目で見れば、友愛団体の最も大きな秘密が明らかにされ、法廷を通して公になることもあるのだ。

——『ロー・ノーツ Low Notes』
11巻（1908年）

ヤギに乗るのが友愛団体の通常活動の一部ではないことは理解されているが、「第二義的な仕事」つまりメンバーの娯楽として行われることが知られている。

　秘密結社の入会儀式とヤギの関係は、長年にわたって外部の人々の興味をかき立て続けている謎だ。

　本当にそんなヤギがあるのか？　もしあるなら、どのような外見なのか？　生きたヤギなのか、それとも機械仕掛けなのか？　入会希望者は本当にヤギに乗るのか？　もしそうなら、何を体験するのか？

　多くの人たちがこうした疑問を抱き続けてきたが、これまで答えが出されたことはなかった。ヤギは実際にある。そして訴訟の証拠物件として法廷に持ち込まれ、判事と陪審員の前で実際に動かされた。

　問題の訴訟は、つい最近サウスカロライナ州ヨークビル在住のサミュエル・W.ミッチェルが、ヒッコリー・グローブ・キャンプという団体の入会儀式の際ヤギに乗ったことでけがを負い、2万5,000ドルの損害賠償を訴え出たものだ。

　ミッチェル氏によれば、このヤギは「ワイルド・ワウガマトードルディー・オブ・ザ・ウォウ」という名前だ。彼が負ったけがの度合いを考慮するとふ

ざけた響きだが、ヤギに対してはよく使われ、「ワウグ」という短い使われ方をすることもある。「ラピトードゥルアム」ではないが、『ニューヨーク・ワールド』紙によれば、このヤギは本物とラピトードゥルアムの中間的な存在であるという。

　疑問がない点がひとつある。それは、乗る者を振り落とす機能だ。野生の暴れ馬も顔負けの動きを見せるという。ミッチェル氏と弁護士は、被告であるウッドメンによってけがをさせられたことは疑いようのない事実であるとしている。一方、ウッドメンの最高裁判機構はミッチェル氏に物理的なけがはまったくないと主張している。ただ、ミッチェル氏が感情的に深く傷ついたことは間違いないようだ。

　ミッチェル氏は団体所有の建物の一室でサム・リーチによって目隠しをされた。その状態で両腕を抱えられ、広間に連れて行かれた。そして、多くのメンバーにはやされながらヤギに乗せられた状態が続いたという。

　ミッチェル氏は、馬に乗る技術を披露するよう言われたと主張している。その場に馬はおらず、馬と同じ動きをする「ワウグ」が準備されていた。

——『サンノゼ・イブニング・ニュース』紙
（1902年6月10日付）

GOAT.

Nos. 6699-6700.

This goat is strongly built, with steel frame and wheels. The hubs of wheels are made out of center to produce the side-sway motion and the galloping motion can be produced by the operator working the handle-bar up and down. The upholstering is of good long wool sheep pelts and genuine horns and glass eyes.

We recommend this goat to lodges that cannot afford one of the higher priced ones, and guarantee it to be the best goat ever offered for the price.

ヤギ

　鉄製の車輪とフレームのヤギです。中心を外れた車輪の軸により、装置後部の棒をつかんで押すと、横揺れと馬が跳ねる動きを表現します。人が乗る部分は長い羊毛と羊皮で仕上げました。頭部は本物の角とガラスの目を使っています。廉価版のこのモデルは、予算が少ない団体にお勧めいたします。

　先に紹介した新聞記事は公判記録を基に書かれたもので、その中に「ワウグ」に関する記述が出てくる。記述から考えると、上に紹介した製品にきわめて近い。「ワウグ」がデムーリン・ブラザーズ・カンパニー社製だったかはわからないが、同社が機械仕掛けのヤギという製品の市場をほぼ独占していた可能性は明らかだ。

INVISIBLE PADDLE MACHINE

D334

In this stunt the candidate is taught to paddle his own canoe, instead of depending too much upon the assistance of his brothers in the lodge. It is also a good catch for the smart fellow who thinks he knows all about lodge room tricks. The surprise is all the greater because the candidate is not hoodwinked. Even though he might have a suspicion that the front end of the blooming thing is loaded, yet it is absolutely certain that he will not anticipate an attack from the rear. With a stream of water hitting him in his face and a plank hitting him on his "rear," backed up by a thunder-bolt, the candidate will sure imagine himself between the devil and the deep blue sea.

The Invisible Paddle Machine is so ingeniously constructed that the results obtained by it are really wonderful. The paddle positively cannot be detected. This cannot be said, however, after the candidate pulls up on the handles, for by so doing he releases a trigger, and this in turn automatically causes the top of the machine to spring out of place from the rear end until it engages a device that reverses the course by throwing it in an upright position and in line with the seat of his pants. The moment the paddle strikes a blank cartridge is exploded and water is discharged in his face from a special spraying device concealed in the dial.

D334—Invisible Paddle Machine, with 50 blank cartridges (weight, packed 20 pounds) $21.00

D335—Invisible Paddle Machine, same as D334, but with an electrical attachment as used in our Lifting and Spanking Machine (weight, packed, 20 pounds) 33.50

Extra Blank Cartridges (not mailable), loaded specially for us to give an extra loud report; per box of 50 .... .45

—73—

透明パドルマシン

　入会希望者は、この装置を使ってカヌーを漕ぐ動作をするよう言われます。広間で行われる行事はすべて知っていると思っている人の目にも新鮮に映るでしょう。目隠しを使わない分、驚きも大きくなります。顔に当たる部分は何か仕掛けがあることを予想できるでしょうが、装置の後ろの部分にも仕掛けがあることに気づく人はいないでしょう。顔に水がかかると同時に、厚板がお尻を叩きます。

　丁寧に組み立てられたこの装置により、絶大な効果が期待できるでしょう。お尻を叩く板に気づく人はいないはずです。大きな音とともに跳ね上がる板でお尻を叩かれ、同時に顔に水をかけられる人は、心底驚くでしょう。
D334●透明パドルマシン 空包50発付き（梱包時重量9キロ）：21ドル

　次の文章は、「透明パドルマシン」の底面に貼りつけられたラベルに綴られている。これを見逃してしまった人はどのくらいいるのだろうか？

・警告 ── 危険・

　本装置に空包を使う場合、黒色火薬のみが対応するようになっています。無煙火薬の空包を使用しないでください。銃器に使用する無煙火薬は一瞬で火がつき、本装置を屋内で使用する場合には爆発力が強すぎます。安全性を確保するため、当社製の空包をお買い求めください。着火の速度が遅く、大きな爆発音を出す火薬をご用意しております。

ミッチェル氏がヤギに乗る前に起きたこと

　原告ミッチェル氏は、何らかの装置の上に座らされたと語っている。そして取っ手のようなものを握らされ、それを力いっぱい引くよう指示された。次の瞬間、大きな爆発音が轟いて、背後で勢いよく跳ね上がった板に臀部を強打された。結果的に、自分で自分のお尻を叩いた形となったわけだ。

　ミッチェル氏は、まだ目隠しをされていたためヤギを見ることができなかったが、自分の両足にストラップがかけられ、手綱を持たされたことはわかった。直後に、それまで体験したことがないような動きに全身を奪われた。ヤギが跳ね、飛び上がって、本物でも考えられないような動きをしたのだ。

　上下・前後に激しく揺さぶられるミッチェル氏を見て、広間に集まったメンバーたちは歓声を上げた。一方ミッチェル氏は、叫び声を上げながら耐えるしかなかった。動揺し、正気を保っておくことができなかった気持ちについて、証言台に立ったミッチェル氏は次のような言葉で表した。
　「あなたたちは私を傷つけた。私は、馬鹿者たちを叱責するためここに来たのではない。ウッドメンのメンバーに

なりたかったのだ。こんなことが必要ならば、もう十分だ」
　ミッチェル氏は、装置から落ちたことも覚えていない。覚えているのは、急いで装置から降りて、そのまままっすぐ家に帰ったことだ。体に湿布を貼り、ベッドに入って、そのままの状態で3週間が過ぎた。容体は悪化し、外科手術が必要となった。
　弁護団は「ワウグ」を法廷に持ち込み、ミッチェル氏がけがを負うことに

なった動きを再現するよう要求した。木製の本体部分には黒い羊毛が厚く貼られ、頭部の角は本物だった。車輪に取り付けられた本体部分は高さおよそ122センチほどで、あぶみと手綱がつけられている。本体部分から伸びる2本の棒が内部の機械構造とつながり、「ワウゲ」全体が動くようになっている。「ラピッドトゥードゥルダム」（一部の人々の間で有名な装置）の後継装置として乗り心地をよくし、より多く楽しさを感じられるようになっている。ゴムチューブに香りのよくない消毒剤を入れておいて、それを噴射する部分もある。

ミッチェル氏の弁護士は法廷でヤギを動かそうとしたが、方法がわからなかった。弁護士たちが恐る恐る手を触れても、「ワウゲ」はじっと佇んだままだった。ウッドメンのメンバーである大学教授が動かしてみせることを申し出て、他のメンバー数人が手伝った。

法廷の荘厳な雰囲気が一気に爆笑に包まれ、「ワウゲ」から落とされまいとして頑張る教授に注目が集まった。

弁護側は、「ワウゲ」が危険な装置ではないことを証明した。教授の体は激しく揺さぶられたが、その動きは勢いよく跳ね回る馬そっくりだった。

ミッチェル氏が手術を受けたことに対する反対意見が出ることはなかった。裁判の論点は、ミッチェル氏の手術がヤギによるものかどうかだった。

——『サンノゼ・イブニング・ニュース』紙
（1902年6月10日付）

サウスカロライナ州、1904年——ウッドメンの入会儀式において機械仕掛けのヤギに乗せられたことでけがを負い、損害賠償請求裁判を起こしていた原告に1万ドルを支払うよう命じる判決が下された。
——『ワシントン・ロー・レポーター』33巻

　機械仕掛けのヤギ、判定台、電気椅子へ加えられた定期的な改良には、デムーリン・ブラザーズ・カンパニー社の安全への配慮がうかがえる。ただ、相次ぐ人身傷害訴訟で破産しなかった事実は驚きというしかない。筆者が見つけた彼らに対する訴訟はひとつだけだ。

　グリーンビルの本社を訪れた後けがをしたという男性が、デムーリン・ブラザーズ・カンパニー社を訴えた。右の文章は、デムーリン・ブラザーズ・カンパニー社の社史編纂者ジョン・ゴールドスミスの著書『3人のフランス人と1匹のヤギ』から引用したものだ。

　1922年、ラス・デムーリンのいたずらが訴訟騒ぎになった。鉄道会社の従業員がある日デムーリン・ブラザーズ・カンパニー社の工場を訪れ、書類を記入するため、その場に置かれていた椅子に座った。実はこれが電気椅子だったため、彼は怒りに満ちて椅子を壁に向かって投げつけ、粉々にしてしまった。その後訴え出て、「深刻なけが」に対して5,000ドルが支払われた。

　　　　　　——ジョン・ゴールドスミス
　　　　『3人のフランス人と1匹のヤギ』

電気椅子：
座った者は飛び上がる

　入会希望者は、正式メンバーになるという行いの本当の意味に気づいていません。時として、大勢の人の前で、想像以上に大きく飛び上がらなければならないこともあるのです。そしてその機会は、本人が思うより早く訪れるかもしれません。

　最新式にして最良タイプの電気椅子をご紹介します。座面の裏側に強力電池を仕込みました。この製品に関して最も重要なのはスイッチです。ターゲットを一人決めて、この人が座る時だけスイッチを入れれば、自分の身に何が起きているのかわかりません。どんな場所でも設置が可能で、誰もが"犠牲者"となりえます。

D199 ● 電気椅子 セット一式：28ドル50セント

ELECTRIC CHAIR
Up He Goes!

D199

The candidate did not at first realize how much it was to mean to him to become a member of the lodge; that he was due for a sudden "rise" in the world. He is asked to be seated for a few moments while other details are arranged. The "rise" comes sooner than he expected. It is a rather warm situation in which he finds himself and he would like to knock the "sit" out of situation.

This electric chair is one of our latest and best inventions. It is arranged with electric battery concealed beneath the seat. An important and attractive feature is the switch, which can be turned off so that no shock is received by the person sitting on the chair. The switch can be turned on and off without the knowledge of those whom it is desired to "catch." A good plan is to post a few members who are to sit on the chair when the switch is off. Then along comes a member or candidate who is not next to the scheme. He takes a seat and he gets it good and plenty, and he wonders how in the world he happened to get stung when others sat on the chair without any "emotion" whatever. The chair is a positive deceiver and never fails to work at the proper time. It may be placed anywhere in the lodge room and any member as well as a candidate, can be made a "victim."

D199—Electric Chair, complete $28.50

ローヤル・オーダー・オブ・ムース対ケニー裁判

アラバマ州バーミントン、1916年——入会儀式で行われた一部の活動に、ブランディング・スタントあるいはプライズ・リングと呼ばれる "電気を使ったもの" が含まれていたことがわかった。ブランディング・スタントでは犠牲者が板の上に横になった状態で体を縛り付けられ、足首に装着した電極からの電流が、首の後ろに当てるカミソリの刃から抜ける形で体を貫く仕掛けになっている〔107ページの「エレクトリック・レイザー」装置の説明文を参照のこと〕。

プライズ・リングは無数の電線がはりめぐらされたマットを使う。マットから伸びる鎖から電気が全体に行き渡る仕組みになっている。志願者はボクシングのグローブをはめてマットの上で打ち合うよう指示される。プライズ・リングのマットに流れる電気で人が死ぬことはないが、エレクトリック・レイザーを使った儀式を体験した人物が同じ夜に命を落としていることが明らかになっている。

——『ザ・サザン・レポーター』73号（1916年）

MORAL ATHLETICS

👆 道徳的運動競技

イラストに描かれた「フェイクパンチ・ショー」は穏やかで何の害もありませんが、想像を超えるお楽しみが隠されています。

——『バーレスク・アンド・サイド＝ディグリー（BSD）カタログ』439号の説明より

エレクトリック・レイザー

　ひげを剃ってもらうつもりで
何の疑いもなく椅子に座った
入会希望者は、突然体を貫く
電流に心から驚くことでしょう。
5130●衣装と磁石式電池を
含む装置一式：6ドル75セント
　磁石式電池は他の当社製
品にも使えます。
5131●磁石式電池とコード
を除いたセット：2ドル75セント
651●木製模造剃刀：50セ
ント
2319●大型模造剃刀：60セ
ント
784●泡石鹸容器とブラシ：
1ドル50セント
　志願者がひげをきれいに剃
った状態なら、以下の製品が
お勧めです。
782●クシとブラシセット：2ド
ル50セント

THE ELECTRIC RAZOR

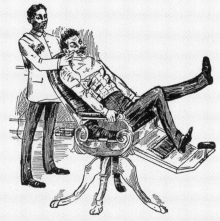

"Next!" When the candidate who is "next" is seated in chair, it is
well to quiet his nerves by asking if he wants 'em shaved close or whether
he would prefer to have them driven in with a nail-set and hammer—or
some other soothing question to keep him from sweating. When he is in
the proper receptive mood, or as the hypnotist says, in the passive state,
give him the electric touch, just to let him know that you strictly under-
stand your business.

5130　Complete outfit, consisting of an electric razor, bib, magneto
　　　 battery and cord..$6.75
　　　 The magneto battery may be used with any of our electrical devices.

5131　Razor and bib, without battery and cord.................... 2.75

　651　Large Wooden Razor, burlesque pattern, black handle, sil-
　　　 vered wood blade... .50

2319　Large Burlesque Razor, wood handle, hollow bright tin blade.. .60

　784　Mug of questionable character, properly decorated; also large
　　　 brush... 1.50

TRICK COMB AND BRUSH

　　To be used just after candidate has been shaved. May also be used
just before the banquet, or before he goes home to his wife, to make him
presentable.

　782　Trick Comb and Brush, arranged so the operator may cause
　　　 water to squirt from them at will...........................$2.50

　この装置はひげを剃っていない者に
対して行うのが特によい。ほんのひと剃
りで効果は抜群だ。

　　　　　　　──ビール・コーマック
　　　　　『通過儀礼の馬鹿げた儀式』
　　　　　　　　　　　　（1922年）

SPANKING SHOVEL

Our Spanking Shovel is preferred by many to the ordinary spanker, as it creates a more startling effect upon the candidate. Imagine the effect, to see a person pick up an ordinary looking fire shovel from the coal scuttle and strike the candidate where his mother used to apply the sole of her slipper and cause a loud report equal to that of a small cannon. The firing mechanism is automatically discharged by a slight jar. The charge is completely muffled. This Spanker is made of steel and brass; is perfectly safe and will not get out of order.

5253　Spanker and fifty 32-calibre blank cartridges $2.25
　　　 Extra cartridges, per box of 50 (not mailable) .... .25

A splendid article to use on a candidate when a startling effect is desired. If you happen to have one who imagines that he knows it all, just let someone tap him from behind and remind him that there are other things just as explosive as his mouth. It is surprising how meek he will become.

スパンキング・シャベル

当社のスパンキング・シャベルは、驚くべき効果をもたらす人気製品です。石炭の山に刺さっているシャベルを抜いて、子どもの頃ママがスリッパで叩いたのと同じように、志願者のお尻を叩きます。内部に仕掛けられた空包が、ちょっとした大砲くらいの音を発します。鉄と真鍮を使った丈夫な作りの製品で、とても安全であり、長持ちします。

5253 ● 32発の空包付き：2ドル25セント

空包50発：25セント

誰かを驚かせたい時に理想的な製品です。儀式に使う製品をよく知っている者に対しては、後ろからそっと近づいて勢いよくお尻を叩いてください。これを1回お見舞いすれば、誰でも言うことを聞くようになるでしょう。

顧客の声

　スパンキング・シャベル一式の代金の小切手を同封します。これまでさまざまな製品を購入してきましたが、一度も失望したことはありません。電気を使った製品は興味深いので、これから先も発注すると思います。

——L.L.ガーナー（ドハティー男性友愛クラブ
アンパイア第7支部、オクラホマ州バートルズビル）

ミシシッピ州の訴訟 1907年

　慣例化している目隠しが原告に施され、機械仕掛けのヤギの上に座らされ、訴状に記された文言によれば「強固でかなり重量がある材料でできたもので殴打されたため、臀部と尾てい骨にけがを負った。原告は身体的苦痛に苦しんでおり、長く続く後遺症が残ることとなった。このため、本業である鉄道技術者としても職業生活に支障をきたす状態に陥っている」。

　ヤギを使って入会儀式を行うミシシッピ州内唯一の団体がウォーターバレー支部だけである事実に興味を抱く人もいるかもしれない。

——『ロー・ノーツ』11巻（1908年）

入会儀式の被害者

　ユタ州ソルトレイク——オーダー・オブ・ワシントン所有の建物内の一室で警備付きで療養しているのは、昨夜行われた儀式の最中に大きなけがを負った志願者である。メンバーの手厚い看護を受けながら療養している人物は使命を明かすことを拒んでおり、出来事の詳細が公になることを全力で阻止しようとしている。

　被害者は入会儀式で目隠しをされ、小さなカートに乗せられたままの状態で広間を全速力で走り回った。これを押していた人物がスピードのあまりカートの動きを制御できなくなり、被害者は体ごと祭壇に叩きつけられることになってしまった。体側の各所に骨折があり、深刻な状態だ。

　オーダー・オブ・ワシントンは、メンバーに保険を提供する新しい友愛団体である。事故の話は、この団体の女性メンバーから漏れ出たとされている。

——『ソルトレイク・テレグラム』紙
（1902年1月17日付）

死につながるいたずら

　イリノイ州モリーン——原告は目隠しをされたままの状態で、電気ショックを数回与えられた。体のバランスを崩して電池そのものに触れ、感電して気絶した。

——『ザ・ニューヨーク・タイムズ』紙
（1898年11月19日付〈MWA〉）

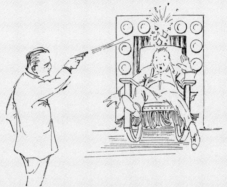

PLATE BREAKING STUNT

No doubt the Candidate has a lot of confidence in his future Brothers, but when one of them starts taking pot shots at the plates in his immediate vicinity (a little too immediate for his comfort) the extent of his confidence is severely tested. His mind isn't eased at all when the sharp-shooter (?) makes a couple of wild shots at first, shattering an electric light bulb or disturbing some other nearby object.

Our surprise chair supplies the climax of this hair-raising stunt. At the last shot it is tripped, and the Candidate makes a very abrupt and ungraceful exit through the curtain.

A novel effect, and an additional surprise for the victim will result if the gun only clicks on the last shot but the plate is shattered anyway.

D284—Plate Breaking Stunt, consists of frame with attachments for six plates, curtain in opening, 60 plates and striker for breaking plates from rear by attendant $25.00

Extra Plates, in lots of 60 .... 1.00

皿割りゲーム

　志願者が既存のメンバーを信頼することは間違いないでしょう。ただ、自分が座っている場所を取り囲む皿を的にして発砲し始めたらどうでしょうか。拳銃を撃つメンバーの狙いも一定ではなく、決して安心できる腕前ではありません。

　ただ、ここで紹介する製品の主役は皿ではなく、志願者が座る椅子です。最後の1発を撃つと同時にひっくり返り、あわてふためきながら出ていくことになります。そして、銃が撃たれないのにもかかわらず皿が割れるというさらなる驚きが待っています。

D284 ● カーテン付きの枠組み、椅子と皿60枚セット：25ドル

別売り皿60枚：1ドル

電 気 シ ョ ッ ク 事 故

ローヤル・オーダー・オブ・ムース対ガスティン裁判

　ガスティン氏は「ブランディング・ボード」という名称の装置の上に座らされ、以下のようなパフォーマンスを行うことになっていた。自転車に使われるワイヤー固定の部品に似たクリップが一方の足首に巻かれ、もう一方の足首から伸びる電線にカミソリの刃のような金属片が装着される。

　寝そべる体勢になったガスティン氏はゴム製スタンプを見せられ、焼き印のように押し付けられる瞬間にカミソリの刃状の金属片から電気ショックが伝わるという仕掛けだった。電気ショックを受けたガスティン氏はその場で気絶し、15分後に死亡が確認された。

　　　　——『ザ・サザン・レポーター』80号
　　　　　　　　　　　　（1918年）

アンジュ対ソブリン・キャンプ・オブ・ウッドメン・オブ・ザ・ワールド裁判

　ノースカロライナ州、1915年——原告は目隠しをされた状態で部屋の中に連れて行かれ、大きな秤のような形状の装置に座らされた。腕力を測るという目的でレバーを引くよう言われ、それに従うと体中に電気ショックが走り、床の上に投げ出されてしまった。これにより、深刻な状態のけがを負って、別の部屋に担ぎ込まれたが、後遺症が残ることになって、事故以来働くこともできなくなってしまった。もう一人の志願者も前の晩に同じロッジの建物内で行われた儀式の際大きなけがを負っている。この人物も原告と同じ装置で電気ショックを受けた結果と思われる。

　　　　——『ロー・ノーツ』21巻
　　　　　　　　　　　　（1916年）

第6章

ビリビリ！
電気ショックグッズ

体中にまんべんなく広がる激しい衝撃
──実験で体験した電気ショックの感覚についての
ベンジャミン・フランクリンの言葉

1893年に開催されたシカゴ万国博覧会で、電力の実利的な側面がすべて明らかになった。ほぼすべての街灯と家庭で使われていた照明器具の主流がガスだった世紀の変わり目を迎える頃までに、電化製品は時代の最先端を行くものとして認識されていた。電灯をはじめとする電化製品が使われていたのは10パーセント──つまり裕福な家庭──程度だったが、新しい器具の危険性が無視されたり、誤解されたりすることもしばしばだった。

毛布などの日用品にも電化の波が押し寄せ、「驚くべき電気○○」といった新しい名前が与えられた。頻発する感電事故や火災が新聞を通して伝えられる中、技術進化と安全性の間で競争が生まれる。消費者が計画性のない実験のモルモットと化していたと言っても過言ではないだろう。

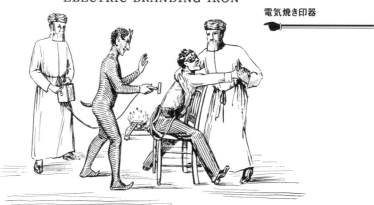

ELECTRIC BRANDING IRON

電気焼き印器

電力の実用化が現実味を帯びてきた頃、デムーリン・ブラザーズ・カンパニー社は最盛期を迎えていた。大道芸人が電流を使ったパフォーマンスでめまいを起こし、露天商や訪問セールスマンは、電動型洗濯たらいや降雨予報機などの最新機器のデモンストレーションで競い合っていた。映画製作が盛んになり始めたのもこの時代だ。イギリスのサイレント映画製作者アルフ・コリンズが『電気ガチョウ The Electric Goose』を手がけたのは1902年だった。クリスマスのディナーとして料理されたガチョウが電流で生き返るというコメディ映画である。バスター・キートンの『電気の家 Electric House』（1922年）は、電気を使った悪ふざけのオンパレードといった趣になっている。シアーズ社やモンゴメリー・ワードなどの百貨店のメールオーダー・カタログには、振動型電気前立腺ベルトという最新型商品も掲載されていた。当時のバイアグラだ。これとよく似た女性用の商品もあり、不感症とヒステリーが治るという謳い文句が添えられていた。

一方、まったく同じ技術が当時の「電気拷問」に使われていた。『拷問と民主主義 The Torture and Democracy』の著者ダリウス・レジャリによれば、アメリカ合衆国は拷問に電気を導入した最初の国として記録に残っているという。1908年、ニューヨーク州立刑務所で「ハミング・バード」という装置を動かすためにマグネット発電機（クランク型電池）が使用された。名前は、使用時に出る音に由来するといわれている。レジャリの著書に記されているように、1922年から1926年までの間、シアトル警察署の警官が床いっぱいに敷き詰めた「電気カーペット」を使って自供を得ていたという話もある。当然違法だったこの行為については、次のような文章が残されている。「囚人は飛び上がり、苦痛の叫びを上げた。命を奪うほどの威力ではない。効果も長時間持続するものではなく、傷跡も残らなかった」。

この章を読み進めていく過程で、シアトルの警官がどうやって電気マットを入手したのか、不思議に思う読者がいるかもしれない。

Let Us Develop Your Ideas on Any Novel or Distinctive Stunts. Write Us About Them. That's a Part of Our Service as Well as to Manufacture and Supply Them Economically.

SUGGESTIONS AND DIRECTIONS
For Introducing and Using Our
Burlesque and Side Degree
PARAPHERNALIA

Before conferring any initiation, it will be well for those taking part to memorize the plans in this book and rehearse at least once, so that everything will run smoothly.

The principal work is done by the Chief Officer. For this Officer, the Society should select a man who has had experience as a presiding officer, or one who is a good talker. The success of the work depends much on the ability to this Officer to properly render his part.

The initiation will be much more impressive if each one taking part is disguised with a burlesque costume, and all in the room are masked so candidate will recognize none. Candidate is also often dressed in a burlesque costume, to make him look ridiculous. One special advantage of members wearing masks is that they may smile and enjoy the work unknown to candidate. All persons should be careful not to laugh aloud.

There should be two or three selected as floor managers or attendants. It should be their duty to familiarize themselves with the paraphernalia used, as much of the success of the work rests with them, and in their ability to properly handle candidate.

Initiatory work should be performed like a drama; each person to master his part and the attendants to prepare the paraphernalia and settings.

IMPORTANT

Before bringing candidate in the Lodge room, he must be warningly instructed by attendant that it is necessary to step very high while traveling the paths upon which he is about to venture. Make it emphatic by telling him that there has been barbed wire stretched and obstructions placed in various places whereby he might be tripped. Impart this to him in an earnest manner and see what an amusing effect it will have.

あなたのアイデアを商品化します。まずは手紙で教えてください。
当社は低価格で商品化・供給も行っています。

実際に入会儀式を行う前に、この本をよく読んで段取りを記憶し、少なくとも1回はリハーサルを行っておくことをお勧めいたします。儀式全体を取り仕切るチーフ・オフィサーは、経験豊かな支部長級の人物が務めるのがよいでしょう。成功はこの人物の資質にかかっていると言っても過言ではありません。

志願者が特別の衣装を身に着けると、儀式はより印象深いものとなります。すべての参加者が覆面をかぶっていれば、志願者にはわかりません。志願者自身も、ふざけた衣装を着て式に出席することがしばしばです。

装置を動かす係として2〜3人が必要となるでしょう。この人たちは装置の仕組みを熟知しておかなければなりません。儀式の成功は、最終的にはこの人たちにかかっています。入会儀式は劇のように進行すべきです。それぞれがそれぞれの役割を理解し、こなしていくことが必要です。

大切なこと

志願者を招き入れる前、部屋に入ったら装置でつまずくことがないよう、足を高く上げて歩くことを指示しておくことが必要です。鉄条網が張ってあるとか、障害物が置かれているといった言い方をしてもよいでしょう。この段取りをしっかりとしておくことで、儀式が抜群に楽しくなります。

ELECTRIC BRANDING IRON

The candidate thinks he is up against the real thing when the Chief Brander shows him that he must undergo the ordeal; he must bear the proper brand before he can become one of the fold. He will kick and tell you that his skin is tender and present many other empty excuses, but after it is all over, the candidate kicks himself because he is such an infernal chump as to object to an operation that proves to be merely an innocent joke.

5132　The Electric Brand is harmless in action, no objectionable features. The hot iron brand is only a bluff, the Electric Brand being the one applied. Burning sensation ceases as soon as brand is removed. Price, including magneto battery and cord, one iron brand, one electric deception brand, bottle alcohol, alcohol stove...$6.50

5133　Electric Brand without magneto battery..................... 2.50

Complete instructions with each outfit. The magneto battery used with any of our electrical appliances can be used with Brand.

6465　Devil costume, as illustrated above.........................$5.00

電気焼き印器

　焼き印を見せられた志願者は、本物であると思い込むでしょう。仲間になるためには、団体公式の焼き印を体に押されなければならない。きっとそう思うでしょう。恐ろしい苦しみから逃れるため、さまざまな言い訳を思いつくかもしれません。そして恐怖が最高潮に達したところで、いたずらであることを知るのです。

5132● 電気焼き印器は、安全に使っていただける無害な製品です。焼き印は精巧に作られた偽物で、皮膚が焼かれる感覚はすぐに消え去ります。マグネト電池とコード、焼き印、瓶入りアルコール等一式セット: 6ドル50セント

5133● 電気焼き印のみ: 2ドル50セント

　詳細な説明書もお付けいたします。マグネト電池は、当社製のどの電気装置にも使っていただけます。

6465● 上記イラストの悪魔の衣装: 5ドル

　「兄弟たちよ、彼に焼き印を」という声がした。窯の中で熱せられた焼き印を時々取り出して水に入れるたび、「ジュッ」という音が響き渡る。それを聞く志願者は、病気のラバのようなうめき声を上げる。キング・ビーは「準備しろ!」と叫んだ。「焼き印を熱くしろ!　皮膚が焦げる臭いに気をつけろ!」。

　次の瞬間、裸にされたスウェーデン人の背中に氷が押し当てられる。「さらば!」と彼は叫んだ。「私はマカビー団員として死ぬようだ!」。

　　　──ジェームス・ペティボーン『ロッジのヤギ』(1902年)より、マカビー騎士団(Knights of Maccabees)の「第二義的な」焼き印の儀式

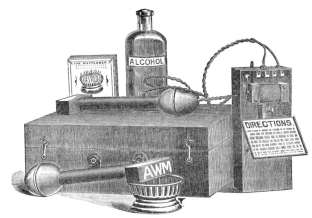

NO. 975.

With this brand we have overcome all objectionable features
in this part of the degree work.　Our electric brands are con-
structed in such a manner as to render the deception perfect.
The sensation of the electric brand is almost identical to that of
the burning brand, only that the feeling ceases as soon as the
brand is removed and does not injure the candidate.　Full de-
scription given with outfit which is packed in a light leatherette
finished carrying case with compartments for the outfit.
　　Price Complete (Code, Bird) ……………………………… $6.00

・心に響くショック・

　電気を使った儀式で、椅子から転げ落ちるようなショックの演出が可能となった。残酷に感
じられるかもしれないが、人類は長い間、電気と戯れ続けてきた。数千年前、古代ローマ人は
濡れた砂浜に寝かせた電気魚をはだしで踏み、電気ショックでさまざまな病気を癒そうと試み
た。

　1700年代、ヨーロッパの科学者たちは女性に静電気を帯電させるという実験を行ってい
た。絶縁ブロックの上に女性を立たせ、その女性に多くの人たちがキスする。

　それから数十年後、フランス王の前でとある実験が行われた。180人の家臣が手をつない
で輪になり、ライデン瓶にためた電気を流して、全員が同時にジャンプする。これは「サークル
ショック」と呼ばれるようになり、多くの貴族たちが真似するようになった。ベンジャミン・フラン
クリンも大好きだったといわれている。

　フランクリンは「エレクトリファイド・バンパー」という名の別の方法も考え出した。グラスに
入れた液体に電気を帯びさせると、飲む人の唇に電気ショックが走るという装置だ。

　20世紀を迎える頃から、人体を媒体にして電気ショックの威力を見せる行いに興味が集ま

るようになった。この時期には、変化も起きている。メディカル・コイル（医療機器用電池）およびマグネット電池——昔のタイプの電話に使われていた、ハンドルを回して交換手に信号を送るのに必要だった装置——が広く使用されるようになった。デムーリン・ブラザーズ・カンパニー社はこの種の電池を使ったさまざまな装置を売り出し、電気関連装置がカタログの50パーセントを占めるまでになったこともある。こうした装置は至る所で見られるようになり、薬局やアーケードにはわずか1セントで気軽に楽しめる機械が常備されるようになった。「電気活性化ベルト」もブームになり、モントゴメリー・ワード社やシアーズ社のカタログにも掲載された。1902年には、廉価型メディカル・コイル（66セント）、マグネット電気スリラー（72セント）という装置が販売され、この2機種は「男性のための特別モデル」というキャッチフレーズが用いられ、こんな宣伝の文章が綴られていた。「電流は厳密な形での管理が可能なので、頑健な男性を身震いさせることも、子どもにけがをさせないようにすることも可能です」。

　今日、「デムーリン筋肉テスト」（128ページ参照）のような電気ショックの"強度テスト"用製品はさまざまな場所に置いてある。「デムーリン・グラッドハンド」や「デムーリン電気レンチ」といった製品は「ジョイブザー」や「電気ペン」といった商品に姿を変えて、今も手に入れるこ

（次ページ↘に続く）

電池とマグネット発電機 ☞

D215● ポータブル型ジャンプスパーク電池: 23ドル

　どのような服地であっても通電性がきわめて高い電池です。コンパクトで頑丈な作り。ショルダーストラップで持ち運びにも便利。コートの下に持っていても目立ちません。

D214● マグネット型発電機: 11ドル25セント

　強い電流を自在に操ることができる装置です。頑丈で、どこにでも置くことができます。当社製の電気装置すべてに使っていただけます。コードとセットでお届けします。

D219● マグネット型発電機: 15ドル

　D214の倍の発電量を実現したモデルです。

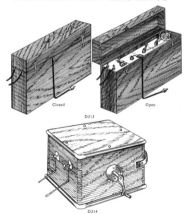

BATTERIES AND MAGNETOS

Closed　　　Open

D213

D214

D215—Portable Jump Spark Battery; very strong jump spark current which will penetrate any part of clothing; very substantial and compactly put up in box shaped to fit close to body; carried by shoulder strap, concealed under coat. It can be used with any of our electrical appliances.　Price, including cord 23.00

D214—Magneto; entirely mechanical and no cells to wear out; strong current which can be regulated by the operator; very substantial and neatly put up. It is made special for and can be used with any of our electrical appliances where our Jump Spark Battery is not specified. The electricity will not jump, however, as in our Jump Spark Battery, must follow a circuit. Price, including cord 11.25

D219—Magneto; produces current double the strength of D214; otherwise same as D214... 15.00

ELECTRIC WRENCH

About the time the candidate monkeys with this monkey wrench, it will monkey with his nerves in a peculiar manner and he will think the Lodge is trying to make a monkey out of him.

B324 Trick Monkey Wrench and specially prepared block and bolt, arranged with proper electrical connections .... $ 6.25

B214 Magneto and Cord 11.25

B324

電気レンチ

ねじを締めようとすると電気が流れるレンチです。

B324 ● モンキーレンチ：6ドル25セント

ブロックと大型ねじ付き

B214 ● マグネト型発電機とコード：11ドル25セント

（ヽ）とができる。電気ショック装置という言葉で検索してみてほしい。何ページにもわたる結果が示されるはずだ。驚くには値しないことなのかもしれない。多くのものが変わるが、変わらないものはそれよりも多いのだ。

——エレン・クーフェルド博士（バッケン電気博物館名誉館長）

THE GLAD HAND

The officer always wants to greet the newly adopted member with a warm hand, and the candidate is always glad of the opportunity, as he considers the initiation all over when he reaches this moment. But the "warm" hand he receives makes him wonder if he will ever see his finish. Also very appropriate to use when congratulating candidate for having successfully passed some trying ordeal.

5361 The Glad Hand Outfit consists of a small electric storage battery and induction coil with a spring push button concealed in the inside coat pocket, with insulated wires running through the sleeve to rings on the thumb and finger. When the officer grasps the candidate's hand, he places his left hand over his chest as if giving him a warm greeting, and when he has a good grasp of the candidate's hand, he presses the button and the candidate does the jigging.............$5.00

グラッドハンド

団体幹部は、新入会員に対して常に温かい手を差し伸べたがるものです。そして志願者は、こうした瞬間を喜ぶでしょう。握手すれば、それが儀式の終わりを告げるものとなるからです。しかし、彼が握る「温かい手」には強い電流が走ります。

5361 ● グラッドハンド：5ドル

この製品は小型蓄電器からコイルが伸びる設計となっています。コートのポケットにしのばせたボタンを押すとコイルが飛び出し、それを通して相手に電気が流れます。

"Shocking" STUNTS for Lodge Initiations

①

BIKE PUMP TO CHARGE AIR TANK
NOZZLE
HOSE
STRING
PANEL
VALVE
KNOB

Turning dial on television set opens valve and sprays powder on victim.

PHOTO FLASH LAMP

②

FAN

PLUG IN 110 VOLTS

DETAIL OF CONTACTS
THUMB TACKS
BRASS STRIP
LEADS

CONTACTS

AUTO HORN

STORAGE BATTERY

③

HANDLE
CONTACTS
500 LBS.
SPRING
LIFTING HANDLES
SPARK COIL
TO STORAGE BATTERY
DRY CELLS

Lodge member gets a real scare when he walks down this carpet. Contacts underneath set off auto horns, electric fans and high power lights concealed in the trees. Contacts shown in the insert are simply brass strips screwed to floor, with leads taken off the screws as illustrated. Wires should, of course, all be concealed as carefully as possible.

The shocking weight lift. Wires to handle switch go to primary; leads from coil to handles.

④

250 WATT BULB IN METAL CAN
FLAMES PAINTED ON GLASS OR CELLULOID DISC

Victim seems to be sitting in midst of a fire when flame machine is played upon him as illustrated. The glass is painted red to project the blazes and revolves before a light mounted in a can to direct the beam.

　　入会儀式の
　ショッキングな仕掛け

❶テレビの仕掛け　チャンネルを回すとバルブが開き、粉末が噴射される装置とその構造。

❷鉢植え　鉢植えの植物に扇風機やホーン、ランプが仕掛けられており、前を通ると稼働する仕組み。すべてカーペットの下に隠された電線につながっています。

❸ビリビリ重量上げ　取っ手がコイルにつながっており、持ち上げた瞬間に電気が流れます。

❹炎の椅子　イラストに描かれているように座った人は、赤く塗られた回転ガラスの効果により、まるで炎の中にいるような感覚に襲われます。

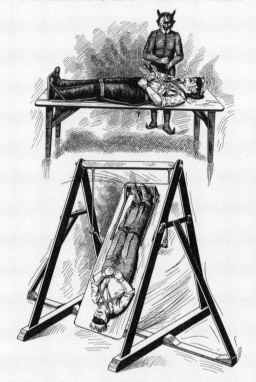

THE BRANDING AND WHIRLING TABLE

Just think of a candidate being branded with a hot (?) electric brand and when the shock is supposed to have killed him, to drop him, table and all, into an old well, "end over end," and then bring him up uninjured. This beats riding the fuzzle-backed goat or sliding down the cellar steps.

The Branding and Whirling Table consists of table which has legs that fold up out of the way when used to whirl, and substantial whirling frame which folds into small space for shipping and storing.

8680 Branding and Whirling Table (weight, packed, about 215 pounds)............... **$17.00**

熱い電気焼き印を押し付けられた後、寝かされている台ごと暗い井戸に向かって真っ逆さまに落とされたらどんな感じか。この装置に乗せられる人はすべて、それを実感することになります。そしてもちろん、けがを負うこともありません。この装置は折りたたみ式の脚と全体が回転する寝台から成ります。使わない時はコンパクトになるので、収納場所も問いません。

8680 ● 焼き印・回転台一式（梱包時重量98キロ）：17ドル

儀式の執行役が志願者に目隠しし、シャツのボタンを外すよう命じる。「真っ赤に熱した焼き印を胸に当てろ」。命令通り、焼き印が志願者の胸に押し当てられる。焼き印係が叫ぶ。「なんということだ! 死んでしまった! 厳しい試練を耐えることができなかったのだ」。儀式を見ているメンバーたちがざわつき始める。死体をどうやって捨てるか。井戸に落とそうということになった。寝台の部分が外され、上に寝かされた志願者の体が紐で縛って固定され、数人のメンバーが肩に担いで、そのまま部屋の中を一周する。やがて寝台は枠組みに戻され、合図の声とともに回転が加えられる。

—デムーリン・ブラザーズ・カンパニー社のカタログに記された儀式の進行案

1930年以降に印刷されたデムーリン・ブラザーズ・カンパニー社のカタログに、いたずら用製品は掲載されていない。しかし数多くの友愛団体が、以降20年にわたって「電気カーペット」を発注し続けていた。友愛団体で行われている秘密の儀式に関する話は、1930年代までに一般社会に漏れ出ていた。119ページで紹介しているのは『モダン・メカニクス』誌に掲載されたイラストである。

トレッド・ミル（踏み車）

シェイクスピアの『恋の骨折り損』の世界観がこの装置で現実のものとなります。志願者は体力の減少を極力避けようとするでしょう。辛い試練に対して文句を言うことはありませんが、肉体的な疲弊に苦しめられることになります。階段状の装置をただ上るだけの状態が続き、心配になって、体力が落ちたところで手すりにつかまるとそこに電気が流れる仕組みになっています。

D274●最高級の材質の木材を使った装置一式（梱包時重量79キロ）: 62ドル50セント

D275●マグネット発電機とコード付き発電ユニット: 14ドル75セント

D276●発電ユニットのみ: 3ドル50セント

若さの泉

この装置を体験する志願者が受ける効果は抜群です。10歳の子どものように飛び跳ねるでしょう。そして、同じものを飲んでいる人たちがなぜ自分と同じ反応をしないのか不思議に思うでしょう。

オーク材仕上げのスタンドとボウル、ポンプ、マットとカップ6個のセットでお届けいたします。スタンドにはカップを下げるフックも付いています。

D444●装置一式とコード、マグネット発電機セット: 65ドル

D445●装置一式のみ: 53ドル75セント

TREADMILL

"Love's Labor Lost" is exemplified by this stunt. The candidate is very conscientious in his advocacy of the conservation of energy. He does not object so much to the hard-labor punishment which he must undergo, but he is chafed because there is no utilization of the power he creates. His scruples might be satisfied by attaching the mill to the fan or the elevator. Notice also that the candidate is getting rather nervous and finds it difficult to retain his hold on the bars of the Treadmill.

See suggestions for introducing, page XII in back of catalog.

D274—Treadmill, substantially constructed of the best seasoned wood; latest model with string of rollers under the entire length of platform, also tension screws permitting adjustment. Weight, packed, 175 pounds $62.50
D275—Electric Attachment, complete, including magneto and cord 14.75
D276—Electric Attachment, without magneto and cord, otherwise same as D275 .... 3.50

THE FOUNTAIN OF YOUTH

Had Ponce de Leon been privileged to drink from this fountain he doubtless would have declared it to be the fountain of youth. There can be no question about the invigorating effect upon the candidate. It makes him step around like a ten-year-old. And all the time he wonders how the others can drink from the fountain without feeling the same effects.

See suggestion for introducing, page XXV in back of catalog.

The Electric Fountain consists of a neat oak-finished and varnished stand, arranged with ornamental reservoir and large ornamental bowl, an air pump, a mat and six fancy cups. The stand has hooks upon which the cups can be hung.

D444—Electric Fountain, including magneto and cord $65.00
D445—Electric Fountain, without magneto and cord 53.75

ELECTRIC CARPETS

The Electric Carpet is calculated to cause a man's pedal extremities all the woes of the hot sands of the desert, combined with corns, bunions and ingrowing nails. You can see by the expression of the candidate's "phiz" that he is highly pleased(?) with the tickling sensation on the bottom of his trilbies, but he evidently concludes that "it's cheaper to move than pay rent."

The improved Electric Carpet is very substantial. Our manner of constructing this carpet does away with all wires, buttons, etc., hence short circuiting is impossible, and it cannot get out of order by broken connections or by buttons coming off. Candidate will receive the full "benefit" whether he stands on one foot or both. Occupies but little space; a three-yard length can be rolled up in roll four inches in diameter. Carpet is made 22 or 44 inches wide, and can be furnished by the yard in any length desired. (Usually ordered in lengths of three yards.)

5346 Electric Carpet, 22 inches wide; per running yard...........$1.90
5345 Electric Carpet, 44 inches wide; per running yard.......... 3.50
5347 Battery and Cord... 4.00
The battery used with this carpet is the same as used with all our electrical devices.

CARPET OF TACKS

5348 Carpet of Tacks, 2½ feet square, can be used with electric carpet. Ask candidate to prove his courage by walking upon these long sharp tacks. Then while he is being hood-winked by the attendants, remove the Carpet of Tacks and substitute the electric carpet...................................$1.50

HOBBLES

5351 Hobbles, consisting of two strong leather straps with buckles; fastened together with a stout 12-inch chain. Strap these to candidate's ankles like handcuffs, and have him demonstrate his ability as a runner over the electric carpet or rocky road; per pair..$0.50

ここで紹介しているイラストはエド・デムーリンによるもので、マグネット発電機が使われていることがわかる。デムーリン・ブラザーズ・カンパニー社のカタログでマグネット型発電機が掲載されているのは3〜4例しかない。

電気カーペット

この製品は、砂漠の熱い砂の上をはだしで歩いているような感覚をもたらします。丈夫な製品である改良型電気カーペットは、細部にまで気を配った設計でショートすることはありえません。配線が破損したり、ボタンが外れてしまったりという心配もありません。設置スペースも狭くて済みます。長さ274センチの本製品は、巻いてしまえば直径10センチの円筒になります。幅は55センチあるいは111センチからお選びいただけます。長さは91センチ単位で調整可能です（通常版の長さは274センチ）。

5346 ● 幅55センチ版：長さ91センチ当たり：1ドル90セント

5345 ● 幅111センチ版：長さ91センチ当たり：3ドル50セント

5347 ● 電池とコード：4ドル
本製品の電池は、当社のすべての電気装置と同じタイプです。

画鋲カーペット

76センチ四方のカーペットに画鋲をびっしり敷き詰めました。画鋲を外して電気カーペットとしても使えます。入会希望者の勇気を試しましょう。1ドル50セント

足かせ

丈夫な革製品です。長さ30センチの頑丈な鎖付き。手錠のように足首に装着します。この製品を着けた状態で電気カーペットの上を走らせれば、運動能力を正確に知ることができます。50セント

電気カーペット

アキレス腱のような急所は誰にでもあるでしょう。このカーペットは、まさにそうした急所を責める装置です。志願者は熱い砂、あるいは熱せられたトウモロコシの上を歩かされているような感覚に陥るでしょう。

改良型電気カーペットは防水機能付きの頑丈な製品です。細部にまで気を配った設計でショートすることはありえません。配線が破損したり、ボタンが外れてしまったりという心配もありません。設置スペースも狭くて済みます。長さ274センチの本製品は、巻いてしまえば直径10センチの円筒になります。通常274〜457センチの長さで受注いたします。電気が流れている面から歩き出ないよう、幅は127センチをお勧めします。

ELECTRIC CARPETS

The mother of Achilles dipped him in the River Styx in order to render his body invulnerable. But she overlooked the heel by which she held him, and that was thereafter his one and only vulnerable spot. The candidate might well have longed for an opportunity to dip his pedestrial extremities in the Styx before being compelled to travel this road. He experiences all the woes of the hot desert sands, aggravated by corns, bunions and ingrowing toe nails.

The improved Electric Carpet is very substantial, made of insulated waterproof material, color of sand. Our manner of construction does away with all wires, buttons, etc., hence short-circuiting is impossible; nothing to get out of order by broken connections or by buttons coming off. Candidates receive full "benefit" whether he stands on one foot or both. Occupies but little space; three-yard length can be rolled up in roll four inches in diameter. Usually ordered in lengths of three to five yards.

Carpet is preferable 50 inches wide, which prevents candidate from striding it to get away from current.

「デムーリン・ブラザーズ・カンパニー社が作るカーペットに"普通"の製品はない。これに足を乗せる者は、砂漠の熱い砂のほうがはるかにましだと思うだろう」

——ジョン・ゴールドスミス
『3人のフランス人と1匹のヤギ』

電気スパイクカーペット

志願者は両側から支えられる形で、鉄製のくぎ状突起（実はゴム製）が並ぶカーペットの上を歩いていきます。くぎ状突起を見ながら歩くわけですが、そこから彼が主役のドラマが始まります。紳士から暴れザルへの変貌を見届けてください。
D302 ● 幅55センチ、長さ91センチごと：10ドル
D214 ● マグネット発電機およびコード：11ドル25セント

ELECTRIC SPIKED PATHWAY

Generally we are permitted to choose the road we travel and our companions for the journey. In this case the candidate must be guided by strange hands, but he can see all the "points" of interest along the way if he will only look down. When he gazes upon this pathway of sharp-pointed steel (?) spikes, he gets no joy out of anticipation, and when he has started down the path, he is soon convinced that there's a hot time in the old town tonight, with himself as one of the chief actors. His experience makes an impersonator of him, changing the expression of his "Phiz" from that of a polished gentleman to the resemblance of a terrified monkey.

D302　Electric Spikey Pathway, substantially made; rubber spikes, an exact imitation of steel; securely fastened; short circuiting absolutely impossible; 22 inches wide; per running yard $10.00

D302　D214　Magneto and Cord 11.25

RAIDING THE HORNET'S NEST
Or Trip Thru a Swamp

When the good brother sought admission into the lodge he had no idea that he would get "stung." Neither had he any thought of becoming so "active" in the lodge on such short notice. Had someone put a bee in his bonnet he might not have undertaken this trip thru the swamp. As it is, he finds that the swamp is infested with hornets and "skeeters" whose stingers can even penetrate his clothing.

This apparatus is held over the head of the candidate by the attendant, who is commander-in-chief of the hornet forces, and he can make the attack from any quarter desired.

B314 **Raiding the Hornet's Nest,** complete including hornet's nest $31.25

B315 **Trip Thru the Swamp,** as above, but without the nest 29.00

B316 **Trip Thru the Swamp,** without Jump Spark Battery 10.00

B213 **Jump Spark Battery and Cord** 21.25

スズメバチの群れ

これほど変わった儀式を想像できる志願者はいないでしょう。頭上から体のあちこちに電線を触れさせる仕組みの装置です。目隠しをして偽のハチの巣を持たせた状態で使用すれば効果が倍増します。
B314 ● スズメバチ の 群 れ 一式: 31ドル25セント
B315 ● スズメバチ の 群 れ 装置のみ: 29ドル
B316 ● 電池抜き: 10ドル
B213 ● 電池とコードのみ: 21 ドル25セント

この間の会合の出席率は普段の2倍だった。出し物は「ビーズ・ニーズ（bees knees）」で、誰もが満足する結果となった。
——アービン・メッツ、『ザ・ウッドメン・ジャーナル』紙（カンザス州ピッツバーグ、1907年）

電気トンネル

　頑丈な木製の台を吊り橋状にした通路を歩いていく装置です。前後左右に揺れるのでバランスを取るのが難しく、よろよろ進んでいくことになります。それだけではありません。任意のタイミングで電気を流すことができます。渡り切った時の安堵感は何物にも代えがたいでしょう。

D728 ● 電気トンネル 一式（着地地点の電気カーペットはオプションです）：135ドル

ELECTRIC TUNNEL

This tunnel, consisting of solid wood platform suspended from trestle which permits it to swing, making it difficult for candidates to keep their equilibrium, with side walls of heavy cotton cord, should be placed at the bottom of our slide.

After the candidate has enjoyed (?) a nice long slide he would like to rest and regain his breath right where he lands, but he changes his mind rather abruptly when he is dumped into the tunnel.

Instead of a resting place for tired candidates, it becomes a scene of great activity as the victims strive to get through in "nothing flat."

D728—Electric Tunnel, consists of net made of heavy cotton twine, 20 feet long and 8 feet high, including necessary ropes, pulleys and frame (electric carpet, extra) $135.00

顧客の声

　昨晩商品を受け取り、早速使ってみました。非常に満足しています。御社製の電気マットはメンバーに活力を与えてくれます。

—— ラッセル・K. パターソン
（AMOSマハトマ・サンクトラム第242支部、ペンシルバニア州ハリスバーグ）

　デムーリン・ブラザーズ・カンパニー社製の最後の電気カーペットが製作されたのは1989年だった。当時、最盛期に使われたキャンバス布や銅の筒の在庫がたまたま残っていたという。社員のトム・クォールズは、自らはだしになって装置を実験した。カタログの指示通り狭い廊下に装置を設営し、歩いている途中脇に逃げられない状態も実現した。クォールズは「電気ショックが膝まで届いた」と語っている。「火花が飛び散る電線を直接体に押し付けられたような感覚だった」。

CROSSING THE SWINGING BRIDGE

It seems like a very easy task, yet the unfortunate candidate who walks across meets with many obstacles that will "shock" his nervous system, and the unsteady motion of the bridge will make him imagine he has been partaking too much of the flowing bowl. His "feetlets" will also impart a feeling as if he was tramping on live "beelets."

The Electric Swinging Bridge is a substantial and handsome piece of paraphernalia. The posts and rails are of gas pipe finished in aluminum. The floor is of wood and metal, nicely finished and ornamented, and is suspended from the rail posts so it will readily swing with each step which the candidate takes. This motion creates a peculiar sensation, and causes him to repeatedly grasp one or both of the side rails, each time giving him an electric shock. This swinging motion may be made more uncertain by the attendant. The Bridge may be quickly taken apart, occupying but little space for storing, and may be as quickly set up for use. Weight of 1107, packed, 235 pounds; 1108, 170 pounds.

1107 Electric Swinging Bridge, 14 feet long, three posts on each side......$28.00
1108 Electric Swinging Bridge, 8 feet long, two posts on each side....... 18.00
1113 Magneto Battery and Cord... 4.00
The magneto battery can be used with any of our electrical appliances.

揺れる橋を渡る

とても簡単そうに見えますが、この橋を渡ろうとする者は、かなりの苦労を強いられることになります。神経系統を直撃するショックが待ち受けているのです。「電気型揺れ橋」は頑丈で見栄えがする装置で、全体を支えるスタンドと手すりにはアルミ製のガスパイプを使いました。ここから吊られる状態の歩く部分は、木材と金属を組み合わせています。

全体が揺れるので、歩いている時には手すりにつかまらざるを得ません。そこに電気が流れているという仕掛けです。組み立てと解体が簡単で、狭い場所にも設置できます。商品番号1107は重さ106キロ、1108は77キロです。

1107 ● 電気型揺れ橋 長さ426センチ：28ドル
1108 ● 電気型揺れ橋 長さ243センチ：18ドル
1113 ● マグネト型発電機とコード：4ドル

本製品の電池は、当社のすべての電気装置に使っていただけます。

THE ROCKY ROAD TO DUBLIN

The Rocky Road to Dublin will make a son of the old sod shed tears of joy(?). "Begobs, Oi think Oi'm goin' hum," he will occasionally articulate. But lead a "Sprechen Sie Deutsch" or a "Parlez Vous Francais" on the mat, and he will sigh (audibly) for the sparkling Rhine or the crystal Seine in which to plunge his tingling trilbies, all the while adding emphasis to his sighs by ludicrous facial expressions and awkward jerky gestures.

The Rocky Road is a mat of double canvas, with irregular articles sewed between same. Can be rolled up in small space when not in use. Carpet is made 22 or 44 inches wide, and can be furnished in any length; (usually ordered in lengths of three yards.)

5350　Rocky Road, 22 inches wide,
　　　 per running yard.........$0.90

5349　Rocky Road, 44 inches wide,
　　　 per running yard.......... 1.50

🕯 ダブリンへのでこぼこ道

　この道を歩く者はすべて、喜び（?）の涙を流すことでしょう。足の裏に流れる電気のために顔をゆがめ、奇妙な姿勢で、変な歩き方で前に進むことになります。キャンバス地の布を縫い合わせ、そこに電極を配置する作りになっています。使わない時には全体を巻いて保管しておくことができます。幅は55センチ、111センチの2種類からお選びいただけます。お好きな長さをご指定ください（通常は274センチで承っております）。

5350●ロッキーロード 幅55センチ 91センチごと：90セント
5349●ロッキーロード 幅111センチ 91センチごと：1ドル50セント

　さまざまなロッジに残されている逸話で、貝殻やトウモロコシの芯、卵の殻、小枝などを使った自作のロッキーロードの例を確認できる。ガラクタで満たされたスペースを歩くのは、程度の差こそあれ、人生の厳しさを知るために行われる友愛団体の儀式「電気橋渡り」の感覚に似ていたはずだ。ダブリンという地名が使われた理由は、イギリスのリバプールからアイルランドのトゥアムまで歩いて旅した男性の体験を基に作られた民謡にちなんでいる。

> イギリスまでの旅路、決してたじろぐことはない。
> 一歩一歩確かめながら歩いていく。
> ──「ダブリンまでのでこぼこ道
> The Rocky Road to Dublin」（1900年）

LIFTING AND SPRAYING MACHINE

A candidate is always ready to display his strength to show that he is an able-bodied man, and it takes but a suggestion relative to his physical weakness to get him to prove that he can lift just as much as any other man of his weight and size.

The machine has a dial to register the number of pounds lifted and when the candidate has lifted about 50 pounds, an automatic cartridge device is sprung, discharging a 32-calibre blank cartridge with a loud report; the startling effect causes candidate to release his hold, and then he gets a "free bath" by the spraying device concealed in the dial.

D350—Lifting and Spraying Machine, including box of 50 blank cartridges and full directions for operating....$14.00
(Weight, packed, 20 pounds)

Extra Blank Cartridges (not mailable), loaded specially for us to give an extra loud report; per box of 50.... .45

D350

THE MUSCULAR TEST

The Muscular Test is just what the strong, healthy candidate is loking for to enable him to demonstrate his strength, but when he attempts to lift this 200-pound (?) weight, he will be willing to admit that he is feeble, rather than grapple with a live wire.

The Muscular Test is cast hollow and weighs but 50 pounds. There is an electrical contrivance in its interior ingeniously constructed to automatically produce a good strong electric current through the lifting handles as soon as it is lifted from the floor.

D351—Muscular Test $22.50

D351

持ち上げたら噴射器

体が丈夫なことを示したいのは誰でも同じです。自分と同じくらいの体格の人たちが持ち上げられる重量を問題なくこなせるか。それを見せるのも大切でしょう。この機械は取っ手を引っ張り、その強さを装置中央の目盛りで示すものです。入会希望者が22キロの重量をクリアすると、そこで空砲が鳴る仕掛けになっています。驚いて手を離そうとする瞬間に、予想もしていなかった場所から顔に向けて水が噴射されます。

D350 ● 持ち上げたら噴射器 空包50発付き（梱包時重量9キロ）：14ドル
追加空包（郵送不可）50発：45セント

筋肉テスト

本製品は、肉体的な強さを示したがる入会希望者に最適です。200ポンド［90キロ］（?）の重りを持ち上げようとすると持ち手に電気が走り、思わず落としてしまうでしょう。中は空洞で、重さは22キロしかありません。ただ、内部に電気を流す仕掛けが隠されています。持ち上げようとして持ち手を握った瞬間、電気が流れます。

D351 ● 筋肉テスト：22ドル50セント

顧客の声―――

御社の商品に感謝します。皆で大いに楽しみました。時間が過ぎるのも忘れ、家に帰りたくありませんでした。

―― W.M.ホランド
（ペンシルバニア州ベスレヘム）

砂漠の嵐

　志願者は、この場合、犠牲者ということになるでしょうか。予想もできない方法で驚かせます。忘れられない体験となるでしょう。

　本製品があれば完璧な儀式を執り行うことが可能です。取り扱いに慣れておけば、さらに楽しさは増すでしょう。嵐の状況を完全に再現することができます。電気サンダルを履いて歩くと、地面全体に電気が走っているような感覚に陥ります。本物そっくりの井戸にたどり着いて水を飲もうとすると空砲が鳴り響くので、バケツからこぼれた水で全身がびしょ濡れになるでしょう。

D288 ● 本製品は、ロープとバケツ付きの丈夫な作りの井戸です。電気サンダル、発電機とコード、足跡が印刷された長いマット、稲光大判スライド、風発生器と雨音ドラム、紙のヘビなど付属品も豊富です。
装置一式：75ドル

　すでに備品がある場合は、以下の通りの割引をさせていただきます。雨音ドラム（2ドル25セント）、風発生器（5ドル）、雷シート（2ドル25セント）、稲光大判スライド（10ドル25セント）、火薬・たいまつ（7ドル）、電気サンダル（3ドル50セント）、電池とコード（11ドル25セント）

紙のヘビ
5381 ● 長さ121センチ：20セント
5382 ● 長さ243センチ：40セント

TRIP THROUGH A STORMY DESERT

D288

It may well be said that the candidate is a victim of circumstances, which in this case are many. He will firmly believe that all the elements have conspired against him, but after he has come out of this terrible storm without a scratch, he will say he would not have missed the experience for anything.

This feature is almost a complete initiation by itself and with a little practice can be made exceedingly interesting. With the different articles furnished a perfect rain and electric storm can be imitated. Electric Sandals are provided for candidate's feet to remind him that even the ground seems to be electrified. When he attempts to drink from the well, which is an exact representation of the old fashioned rock well, a blank cartridge explodes, thus more than likely causing him to spill the water from the bucket all over his shirt and trousers.

D288—Trip Thru a Stormy Desert consists of one substantially constructed well with rope and bucket; one pair of electric sandals with battery and cord; one long mat upon which footprints are shown; one lightning transparency with lycopodium torch and powder; one thunder sheet, wind machine and rain drum; and five imitation snakes. Directions sent with each outfit to show how it should be set up. Price, complete $75.00

In case your Lodge should have a few of the articles used in the above outfit, deduct the following amounts from the price quoted: Rain Drum, $2.25; Wind Machine, $5.00; Thunder Sheet, $2.25; Lightning Transparency, $10.25; Lycopodium Torch and Powder, $7.00; Electric Sandals, $3.50; Battery and Cord, $11.25.

PAPER SNAKE

5381 Snake, 4 feet long, very life-like $0.20
5382 Snake, 8 feet long, very life-like $0.40

史上最高出席率

　エリー・レイルロード・スクエア・クラブの会員である私は、御社製品のおかげで名前が知られるようになった。当クラブの会合への出席率は、御社製品を使った出し物をするようになった前と後ではまったく違う。つい最近、史上最高の出席率を記録した。他の団体の会合への誘いも後を絶たなくなっている。

———フレッド・H. ブロム
（エリー・レイルロード・スクエア・クラブ、ニューヨーク州ニューヨーク）

A CURRENT AFFAIR

ELECTRIC WOODEN SHOES

Will cause the chief participant to do the facial contortion act in a way that is both novel and pleasing to the spectators, and, as he gives an exhibition of his pedestrianism, the occasional promptings of the electrical element injected into his well-being will send him down the supposed boulevard in a double-quick time. The candidate is equipped with the shoes and requested to demonstrate that he is fleet of foot. After he is started, much merriment can be occasioned by giving him periodical electric shocks. The facial expressions will be very comical.

```
5340  Shoes, Magneto Battery and cord complete.................$6.25
5341  Electric Wooden Shoes without battery and cord; pair.......  2.25
5600  Electric Sandals and Magneto Battery......................  6.50
5601  Electric Sandals without battery..........................  2.50
```
Magneto Battery used with any of our electric appliances will work with Eectric Wooden Shoes and Electric Sandals.

ELECTRIC CANE

D210

An ordinary walking stick in the hand of the attendant looks perfectly harmless to the candidate, but when the end of the cane touches him on the north side of his bay window or any other part of his anatomy, he imagines that he has come in contact with the ends of a red hot poker. This electric cane is "hot" stuff—just the thing to goad the candidates and make them step lively around.

D210—Electric Cane Outfit, consists of a portable battery and cane; complete $33.50

電流木靴

本製品を履いた者はゆがんだ表情を見せながらあたりを走り回り、表の通りまで行くでしょう。そうした姿が周囲で見ている人たちを楽しませることは間違いありません。志願者は木靴を履かされた状態でも速く走れることを見せるよう言われます。電気が流れれば、いつもの倍の速さで走ることができるでしょう。歪んだ表情も見ものです。

5340● 電流木靴とマグネト発電機、コード：6ドル25セント
5341● 電流木靴のみ：2ドル25セント
5600● 電流サンダルとマグネト発電機●6ドル50セント
5601● 電流サンダルのみ：2ドル50セント

マグネト発電機は電流木靴にも電流サンダルにもお使いいただけます。

電気杖

見た目はごく普通の杖。志願者の目にも、まったく無害なものとして映るでしょう。でも、杖の先が体に当たったら真っ赤に焼けた鉄棒で刺されたような感覚が走ります。ものすごい勢いで飛び跳ねてしまうことになるでしょう。

D210● 電流杖　携帯電池付き：33ドル50セント

顧客の声————

団員たちの「気持ち」は確かに傷つきました。ですが、この栄誉を受けるために、次の会合には20人以上を連れてきたのです。

———C.C.フォートニー
（マスターズ・オブ・レヴェルズ、ニューヨーク州ニューヨーク）

ELECTRIC TEETER TOTTER

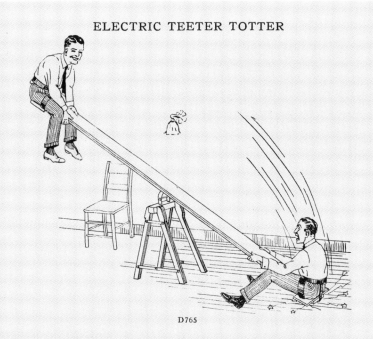

D765

'Tis said that life is a see-saw of ups and downs. But, does the candidate appreciate that fact as he should?—that's the question. Needless to say, the Lodge is not willing to take his word for it, so the only thing to do is to give a practical demonstration. A personal experience on this teeter-totter will quickly remove any doubt the candidate might have had about this life and see-saw analogy.

D765—Electric Teeter-Totter complete, including collapsible buck, board with straps for securely attaching candidates and electric connections which turn on automatically as feet of one candidate touches floor causing him to spring up and bring other candidate down to get his (can be used with any style Jump Spark Battery, battery not included) $35.00

D213—Jump Spark Battery 23.00

電流シーソー

人生は昇ったり降りたり。まるでシーソーのよう。そんな言葉があります。さて、本当でしょうか。それが問題です。友愛団体の儀式で言葉が意味通り解釈されることは稀です。それに、実演がなにより雄弁です。このシーソーで得る体験を通し、ことわざの意味を明らかな形で理解することができるでしょう。体を固定するストラップにコードが仕込まれていて、床に足が当たった瞬間に電気が流れます。電気を流された志願者は、力いっぱい跳ね上がるでしょう。

D765●電流シーソー: 35ドル
D213●専用電池: 23ドル

PORTABLE JUMP SPARK BATTERY

This battery produces a strong jump spark current which will penetrate any part of clothing. It is very substantial and compactly put up in a box shaped to fit closely to body, so it can be carried by a shoulder strap and concealed under coat or costume.

The picture shows some of the devices with which the portable battery can be used. It is especially adapted for use with such articles as the Electric Cane, Wooden Shoes, Glad Hand, Cigar Box, Electric Attachment for Chairs and Devil's Trident.

D215—Portable Jump Spark Battery $23.00

D388—Devil's Electric Trident, wired for electricity, with connections..... 10.50

携帯型スパークバッテリー

　本製品は触れると飛び上がるほどの強さの電流を生み出します。どんな服地でも通します。頑丈で小型の箱型電池なので、どこに装着してもぴったりフィットし、ショルダーストラップで吊るしたり、コートの下に忍ばせたりしておくことも可能です。

　イラストをご覧ください。本製品の使い方を示してありま

す。電気杖や電気木靴、グラッドハンド、シガーボックス、椅子に装着するタイプの電流装置、そして悪魔の三つ又槍と組み合わせてお使いいただくのがベストです。

D215● 携帯型スパークバッテリー：23ドル

D388●悪魔の三つ又槍 電気コードと接続部完備：10ドル50セント

入会希望者を追いかける悪魔—メンバーの一人に悪魔の衣装を着てもらい、携帯型電池と三つ又槍を持って、志願者たちを追い回してもらいます。悪魔役のメンバーは、電流槍で獲物をどこまでも追いかけていきます。

ホットスポット—メンバーたちが集まる広間に「ホットスポット」をいくつも作りましょう。やり方はいろいろあります。小さめの電気カーペットをいくつも置いておくのもよいでしょう。白いキャンバス布を長く敷いて、その下に電気カーペットを隠しておくのもよい方法です。ターゲットが乗るのを見計らって電気を流しましょう。アイデアをお寄せください。

　　　　　　—『バーレスク・アンド・サイド＝ディグリー（BSD）カタログ』No.439に掲載された文章

THE HUMAN CENTIPEDE OR NIGHT MARE

D775

Did you ever have a night mare? Well, if you did, you can sympathize with the candidates who are compelled to ride this animal. A "night mare," or any old "day horse," for that matter, is not one-two-three compared with this wild and woolly centipede. The mere thought of having to mount and hold fast to this uncanny beast is enough to make anybody want to stick to the tow path.

This mare is controlled by the man in front. At any desired time he can shoot the "animal heat" into the candidates and make the mare go in a way that will terrify them.

D775—Human Centipede or Night Mare, grotesque head with squak attachment, completely wired, including jump spark battery and connections $52.00

👆 **人間ムカデあるいは夢魔**

悪夢を見たことがあります か？ もしあるのなら、この " 粗 暴で荒くれ"な動物に乗る志 願者たちの気持ちがわかるで しょう。どんな暴れ馬であって も、この人間ムカデとはくらべ ものになりません。誰でも、引 き船道から外れて歩くことはし まいと思うでしょう。

装置を操作するのは一番前 にいるメンバーです。タイミング を見計らって、志願者が座っ ている場所に電気を流すこと ができます。

D775 ● 人間ムカデ：52ドル

・ **134** ・

カタログによく出てくる言い回し

wild and wooly：粗暴で荒くれ

　エイドリアン・ウェルカーという作家が1891年に書いた『荒くれ西部物語 Tales of the Wild and Wooly West』という作品を通してよく知られるようになった言い回しである。出版社は次のような説明文を付けた。「wooly（粗暴）という言葉は、野蛮で自然のままの見た目を意味するもののようである。西部開拓者が羊毛を身に着けていたことから」（『オックスフォード英語辞典』1891年）。

　やがて多くの人々が、文化的要素が欠損している者を形容する時に「wild and wooly」という表現を使うようになった。

stick to the towpath：引き船道から外れない

　towpath＝引き船道というのは川沿いに延びる道で、主としてはしけを引く馬や牛、ラバが使ったものだ。こうした用法の際の「stick to the towpath」（引き船道から外れない）という言い回しの意味は、「あらかじめ決められた道のりをゆっくりとしたペースで歩く」ということになる。

ELECTRIC SAW AND BUCK

247, 248

"NECESSITY IS THE MOTHER OF INVENTION."

The saw with peculiar set in use heretofore has proven not to be "peculiar" enough to "impress a feeling," hence we have invented one to suit the most fastidious. There is no cord attached to saw or anything visible that would cause any one to suspect anything mysterious about it; but when the "sawyer" attempts to finish sawing the stick in two, he will imagine he has run his saw right square into the center of a hornet's nest. The operator can inspire the candidate either "on the installment plan" or C. O. D. (collect on delivery), with the word "delivery" well emphasized and well d-r-a-w-n out. There is no danger whatever of injuring the most delicate person, as current is produced by a magneto battery.

247 Electric Saw and Buck, including saw-buck, saw, stick of wood, battery
      and cord...$10.50
248 Electric Saw and Buck without battery and cord.................... 6.50
      The battery furnished with 247 Saw and Buck may be used with any of our electrical appliances.

電気のこぎり

「必要は発明の母である」—印象に残る商品をお届けします。気難しい方々にも気に入っていただけるでしょう。本製品にはコードがありません。手にする人が疑いを抱くかもしれない部品もまったくありません。しかし、のこぎりを使って木を切ろうとすると、スズメバチの巣をつついたような衝撃が走ります。電気はマグネト発電機から流れるので、けがの心配などの危険はありません。

247 ● 電気のこぎり装置一式（のこぎり、台座、木材、電池とコード）：10ドル50セント

248 ● 電池とコードなし：6ドル50セント

　電池は当社のいずれの電気製品にも使っていただけます。

　地元のウッドメン・キャンプによって開催されたピクニックはとても楽しい催しだった。トーマス・バロン夫人はのこぎりの扱いが上手で、コンテストで優勝した。グリフィス夫人は「木こり」としての名誉を手に入れ、ハント夫人はくぎ打ちコンテストでひとつもミスをしなかった。
　　　　　　　　　　　　　——『グランド・アイランド・デイリー・インディペンデント』紙
　　　　　　　　　　　　　（ネブラスカ州、1901年）

電気毛布

志願者をベッドに寝かせて
ください。体をくねらせ、顔をゆ
がめながら飛び起きる様子は、
まるで恐ろしい悪夢から目覚
めたばかりのように見えるでし
ょう。折りたたみ式ベッドかカウ
チを準備してください。そこに
電気毛布あるいは当社製の
電気カーペットをかけ、その上
に普通の毛布やキルトをかけ
ておきましょう。

入会儀式でいくつもの装置
を体験した志願者は、疲れ切
った体を休めるために一番楽
な体勢になろうとします。そし
て彼が寝付いた頃を見計らっ
て、発電機から電気を流しまし
ょう。

この製品は電気カーペットと
してもご使用いただけます。
B301 ● 電気毛布 106×
152センチ：8ドル75セント
B213●発電機とコード：21ド
ル25セント

毛布のサイズは個別でご
注文いただけます。

ELECTRIC BLANKET

PUTTING THE CANDIDATE TO BED

The gymnastic contortions and facial expressions of the candidate would indicate that he has just awakened from a horrible night-mare. In fact, if the bed happens to be a little "buggy" he will want to hitch up and take a ride.

Have a folding couch or a bed and mattress in the Lodge room. Put an electric blanket of the proper size over the mattress or a strip of our electric carpet across it; then a cotton blanket, bed sheet, quilt and spread as usual in making up a bed.

After the candidate has been through a number of stunts, put him to bed and prop his head up with pillows, making him as comfortable as possible. State to him that he will now have the pleasure of watching the other candidates go through the trials he has just experienced. To more strongly impress the other candidates you might powder this candidate's face and darken the lower eyelids to make him appear utterly worn out; tell him for what purpose you are doing this and he will readily enter into this part of the initiation. About the time he is enjoying the antics of the other candidates most, give him a few touches from the jump spark generator.

The above blanket may be used as an electric carpet or for many other stunts as well as the one mentioned above.

B301 Electric Blanket, size 3½x5 feet ....$ 8.75
B213 Jump Spark Battery and Cord 21.25

Electric Blanket quoted in other sizes on request.

顧客の声

御社の迅速なご対応と素晴らしいサービスに感謝します。
電気毛布は想像以上で、大変喜んでいます。

—— カール・A.ラムジー
（ミズパ・シュライン、インディアナ州フォート・ウェイン）

ELECTRIC BENCH

D211

This bench is a very innocent loking piece of furniture, but it possesses wonderful possibilities. With it your Lodge can raise money—also candidates. After candidates have been initiated, let them be seated on the bench. The presiding officer then brings up the business left over from the previous meeting—that of raising funds for a new hall or some other fictitious project. Some one moves that the members be given an opportunity to subscribe to the fund. "All those who will donate $100.00 please rise." Immediately the philanthropic candidates jump to their feet, with exclamations indicating that they want to head the list. Or a member moves that the candidates be raised to the next degree. The person in charge of "current events" does his duty and the candidates are raised in short order. We repeat—this is one of the very best stunts used.

D211—Electric Bench, 6 feet long; substantially constructed of plain solid oak; rich golden oak or any other finish; gloss or varnished and rubbed; seat covered with leatherette; completely wired for jump spark battery $35.00

D212—Electric Bench, 6 feet long; no back or arms; substantially constructed, completely wired for jump spark battery 15.00

D213—Jump Spark Battery and Cord 23.00

電気ベンチ

　何の変哲もないベンチに見えますが、さまざまな可能性に満ちた製品です。資金や志願者を集めるための目玉となるかもしれません。入会儀式が終わった後、このベンチに座ってもらいましょう。資金集めについての話を始め、「では、100ドルの寄付を行っていただける方はご起立願います」などと言いながらスイッチを入れましょう。全員が一斉に立ち上がるはずです。そこで「階位がひとつ上がりましたね」と言ってあげましょう。もう一度言います。資金集めには最適な装置です。

D211 ● 電気ベンチ（長さ182センチ、オーク材製、光沢仕上げ、配線済み）：35ドル

D212 ● 背もたれ、肘掛けなしモデル：15ドル

D213 ● 電池とコードのみ：23ドル

　ジョッシュ・ビリングは次のように語る。「人体の仕組みから考えても、笑うことはとてもよく、気分が前向きになるもので、とても大切です」。

　ベンチに座らせられる人たちの気分が前向きになるかについては断言できないが、体の一部に効果をもたらすことは間違いない。彼らを見る者たちにとっては、確実に笑いをもたらしてくれる装置である。

CHARLESTON GIRLS

D394

Charleston Girls—tall ones, short ones, thin ones and fat ones; all dressed up and ready to go; they are the clinging vine type; the fellows that draw them are sure to step high, wide and handsome.

The girls are built up like the old-fashioned rag doll; the arms are attached around the shoulders, and the feet are attached to the feet of the dancer; use them on a large electric carpet; no instructions necessary to the lounge lizard that draws one; they are a scream.

D394—Charleston Girls, each $22.00
Electric Carpets listed on pages 40 and 41.

チャールストン・ガールズ

　本製品を使えば、背が高くても低くても、やせ型でもぽっちゃりでも、すべての女性が楽しく踊れるようになります。昔ながらの人形のような動きで踊る女性たち。大型の電気カーペットでご使用ください。
D394 ● チャールストン・ガールズ：22ドル

　フラッパーとは——スラングを織り交ぜて会話し、タバコを吸い、ユニセックス的な髪型や服装を好む「フラッパー」と呼ばれる新しい時代の自由な女性たちは、当時としては衝撃的だったチャールストンのようなダンスをパーティーで楽しんだ。

犬は吠えるものです。犬に扮した志願者たちは、この装置で吠えるだけではありません。あちこち駆け回るでしょう。それぞれの犬の名前が書かれた段ボール製の小屋を、電気カーペットの上に並べ、その中に、パルプ製の犬のマスクをかぶった志願者たちを入れます。順番に吠えていき、盛り上がったところでスイッチを入れましょう。あとはもう、大騒ぎです。マットのサイズは、犬小屋の大きさに従って決めてください。30センチ四方あたり45セントで受注させていただきます。

THE ELECTRIC LAVATORY

Bet it's dollars to doughnuts that the candidate in the act of washing the tips of his fingers would rather be one of the unclean the balance of his days than wash in this basin that contains water which seems to be filled with pins, points upward.

The Electric Lavatory consists of a neat oak-finished and varnished stand properly wired, a granite bowl and a mat. (Weight, with battery, packed, 40 pounds.)

5352 Electric Lavatory, including battery and cord...................$10.00

5353 Electric Lavatory, without battery........... 6.00

The battery furnished with Lavatory may be used with any of our electrical devices.

本製品の電池は当社の電気製品すべてにお使いいただけます。

手を洗うよう指示しながら志願者を台の前に連れて行き、マットの上に立たせます。洗面器の水に手を浸すタイミングを見計らって、発電機のスイッチを入れましょう。志願者は、言われた通り手を洗えなかったことを理由に、次の試練を受けなければなりません。

電気洗面台

使う者に、無数の上向きの針で手を刺されたような感覚を与える装置です。電気洗面台はオーク材を美しく仕上げた台と洗面器、そしてマットから成ります（梱包時重量18キロ）。

5352 ● 電気洗面台 電池とコード付き：10ドル

5353 ● 電池なし：6ドル

DOG SHOW STUNT

Hark! Hark! The dogs do bark. Take it from us, when this show is put on, the dogs will not only bark and howl; but there will be the "doggondest" scramble you ever saw, and the kennels will not hold the dogs. Try this stunt—it's a "howler".

Kennels are made of cardboard with names on them, and are placed on a large electric carpet. The candidates are provided with large papier mache dog heads and are assigned to the kennels. The show is now open. Each dog is required to demonstrate his barking ability, and each one will try to out-bark the other. About the time this show is in full swing—WOW! Enough said—don't fail to put on this show. We do not quote kennels as the shipping charge would be more than they are worth. These can easily be made of heavy cardboard.

Size of mat required will depend upon number of dog houses used. We can furnish any size at 45 cents per square foot.

19世紀から20世紀初めにかけ、新聞に掲載される「ウェストミンスター・ドッグ・ショー」の情報に夢中になる人たちは多かった。1907年から1930年は、頭がよく体が細いフォックステリアが表彰台を独占していた。

上のイラストに描かれた犬の名前を見ていただきたい。ショーに犬を出す人たちが野暮な響きを感じるものばかりだ。歯に衣着せぬ物言いで有名だった"一般人代表"、ウェストブルック・ペグラーは次のように語っている。「この5年間、マジソン・スクエア・ガーデンで開かれるショーのカタログに、ローバーとかタウザー、スポート、スポット、ファイドゥといった名前の犬を見たことがない」。

R. F. アウトコールトが1902年に連載を開始した漫画に登場するキャラクター、バスター・ブラウンは、ブラウン・シュー・カンパニーという靴の会社とのタイアップ企画に登用された。バスターのペットの犬「タイジ」はアメリカン・ピット・ブルテリアで、アメリカの漫画史上初めて、言葉を話すペットとして登場した。

Electric Hammock

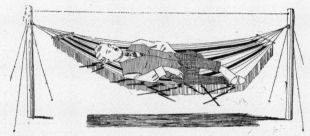

Swinging 'neath the old apple tree may have its charms and its soothing effect upon a tired man, but when it comes to shooting pep into a fellow, this electric hammock does the work to perfection. If the candidate becomes so active that he cannot remain in the hammock and rolls out onto the floor, it may be only to find himself charged with such energy that he cannot stop until he is well out of range of this pep-producing affair.

C766—Electric Hammock, completely wired, including connections.......$21.00

👉 **電気ハンモック**

古いリンゴの樹の下に吊るしたハンモックで過ごすひとときは、疲れた人にこれ以上ない癒しをもたらします。しかし、エネルギーを注入するための装置となると、電気ハンモック以上のものはありません。志願者はこのハンモックに寝かされ、元気いっぱいな状態になって転げ落ちるでしょう。

C766● 電気ハンモック 配線済み：21ドル

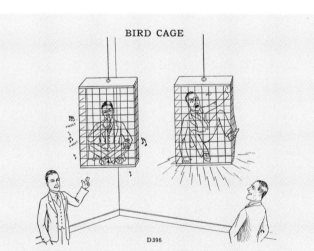

BIRD CAGE

D396

Bird Cage—a few birds hung around the hall help keep up the chip and chatter; if they pant, give them a dose of electric tonic.

Substantially built and arranged with electric bottom; collapsible; can be used with any jump spark battery; completely wired, with connections; including necessary rope and pulley, also a good bird whistle.

D396—Bird Cage, half length, sitting size $20.00

D397—Bird Cage, full length, standing size 25.00

👉 **鳥かご**

広間に迷い込んだ鳥のさえずりは、メンバーたちの会話を弾ませます。でも、メンバーの元気がない時はこのかごに入れ、エネルギーを注入するのがよいでしょう。底面に電気が流れるようになっています。配線済みなので、どのようなタイプの発電機にもつなげることができます。

D396● 鳥かごハーフサイズ（座って入るタイプ）：20ドル

D397● 鳥かごフルサイズ（立ったままでも入れるタイプ）：25ドル

若返り器

「若返り器デラックスタイプ」を紹介させていただきます。シュタイナハの研究とはまったく関係ありませんが、動きに満ち、さまざまな形の予期せぬクライマックスをもたらしてくれる装置です。

志願者は大きな皿のような形をした容器ごとロープで吊るされ、機械の中に入れられます。若返りへの期待感も、電流に触れたとたんに絶叫に変わるでしょう。姿を消した志願者は、まったく違う姿で機械から出てきます。服はボロボロで、何らかの誤作動が起きたことは間違いありません。

機械から出てくるのはもちろん別人です。ボロボロの服の代わりにサルの着ぐるみを着た人、あるいは若い男性が出てくるのも楽しいでしょう。D726●若返り器（152×304センチ）は折りたたみ式で、小さくたたんで保管しておくことができます：57ドル

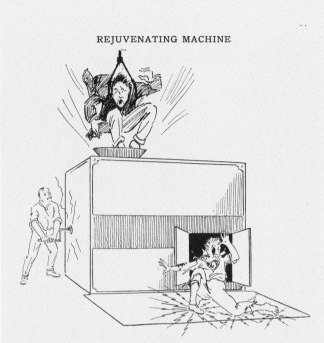

REJUVENATING MACHINE

Steinnach's gland operation has nothing on this machine, the Rejuvenator DeLuxe.

Here is a stunt with plenty of action, an unusual climax, and a variety of possibilities.

The Candidate is lowered into the hopper with a rope and pulley. Even the prospect of being rejuvenated will not keep him from doing plenty of squirming when he comes in contact with the electric current while entering the hopper. While an attendant produces a terrific clatter by turning the crank, the Candidate disappears into the box and is rejected—a changed man. His clothing is in shreds; the rejuvenating process seems to have "gone wrong," but when the juice is shot to the carpet on which he lands, life instantly returns to him and he performs some highly entertaining antics.

The climax can be varied by ejecting another Candidate dressed in a monkey suit, instead of the one lowered into the hopper.

Another variation is the substitution of a younger man for the one who is "fed" into the Rejuvenator.

D726—Rejuvenating Machine, size 5x10 feet, is made collapsible and folds up compactly, occupying very little space when not in use; otherwise, as described above $57.00

ウィーンの生理学者オイゲン・シュタイナハは、男性に対する「外科的再活性化法」を専門に研究していた人物だ。19世紀の終わりには、いわゆるシュタイナハ手術（精管切除術）が男性の精力を取り戻す上で役立つと考えられていた。[シュタイナハ手術の正式な提唱年は1920年]

FENCING CONTEST

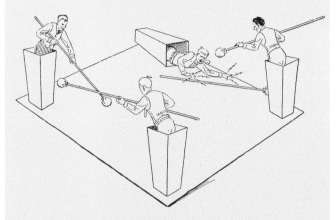

BOYZ, TRY THESE ELECTRO-"D"-FYING STUNTS

FENCING CONTEST—Use four boxes and an electric carpet sixteen feet square. Place the boxes at corners about four feet from each edge, so there will be room for the fencers to land on a "warm" spot, no matter which way they fall.

ROPE CLIMBING CONTEST—Use large size electric carpet. Suspend large rope from ceiling to hang over center of carpet. Several candidates are brought in, barefooted and hoodwinked, and commanded to take hold of the rope, which they are to start climbing when the attendant counts to three. At "three" turn on the juice and watch them climb.

WRESTLING CONTEST—Have eight or ten candidates lie down on large electric carpet in pairs, with arms around each other. Count to three, turn on the juice and witness the liveliest wrestling match you ever saw or read about.

CHI-RO-GYM-NAS-TICS—After each candidate has undergone several severe tests his condition may call for a little "chiro" treatment. Place electric carpet on table. After the doctor has "tickled" his backbone a little, turn on the juice. Candidate will leave the table posthaste and thoroughly revived.

HOW DRY I AM—Suspend a paper sack full of water from the ceiling. Place a table under the sack and have several candidates seated around the table to be served with drinks. They are first required to demonstrate their vocal ability and someone suggests that they sing "How Dry I Am." After they have sung a few lines, release the sack and—splash!—down comes the water on the table. It's quite a surprise for the candidates. This stunt can be made more "effective" by placing the table and chairs on a large electric carpet and giving the candidates the juice just as the sack hits the table.

ロープ昇りコンテスト ● 同じ大きさの電気カーペットを使います。天井から太いロープを垂らし、目隠しをされた裸足の参加者たちがそれをよじ登っていくという内容です。三つ数えて競技開始ですが、「3」がカーペットに電気を流す合図となります。

レスリングコンテスト ● 組み合った状態の志願者を何組か電気カーペットの上に寝かせておきます。合図とともにレスリングが開始されますが、合図の真意は電気を流すタイミングを知らせるものです。

カイロプラクティック ● さまざまな試練を耐えた志願者の疲れを癒すため、カイロプラクティックを施しましょう。電気カーペットを寝台の上に置き、それに寝かせます。背骨に沿って少しだけほぐしたら、電気を流します。これで元気を取り戻すでしょう。

「こんなに乾いてる」ゲーム ● 水で満たした袋を天井から吊るしておきます。飲み物を出すという理由で入会希望者たちをテーブルに座らせ、「声がどれだけ通るか試す」という理由で「私はこんなに乾いている」と言わせます。全員が言い終わったところで袋を落とし、ずぶ濡れになるという内容です。より効果的に行うため、電気カーペットを使うことをお勧めします。

👆 **フェンシングコンテスト**

　487センチ四方の広さの電気カーペットの上に人が入れるくらい大きさがある箱を置きます。箱をカーペットの四隅に置き、突かれて床に落ちる参加者は電流の餌食となります。

電気ガイコツ

　目が覚めた瞬間、天井から
ガイコツがぶら下がっていたら
驚かない人はいないでしょう。
それが突然落ちてきて、体に
触れた瞬間にかけている毛布
に電気が流れたら……。効果
は抜群です。忘れられない体
験になるでしょう。
D734● 電気ガイコツ（パル
プ製・手足を動かすワイヤー
付き）：37ドル
D301● 電気毛布（106×152
センチ）：8ドル75セント
D213● スパークバッテリー：
23ドル

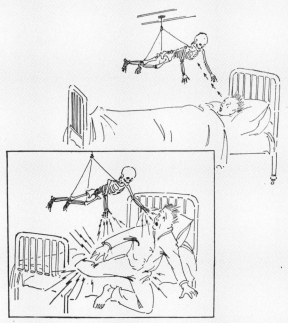

FAMILY SKELETON TURNED LOOSE AND ELECTRIC BLANKET

　To go to sleep with the firm belief that the family skeleton is securely locked in the closet; to awaken suddenly and behold the aforesaid party floating over your bed with fire in his eyes—well, how would YOU enjoy (?) such an experience?　No wonder the bed gets rather "warm" and the candidate loses all desire for sleep.

　To the guilty candidate it is a "shocking" reminder of wild oats sown in younger days, but to the unsophisticated it is a warning which he is sure to heed.

D734—Electric Skeleton, consists of full size skeleton, substantially constructed of papier mache, colored electric light eyes, with pulley wire for manipulating feet and hands (electric blanket not included).$37.00

D301—Electric Blanket, size 3½x5 feet 8.75

D213—Jump Spark Battery 23.00

　1905年のアメリカ人の平均寿命は47歳だったと考えられている。「あなたは今ここにいるが、すぐにいなくなる。道徳的に生きなさい。そうすることができる間に、他者を助けなさい」という言葉が真実味を帯びていた。
　さまざまな入会儀式で使われたガイコツには、すぐに訪れる死の警告という意味も込められていたのだろう。

第7章

ドカン！ ガシャーン！ パシャッ！

機械仕掛けのあれこれ

男性は、エンタテインメントと楽しいことが大好きです
――いや、必要なのです。どこかで手に入れるでしょう。
――『モダン・ウッドメン・オブ・アメリカ（MWA）カタログ』No.111

1915年4月1日、第一次世界大戦の最中、フランス空軍のパイロットがドイツ軍のキャンプ上空を飛行しながら、爆弾らしきものを投下した。ドイツ兵たちはすぐに避難したが、いつまで経っても爆発が起きない。しばらくして兵士たちは、爆弾と思われる物体に近づいていった。上空から落ちてきたのは大きなサッカーボールで、「エイプリルフール！」と書かれたメモが貼りつけられていた。

爆弾であれサッカーボールであれ、また爆発物であるにせよそうではないにせよ、男たちはいたずらを心から愛し、仕掛け合っていた。「ポン！」、「バン！」そして「パンパン！」という音がするものを使ったいたずらの人気が特に高かった。

19世紀、デムーリンのカタログ11号に1ドル50セントの回転式拳銃が掲載されたことがある。当時、拳銃は今ほど大げさなものではなかった。小さな子どもの誤射事件なども、大したことがないけがというニュアンスで認識されていた。カ

ンサスシティのとある新聞に、次のような見出しがある。
「遊んでいる子どもがまた亡くなってしまった。銃器は危険であり、子どもが取り扱うことは決して許されるべきではない」

居住都市の境界線内なら、発砲も許されていた。ただ、多くの人々が寝ている時間は注意するようされていた。無礼だからだ。アニー・オークレー［オハイオ州生まれの射撃名手の女性］と「バッファロー・ビルズ・ワイルドウェスト・ショー」が人気の絶頂期にあり、各地で射撃競技会が盛んに開催され、ピクニックやダンスをはじめとするさまざまな催し物でも射撃の腕前が競われるようになった。

火薬が家庭でごく普通に使われていた日用品であり、ダイナマイトも雑貨店で1ダース10セントくらいの値段で売られていた時代だ。切り株を取り除いたり、魚でいっぱいの池をどうにかしたりしたい時には欠かせないものだったのだ。

大砲が置かれていない町の広場など考えられなかった。こんな話もある。

礼砲で砲丸が発射されてしまい、音を立ててメインストリートまで飛んで、ホテルの建物に大きな穴を二つあけた。
——『ザ・オークランド・インディペンデント』紙
（ネブラスカ州バート郡、1899年）

サーカスでスリル満点の人気演目となっていた人間大砲は、映画や大衆演芸の世界では笑いの媒体として取り入れられた。大砲から撃ち出される砲丸を受け止める男を見るために多くの人が集まり、映画館では、弾丸や爆竹でお尻に火がついた男がバケツに飛び込んで水蒸気が立ち上るシーンで大爆笑が生まれた。その後パイのぶつけ合いや水のかけ合いが人気になり、座ると壊れる椅子や近づくと水が噴き出る花、仕掛け噴水などが次々と世に出ることになった。こうした商品はすべて、デムーリン・ブラザーズ・カンパニー社のカタログに掲載されている。

言葉を換えよう。突然響き渡る大きな音、落ちたり進行方向が変わったりする動き、そして水しぶきは当時の流行だったのだ。ニュージャージーのＳ．Ｓ．アダムス・カンパニー社はすでに「くしゃみ薬」や「爆発葉巻」、「ブーブークッション」をはじめとするおふざけ商品を製造していた。BSDカタログNo. 439に掲載されていたハンドブザー（「グラッドハンド」）と爆発葉巻は、デムーリン・ブラザーズ・カンパニー社のためにアダムス社が製造する商品だった。

劇場にばらまかれたくしゃみ薬の原料は、キラヤ（サボンの木の皮）とタバコで作られている。
——『ザ・カンサスシティ・ジャーナル』紙（1907年）

デムーリン・ブラザーズ・カンパニー社製品で最もよく売れたいたずら装置は「スパンカー」だった。この時代、子どものお尻を叩くのは学校や家庭でごく普通に行われており、漫画や映画でもしばしば見られるモチーフだった。お尻叩き器のような機械も、デムーリン・ブラザーズ・カンパニー社の想像力から生まれた製品ではなかった。『ボーイズ・オウン・ペーパー』紙に掲載されていたP. V. ブラッドショウの漫画に、「全自動懲戒器」という機械が出てくる。この機械には、叩く強さを調整する機能がある。ウィンザー・マッケイの『眠りの国のリトル・ニモ Little Nemo in Slumberland』（1909年）には、「自動矯正器」や「電動操作器」、そして「電動叩き器」といった装置を完備した学校の話が出てくる。

マジシャンのデビッド・カッパーフィールドは、トークショーホストのコナン・オブライエンにデムーリン・ブラザーズ・カンパニー社製の「爆発ヘラ」で叩かれ、一生残るような傷を負った。コナンのような聡明な男性が混乱して叩くべき面

を間違えるとは思えない作りの装置だ。過去110年間に同じ過ちをした人間が何人いたのか、いぶかってしまう。デムーリン・ブラザーズ・カンパニー社の製品はまだ現役で、いまだに使われているだろう。ただ、確認するためにはメンバーになるしかない。

BOMB STUNT

This harmless though highly exciting ceremony will not encourage the bolshevik spirit or the bomb-throwing habit. On the contrary, it will teach the candidate not to fool with bombs and infernal machines.

This stunt consists of a chair, fake bomb and garbage can. The chair is arranged to fire a blank cartridge and turn on electric current at the same time, any jump spark battery being used. The bomb is an iron ball with a fuse which does a good deal of sputtering when lighted but throws off no sparks. The can is made with a firing device on the inside which explodes a blank cartridge.

Candidate is seated on the chair and the lighted bomb is handed him by a bolshevik or attendant, or candidate might be compelled to light the bomb himself. Of course, he expects the infernal machine to go off and he can be made to believe it has, any time the attendant sees fit to shoot on the juice and fire the cartridge. The attendant then suggests that he throw the bomb into the garbage can, and this strikes the candidate as being a good way out of his precarious situation. As he raises the lid and is in the act of throwing in the bomb, the explosion in the can occurs, and candidate thanks his stars that he got rid of the bomb just in time to escape being blown into atoms.

D405—Bomb Stunt Outfit Complete, consisting of Chair, Fake Bomb and Garbage Can, including extra fuses and box of blank cartridges, (battery not included) $30.50
D406—Chair 10.50
D407—Fake Bomb 5.00
D408—Garbage Can 14.00
Extra Blank Cartridges (not mailable), loaded specially for us to give an extra loud report; per box of 50 .... .45

—20—

爆弾どっきり

　無害ながら盛り上がるこの装置で、わくわくするような儀式を執り行ってください。椅子と偽爆弾、そしてごみ箱が揃った一式です。椅子は空包を仕込めるようになっていて、座ると大きな音が出て、それと同時に電気が流れます。どのタイプの電池にも対応しています。爆弾は鉄球で、火花は出ず、内部で空包が爆発する構造になっています。

　椅子に座った志願者に、火のついた爆弾が手渡されます。あるいは、志願者が自分で火をつけるよう仕向けられます。いったん火がついてしまったら、当然爆発するものと信じ込み、そのタイミングでごみ箱に捨てるよう仕向けます。爆弾をごみ箱に入れ、蓋をしたところで爆発が起きて、志願者はほっと胸をなでおろします。

D405●椅子と偽爆弾、ごみ箱と空包のセット(電池は含みません):35ドル50セント
D406●椅子:10ドル50セント
D407●偽爆弾:5ドル
D408●ごみ箱:14ドル
空包(郵送不可)50発:45セント

製材機

志願者をスライド式の板の上に縛り付け、装置のスイッチをオンにすると、大きな丸のこぎりがうなりを上げながら回転し始めます。それにゆっくりと近づいていく恐怖は、体験者以外は本当に知ることができません。志願者がいよいよ覚悟を決めた時、あと数センチでのこぎりに触れるというところでスライド式の板が止まります。危険な装置に見えますが、実際はまったく安全です。
D476●丈夫で頑強な製品です。たためば小さなスペースに収納が可能ですが、使用時は長さ457センチ、幅68センチ、高さ58センチの大きさになります。（発送時の重量は81キロ）：52ドル

製材機の使い方

すでにいくつかの儀式を終えた時点でお使いいただくのがよいかもしれません。一度別室に連れて行き、絶対に明らかにしてはいけないパスワードを知らせます。そして部屋に戻ってきたところで体を抑えつけ、板に縛り付けて製材機に乗せ、聞いたパスワードを明らかにしないと真っ二つにすると脅します。そしてゆっくり丸のこぎりの刃に近づけながら、彼の勇気と忠誠心を確かめましょう。

SAW MILL

While the candidate is willing to acknowledge some similarity to a tree (since he has a trunk and two limbs), yet he will set up a howl when it comes to being bound to the sliding carriage like a log and slowly drawn into the circular (imitation) saw running at full speed. Unless a person has gone through this experience, it is impossible to stretch the imagination enough to fully sympathise with the candidate. The situation looks so perilous to him that he wouldn't give two cents for his chances to survive the test. However, to his great surprise and joy, the carriage stops when the saw has run about two inches into the platform in front of his head. This machine looks real and very dangerous but it is absolutely harmless.

D476—Saw Mill is both strong and durable. It folds up into a small space, but is 15 feet long, 27 inches wide and 23 inches high when opened ready for use. Price, including curtain to seclude the operator from the view of candidate; packed in chest having hinged cover, lock and key (shipping weight 180 pounds) $52.00

THE SAW MILL

This may be introduced nicely after candidate has received some of the secret work. He is then returned to ante-room with instructions to gain admission by proper raps and password. As he enters, he is seized by four or more persons who are masked to impersonate outlaws. They throw him down and demand password or secret work. He refuses, of course, to give it, as he has pledged himself never to reveal it. They then threaten to take his life or put him in some torture to compel him to reveal the secrets of the Order. One suggests to cut off his fingers or toes, another suggests some other torture, until finally they decide to bind him to the platform of a saw mill and saw him in two. When they have him bound to platform they start the mill running, and as he is drawn closer and closer to saw, they ask him if he will give the secret yet. Just before he is drawn into saw, several members come running and shouting:

"See the outlaws! Capture them! They are trying to make our candidate reveal the secrets of our Order." (Outlaws run away and candidate is unbound.)

Captain of the Rescuers: "What means this? Have you proved yourself worthy of our protection by refusing to give these outlaws our secret work?"

(Candidate will answer "Yes".)

"We congratulate you on your honor and courage, and we are glad to recommend you to this Order."

(Leading candidate to officer.)

"Grand Officer, we present you this candidate, whom we found a captive of outlaws, and he was going to permit them to take his life rather than reveal to them the secrets of this Order. We recommend him to you as a worthy person for adoption into our Order."

顧客の声

私たちの団体では、送られてきてすぐに製材機を試運転してみました。会合がある火曜日の夜が楽しみです。

——J.P.デューイ
（クラーク支部、ミズーリ州ジェファーソンシティ）

> デムーリン・ブラザーズ・カンパニー社製の丸のこぎりは、最近大変なことになっている。
> ——『ザ・グリーンビル・アドボケイト』紙（1897年）

SLIDING STAIRS, OR
"THE SEVEN AGES"

7225

The Sliding Stairs is one of the "smoothest" among initiation contrivances. The Throne of Honor is, however, superior to it and is recommended above all. The unsuspecting and guileless victim, usually blindfolded, is taken up the ordinary looking steps, under auspicious ceremonies, and as each step is taken he feels more and more dignified, until the top is reached, when he is asked to be seated and rest himself until ordered to descend. At the proper moment the attendant pulls the trigger and shuffles him off to the regions below. Just as the steps are sprung to a smooth surface, a 32-calibre blank cartridge is automatically discharged with a loud report, an alarm bell is set to ringing and the candidate goes on his journey.

滑り階段、あるいは「7つの時代」

「滑り階段」は、入会儀式の中でも人気がある装置のひとつです。ただ、「恐怖の王座」はそのさらに上を行くもので、絶対の自信をもってお勧めいたします。目隠しをされた志願者は、何の疑いもなく普通の外見の階段の一番上に座ります。立ち上がり、階段を下りるよう指示されてその通りにすると、突然階段が平らな板の状態になり、装置全体が滑り台になって一気に下まで滑り落ちます。階段が平らな状態になる瞬間に空砲が鳴り響き、驚きが倍増します。

こうした装置は、志願者の気持ちの強さと勇気を試すために用いられた。また、儀式における試練としての役割も担っていた。

志願者は目隠しをされ、階段状の装置に連れていかれ、両腕を縛られた状態で一番上に座るよう指示される。そして座ったまま自ら犯した「誤った行い」を告白するよう言われる。すべてを明らかにしたと思われるまで、さまざまな質問がぶつけられる。やっとのことで絞り出す答えに対し「記録するように」という声が響く。そこでゴングが打ち鳴らされ、その場が笑い声で包まれる。

——『ザ・ルイビル・クーリエ・ジャーナル』紙（1883年）で、サンズ・オブ・マルタ会員が1850年代に行われていた儀式について語った記憶

オーシャンウェーブ

オーシャンウェーブという名称は、本物の船のような動きをして船酔いを起こさせることに由来します。志願者は、この装置を使って"想像の船旅"をするより、乗り心地の悪いヤギで長い距離を移動するほうがましだと思うでしょう。装置に取り付けられたゴムタイヤは中心軸をずらしてあり、まるで波にもてあそばれるように、座面が不規則に揺れるようになっています。志願者が船酔いに耐えられなくなったら、後部に取り付けられたレバーを足で押し、床に落としてください。そこに水を含ませたスポンジを置いておくのもよいでしょう。

頑丈な作りの装置です。鉄製の車輪もきれいに塗装しました。広いスペースを必要としないので、どんな場所でも使っていただけます。梱包時重量は45キロです：15ドル

OCEAN WAVE BOAT.

3698 This Boat is called the Ocean Wave because it produces all of the sea-sickening motions of a boat ride over waves. A candidate would prefer to ride for miles astride of a fuzzie-backed goat than to cross an imaginary body of water with this boat. The two rubber-tired wheels, with hubs out of center, gives the side rocking motion and the waving motion is produced by working the handles "up and down" at the will of the operator. When the candidate has been given a good sample of sea-sickness, the operator can unload by touching the tripping trigger back of seat with his foot; this will cause the seat and platform to drop to an inclined position and cause the candidate to slide to the floor on the bottom of his pants. A shallow pan with water or a large sponge saturated with water may be placed in a proper place on the floor, so as to give the candidate something soft to sit on; this will also remind him that he has been taking a real boat ride on something dam—per than the dry earth.

This Boat is strongly built; the wheels and gear are of steel and nicely painted; can be used in any Lodge room, as it takes up but little space. Weight, packed for shipment, 100 pounds.

Price $15 00

『パンチとジュディー』は、19世紀終わりから20世紀初めにかけての時代、ヨーロッパとアメリカで人気があった大道芸だ。演者が使うマスクは、イタリア風喜劇の主人公であるパンチに似せたものだった。ことさらに大きさが強調された鼻が"男性のみの娯楽"というニュアンスを明らかに感じさせた。儀式に潜り込むかもしれない女性への対策として、メンバー同士で下半身や胸をはだけて見せることもあったようだ。

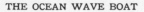

THE OCEAN WAVE BOAT

As It Appears to the Candidate

オーシャンウェーブ・ボート

3540 ● 頑丈な装置です。鉄製の車輪もしっかり塗装済み。どんな部屋でもお使いいただけます（梱包時重量45キロ）：20ドル

3368 ● 水夫のコスチューム：3ドル25セント

3369 ● 入会希望者用ズボン：1ドル15セント

トゥールーズ、フランス
1918年

親愛なる姉妹へ

故郷の皆さん、お元気ですか？　私は元気で上々の気分です。こちらには無事到着しましたが、かなりの悪天候に悩まされ、私もほかのみんなも船酔いしました。フレッドに、湖のナマズを全部釣ってしまわないよう伝えてください。

愛すべき兄弟　トムより　　　　　　——『ウッドマン・ジャーナル』という
　　　　　　　　　　　　　　　　　　　会報に掲載された手紙

風船で上昇装置、あるいは
パラシュート・ジャンプ

　航空機時代がやってきます。新時代に対応するため、空中での移動を疑似体験する装置を嫌がる志願者はいないでしょう。ただ、真っ暗な中で大きな風船につかまり、雲の上を漂う体験となると、話は別です。

　かなりの高度に達した風船はやがて燃え始め、つかまっているロープも熱くなります。つかんでいられないほど熱くなるので、もうすべてが終わりだ、と思って手を離してしまいます。

　ところが体はネットで受け止められ、安全に着地することができます。

　体を引っ張り上げたり降ろしたりする動きを繰り返すことで、志願者は自分がかなり高い場所にいると錯覚します。
D283●風船で上昇装置 ロープには配線が行われており、電気が流れるようになっています：55ドル
D214●マグネト発電機とコード(別注文)：11ドル25セント

スパイキー・ブロック

D322●30×60センチ。表面にゴム製の突起が並ぶブロックです。アルミ塗装をしているので、金属の質感が再現されています。滑り階段あるいは恐怖の王座の着地地点に置いておくことをお勧めします：6ドル25セント

BALLOON ASCENSION
Or the Parachute Leap

In this new age when aeroplanes and dirigibles are being put to practical use in the conveying of passengers, no candidate will have any serious objection to taking such a ride through the air. But when it comes to hanging on to the rope of a balloon, to be drawn up above the clouds—and in the dark at that—well, that's a horse of another color. To cap the climax, when up a mile or more the balloon takes fire and the rope becomes so hot that the candidate can hold on no longer. He lets go, thinking it's all over. To his great surprise and unspeakable joy he is caught in a net, the parachute opens and he lands safely but exhausted.

The candidate should be drawn up a few feet, then quietly lowered, then drawn up again, etc. He will finally imagine he has been carried very high. This effect can be produced by speaking thru paper tubes while he is being drawn up, gradually lowering the tubes till they point down.

D283—Balloon Ascension, consisting of net and all necessary ropes; rope from which man is suspended being wired for electric current; complete $55.00

D214—Magneto and Cord, extra 11.25

SPIKEY BLOCK

D332

D322—Spikey Block, size 12x24 inches, set with rubber pointed spikes which are finished in aluminum, thereby exactly imitating steel. Made to fit at the bottom of either the Sliding Stairs or Throne of Honor ....$ 6.25

顧客の声————
　最近数回の会合では、100〜200人が出席しています。さまざまな装置を買って使うことが役立つのか? 私は、自信をもってイエスと答えます。——アレックス・フラー (キャンプ1075事務官、ミシガン州マスキーゴン)

THE WIRELESS TRICK TELEPHONE
"Hell-o, I Hear You Calling Me!"

"Hello, is Mr. Candidate there?" "Yes, hold the line just a moment." (Announces) "Mr. Candidate is wanted at the phone." It gives the candidate a feeling of prominence to have his name called out this way, as it might indicate his connection with some important business which requires his attention. Or, thinks he, it might be a call from wifey or sweetheart, and he sees in this a good excuse to escape the remainder of the Nth degree. He proceeds to the phone without any hesitancy whatever and without suspecting any joke. He sees no reason to associate this phone call with the initiatory work of the Lodge. He thinks he can tell-a-phone from an infernal machine or T-N-T bomb, but before he gets through he will be impressed with the idea that there is very little difference. It is evident that central has given him the wrong number and has connected him with Dante's inferno or the powder plant.

This Trick Telephone is one of our best inventions. It is a regular telephone, with the internal mechanism changed, but the outside retains its genuine appearance. Remember, ours is not a "make believe," nor is it an imitation or toy affair, like all others listed. It cannot get out of order or fail to work. It may be placed anywhere in the room, and the bell be rung at any time by pressing a button. Positive deception is also arranged for in this respect, since enough wire is provided to extend the button to some other part of the room—under a table or desk, where it will never be noticed. No one need be by the 'phone when the bell rings, hence this gives the attendant a cinch to lead the "victim" on. When he attempts to answer the call, or should he attempt to make a call, a 32-calibre blank cartridge will be exploded with a loud report, and at the same time white powder will be blown with a strong blast from the transmitter into the face of the party at the 'phone.

B353 Complete Outfit, consisting of telephone, 50 feet of wire, battery and push button, box of white powder and 50 blank cartridges, with full directions for erecting and operating. Can be erected in a few minutes.....................................$35.00
    Extra blank cartridges, per box of 50 (not mailable)............................ .45

Any one can "tel-a-phone" from a street car, but an Edison or a telephone manufacturer cannot tell the difference between this ' phone and any other ' phone unless he attempts to either make a call or receive one, and even then he will wonder if he has been struck by lightning or if the "durn thing" was really loaded with a bomb shell. Any one who attempts to use this ' phone will be so badly frightened that he will have to pull himself together and get his hat on straight before being able to realize if he is really "broke," but as soon as the clouds "of smoke" roll by, he will resolve that it is better to break himself financially than to be "broke" physically, and will proceed to go down in his jeans and say, "Come boys, call for what you want."

留守電が発明されたのは1904年。

いたずら電話
「もしもし、聞こえてますよ」

「もしもし、〇〇さんはいらっしゃいますでしょうか?」「はい。少々お待ちください」
(呼び出し音声)「〇〇さん、お電話が入っています」

　こうした呼び出し方に自尊心をくすぐられる人は多いでしょう。大切な仕事の話かもしれないし、妻や恋人からの緊急連絡かもしれません。何のためらいもなく、すぐに電話に向かうことは間違いありません。ロッジと関係するものであるとも思わないでしょう。

　このいたずら電話装置は最高の発明品のひとつです。外見はごく普通の電話ですが、内部構造はまったく違います。本製品は単なる見せかけではありません。完成度の高いおもちゃでもありません。故障もありえません。部屋のどこにでも取り付けることができ、長い電線でつながったボタンを押して、いつでも呼び出し音を出すことができます。

　標的が受話器を握った瞬間に32口径の空砲が鳴り響き、受話器から白い粉が噴き出て、標的となる人の顔を真っ白にします。

B353●いたずら電話一式
本体と15メートルのコード、ボタン装置、白い粉と空包50発：35ドル 空包50発(郵送不可)：45セント

　実際に使って通話しようと思わない限り、外見から偽物であることはわかりません。空砲が鳴った瞬間、雷に打たれたと思うかもしれません。種明かしのために多くの人が集まってきて初めてすべてを知ることになるでしょう。

いたずら卓上電話

　素晴らしい新製品をご紹介いたします。誰でもだまされる完成度を実現しました。史上最高のいたずら装置という表現がふさわしいでしょう。既存のメンバーも志願者も、すべてだまされます。

　外見はごく普通の卓上電話です。呼び出し音が鳴り、受話器を取って耳に当てると、空包が爆発する音が響き渡ります。同時に受話器から水が噴き出し、びっしょりになります。

TRICK DESK PHONE
HELLO! HELLO! HELL—O!!!

D763

Here is another new stunt and a dandy. As a deceiver and a sure catch this phone has the world beat. We say with all the emphasis we can command that this is one of the best stunts we have ever offered. They'll all fall for this one—candidates and members alike.

This is a regular desk phone. Nothing about it to indicate any trick. The bell rings. The officer at the desk or anyone who is "next" answers and calls Mr. So-and-So to the phone. He takes the receiver to his ear, when all of a sudden there is an explosion of a blank cartridge (this firing device is not in the phone itself). At the same time a stream of water is squirted through the receiver against the ear and face of the victim.

顧客の声

　いたずら卓上電話。素晴らしい装置だ。小切手を同封します。

—— アフレッド・M.ウォーカー
（イリノイ州スプリングフィールド）

いたずら電話

　貨物車から積み荷が盗まれる事件が頻発していたのを受け、鉄道会社が二人の探偵を雇って調査を行うことにした。われわれはよく、道行く人々に声をかけ、電話がかかっていることを知らせてロッジの建物の中に招き入れていた。中に入ってきた人が受話器を取って耳に当てると、ティリー・ウィルソンが装置の紐をひっぱって空包を爆発させ、同時に水浸しにしていた。

　ある日、探偵が建物の前の道を歩いているのを見て「あいつらをだまそう」ということになった。玄関まで出ていって「電話がかかっていますよ」と声をかけ、中に誘い込んで電話まで連れて行った。ティリーが紐を引っ張ると空砲が鳴り、受話器から水が噴き出した。だまされた男はものすごく怒って銃を抜き、「面白いか？　俺が天井を撃って穴をあけてもまだ笑っていられるか？」とすごんだ。彼が銃を上に向けたところで人が集まってきて、なんとかなだめようと話しかけ始めた。〔大騒ぎになってしまったいたずらの事例を思い出して語るデムーリン兄弟。〕

—— ジョン・ゴールドスミス
『3人のフランス人と1匹のヤギ』

THE "JAG PRODUCER"

5359

All the various incidents to our acquaintance with this infernal machine remind us of the story of the man who indulged too freely in the flowing bowl and made the remark that the sidewalk came up closer and closer until it finally flew up and hit him in the face. As a mirth provoker, this arrangement is a "peach" without an impediment.

5359 The Jag Producer is built in such a way that it is impossible for candidate to walk over it steadily, the sections being arranged as illustrated. It is built in the best manner and can be folded into a small space; (weight, packed, 70 pounds)......................$7.00

TRIPPING RUG

3621 Tripping Rug, size 20 x 36 inches, of heavy canvas, with handles; used to trip candidate $0.65

HOBBLES OR SHACKLES

5351 Hobbles or Shackles, consisting of two strong leather straps with buckles, fastened together with a stout 12-inch chain. These can be either strapped to candidate's ankles like handcuffs or placed on the arms to bind them behind back. Every Lodge has constant use for a pair. As hobbles they are very appropriate for use in connection with the electric carpet. As shackles they are recommended for use with the Blarney Stone $0.50

ジャグ・プロデューサー

・ジャグ（名詞）＝どんちゃん騒ぎ
・ジャグド（動詞）＝アルコールで酩酊した状態に陥る

飲みすぎた状態で歩いていると、知らず知らずのうちによろけ、気がついたら床が目の前に来ているということもあります。そんな感覚を再現する装置です。
5359●ジャグ・プロデューサーの上をまともに歩ける人はいません。設計はイラストで見る通りです。使わない時は小さくたたんで保管しておくことができます：7ドル

つまずきマット

3621●50×91センチの強靭なキャンバス布製で、持ち運びやすい取っ手が付いています。上を歩く人がつまずくよう作られた製品です：65セント

足かせ

5351●革製のストラップを長さ30センチの鎖につなげた製品です。足首でも手首でも使えます。こうした商品はどの団体も常備しているでしょう。電気カーペットなどと組み合わせてお使いいただくのをお勧めします：50セント

この出し物に儀式的な意味合いは何もないが、アルコールを飲みすぎるとどうなるかを見せるためにはきわめて有効だ。「ラクダのミルク」を一切禁止するわけではないが、制服を身に着けている間、誤った行動は厳に慎まなければならない。特に公衆の面前では、常に優雅な立ち振る舞いをすべきである。

—— ビール・コーマック
『通過儀礼の馬鹿げた儀式』（1922年）

デムーリン型肺機能検査器

本体全体の表面を合成皮革で美しく仕上げ、各所にニッケルを使った製品で、高価な医療機器にしか見えません。13×16×26センチの本体に、息を吹き込むためのマウスピースが装着されています。

息を吹き込む際は、目盛りを正面から見る姿勢になるので、だまされない人はいません。息を吹き込むとその勢いで内部のレバーが作動し、空包が爆発する仕組みになっています。それと同時に目盛りの下の部分が開いて小麦粉が噴き出て、前にいる人の顔は真っ白になります。空包25発、偽の問診票をお付けしてお届けします（梱包時重量6キロ）：10ドル

偽問診票100枚：40セント

空包50発（郵送不可）：25セント

DE MOULIN'S PATENT LUNG TESTER

263

263 Lung Tester, nicely finished with a handsome leatherette covered case with nickel plated trimmings and base, presenting the appearance of a high-priced surgical instrument. Size of case 5½ x 6½ x 10½ inches. It is fitted with mouthpiece, into which the candidate is asked to blow to test his lungs. The dial, which makes the deception complete, is in plain view of the person blowing into the Lung Tester, and is supposed to register the pressure of air blown into the instrument. Its interior contains a mechanism ingeniously constructed so that when a person blows into the instrument an air valve disengages a lever which releases a spring, exploding a 32-calibre blank cartridge, and at the same time opening an air passage into a tube in which there is a receptacle filled with flour. This tube is connected to an opening in the dial so that the flour is blown with a strong blast squarely on the end of the person's nose, and is scattered all over his face. We furnish 25 blanks nicely arranged, with certain questions pertaining to the candidate's health, age, etc., so as to lead him on to the test, without a possible chance of his suspecting any joke. Price, complete, including 50 blank cartridges and 25 question blanks
(Weight, packed, 14 pounds)..**$10.00**
Extra question blanks, per hundred .... .40
Extra blank cartridges, per box of 50 (not mailable)............................. .25

結核が大流行した1900年代初頭、使用するすべての人が同じマウスピースに直接口をつけるため、肺機能検査器の使用は禁止された。デムーリン型肺機能検査器も一時期カタログから姿を消したが、衛生面により気を配った「オール・ボールド・アップ」という風船を使った装置が発売された。

ALL BALLED UP

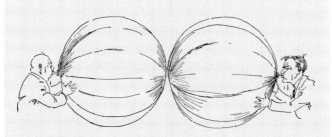

We want you to get "All Balled Up" for your next initiation, because we know this feature will take well. It results in more real honest-to-goodness sport than you can imagine.

Sometimes while the crowd is gathering and prior to beginning of the stunt work, the fellows get a little restless and anxious for the fun to start. That's a good time to spring this "All Balled Up" stunt.

To start the ball rolling, we quote:

No. 1RB—Big Rubber Ball, to be inflated (by "man power" if necessary) to 28 inches in diameter, weighs only 1¾ pounds; price, each $10.00

No. 3CRB—Big Rubber Ball, to be inflated to 28 inches in diameter, covered with soft finish duck in any color or any combination of colors; price, each 20.00

No. 3CRB can be furnished with any emblem and lettering on cover at a nominal extra charge. Price will be quoted on receipt of information as to what is wanted.

Try your local merchants on this stunt for advertisements. Any lettering can be stenciled in bright colors on the cover.

Turn one of these balls loose in the crowd and watch the fun. We promise you there will be no dull moments. Really, men, this is a mighty fine stunt.

Another good stunt is a "blowing up" contest. Give one of these rubber balls to each of two or more candidates to see who can inflate the ball first. Let the members take sides and root for their favorite "Air Station." Good chance to find out which candidate is the biggest "blow." This contest is a scream.

オール・ボールド・アップ

次の入会儀式に使っていただきたい製品を紹介させていただきます。参加者全員に気に入っていただけるでしょう。単純ですが、本当に楽しめます。さまざまな出し物の前、集まっている参加者はざわつきます。そんな時にぴったりな製品です。

No.1 RB ●大型風船　直径71センチ・重さ793グラム：10ドル

No.3 CRB ●大型風船　直径71センチ　薄手のキャンバス地を表面に貼ったタイプ（各色あり）：20ドル

No.3 CRBには追加料金で表面に文字を入れることもできます。

膨らませた風船を放り投げ、大勢で突き上げながら動かしてもらいましょう。また、巨大風船ふくらましコンテストにも使っていただけます。

オハイオ州アクロンのアンダーソン・ラバー・カンパニにおいて、アメリカで風船が初めて生産されたのは1907年だった。結核の流行を受け、肺機能検査器に代わって衛生風船と呼ばれることが多かったこの手の風船の人気が高まったことは想像に難くない。

改良型持ち上げ・尻叩き器

装置全体をご覧ください。目隠しをした志願者が上に乗り、両手で取っ手をつかんで引っ張ると、装置後部の棒が跳ね上がり、勢いよくお尻を叩くという仕掛けになっています。それと同時に空包が爆発し、派手な音を立てて驚かせます。昔母親からスリッパでお尻を叩かれた時の感覚を思い出すでしょう。

それだけではありません。装置の裏側に電池が仕込んであり、取っ手に電気が流れるようになっています。志願者は大きな音と電気に驚かされ、それと同時にお尻を叩かれることになります。

電気系統に大きな改良を行いました。マグネット発電機を使っていますので、故障することはまずありません（梱包時重量24キロ）。全体の寸法は55×86×13センチなので、狭いスペースでもお使いいただけます。取っ手とお尻を叩く部品も簡単に着脱可能となっています。

IMPROVED LIFTING AND SPANKING MACHINE

244, 270

With this machine the candidate cannot kick his own pants while wearing them, but can have them spanked where his mother used to apply the sole of her slipper, by simply testing his strength. The position in which he places himself causes a little strain in the seat of his pants, which is not objectionable, as it pulls up all the slack when he pulls up on the handles. Just about the time he gets well started lifting, a trigger is automatically released, which causes the spanking paddle to spring into place and strike him on the kazabo, at the same time, exploding a 32-calibre blank cartridge with a loud report. That is not all; there is also an electric motor concealed under the platform of the machine, which is operated by clock work that turns on a good current of electricity at the same time the paddle hits his pants. The sensation can better be imagined than explained.

Great improvements have been made in the electrical part of this machine. We now use a magneto run by clock-work, instead of dry batteries, which were liable to get out of order. Each machine is guaranteed to give a good strong electric current, and will not get out of order. (Weight of machine, packed, 55 pounds.)

The machine takes up but little room. Handles and paddle can be easily removed, so that it will fit in a box 22x34x5½ inches.

上の説明文には「カザボ」（kazabo）という単語が出てくるが、「お尻」を意味するこの言葉はデムーリン・ブラザーズ・カンパニー社によって生み出されたと思われる。同時代の他の印刷媒体には一切見られないからだ。「ひどい悪党」、「ずるがしこい客」あるいは「うぬぼれ屋」を意味するヴィクトリア朝のスラング「gazabo」に由来している可能性が高い。1913年の小説『月の谷』で、作者ジャック・ロンドンは次のような使い方をしている。

「6ラウンド目までに狡猾な輩ども（gazabos）は2対1の勝負をもちかけてきた」

ロンドンがこの文章を書いた8年前、作曲家フランク・キースリーが自作のラグタイムピアノ曲に「The Wise Gazabo」というタイトルを付けている。

THE DeMOULIN TRICK GUNS
ONE-TWO-THREE, SHOOT!

THERE'S A BARREL OF FUN TO EVERY GUN

HERE IS MONEY VERY WISELY INVESTED

ACT I
"He Really Doesn't Expect It"

ACT II
"But—Twice He Gets Hit"

If there is any thing that will get a fellow excited it is to be "double crossed." You will notice that the candidtee with the black coat is the goat both times, although in the second act he thinks he is to have the joy of seeing the other fellow get what he (the candidate) got in the first act.

This is a mighty clever trick. There's a barrel of fun to every gun. Order a pair of these and you'll see the members go "gunning" for candidates. A number of pairs can be used with great effect by a "firing squad."

デムーリン仕掛け銃
1、2、3、撃て!

・第一景
こんなことは予想もしていない
・第二景
そして2回目も驚くことになる

　仲間に裏切られるほど心乱れることはないでしょう。イラストをご覧ください。だまされるのは黒い上着の人物です。彼は、2度目は自分がだます番だと信じて疑わないでしょう。これほど巧妙な仕掛けはありません。どなたにも楽しんでいただけます。

顧客の声─────────

「逆噴射銃」で楽しい夜を過ごすことができた。
　　　　　　　──M.S.チズム（ミズーリ州セントルイス）

────────

仕掛け銃と尻叩き器が届きました。すぐに使ってみたところ、志願者も含め、すべてのメンバーが気に入ったようです。
　　　　──ワシントンキャンプ24支部（ノースカロライナ州ソールズベリー）
　　　　　　　　　　　　L.A.オールソープルックス

────────

　仕掛け銃が届きました。とても楽しく使わせていただきました。志願者に対して使ってみましたが、カタログに記されていた内容にはまったく偽りがありませんでした。額面313ドル50セントの小切手を同封します。今後も新しい注文があると思ってください。
　　　　　　　　　　　　──D.W.ラスフォード
（FOEピットリバー2025支部、カリフォルニア州アルトラス）

家庭や学校の壁に棒や櫂（かい）が飾られていることは珍しくなかった。教師にとってごく普通の義務として「カバノキを振るう」（カバノキで作った櫂を振り回す）ことが含まれていた時代だ。「wielding the rod＝棒を扱う」、「walloping＝打ちのめす」、「birching＝カバノキを使う」、そして「larruping＝強打する」という表現が使われることもあった。

デムーリン・ブラザーズ・カンパニー社のカタログでは、お尻の叩く部分を「ママがスリッパの底を当てた場所」と形容されていた。「slippering＝スリッパを使う」という表現もまた、お尻を叩くという意味だ。

スパンカー（尻叩き器）

入会儀式に一味違った演出が求められる時は、この商品がお役に立つでしょう。志願者にとっては忘れられない印象的な体験になります。

ごく軽い装置で、お尻を叩くと同時に空包が爆発し、大きな音が出ます。火花は飛び散らないようになっているので、火傷の心配もありません。使用後の空包を安全に取り除くことができる専用機器もお付けします。

D451 ● スパンカー 空包50発付き：5ドル
追加空包（郵送不可）50発：45セント

SPANKER

When it is desired to add a "personal touch" to the initiation, a few of these spankers will do the work in a manner which will greatly "impress" the candidate. If in proper position, he may receive an inspiration which will lead him to "jump" at conclusions as to what caused the loud report.

This spanker is the lightest weight made. The discharge is certain, no matter which part of spanker is struck. It is raranged with an automatic firing device so that when candidate is spanked, a 32-calibre blank cartridge is discharged, the concussion and fire of which is completely muffled by our new muffling attachment, thus avoiding any possibility whatever of accident. We include an attachment with which the empty cartridge shell is easily removed.

D451—Spanker complete with 50 blank cartridges .... $ 5.00
Extra Blank Cartridges (not mailable), loaded specially for us to give an
　　extra loud report; per box of 50 .... .45

顧客の声

請求書の支払いとして29ドル45セントの小切手を同封します。すべてに満足しました。私自身がスパンカーの最初の犠牲者となり、高い品質を体験しました。
　　　　　　　　　　　　　　　　　　　　——J.W.ライリー
　　　　　　　　　　　　　　　　　　（ミズーリ州セントジョセフ）

最高の盛り上がりをもたらすエキサイティングな装置を紹介します。パイが嫌いな人はいないでしょう。お好みのフレーバーを手に入れるために遠慮はしません。争奪戦の最中に予期せぬ爆発が起きたらどうなるでしょうか？ びっくりして食欲が一気に失せるかもしれません。爆発が起きてテーブルが真っ二つになるというどっきり装置です。

D764●パイテーブル 詳細な取扱説明書付き：32ドル

追加空包（郵送不可）50発：45セント

PIE TABLE

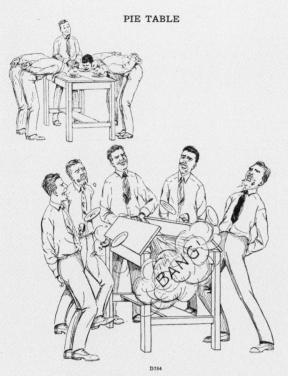

D764

Here is an exciting contest with a more exciting climax. Everybody likes pie and the opportunity to partake of his favorite kind will induce any candidate to enter into this contest with vim and a determination to win. But right in the midst of the contest the unexpected happens and the candidates get a scare that will surely make them lose their appetite for pie. There is a big explosion; the table seems to have blown up; the pies jump right up into the faces of the candidates. This stunt is a corker with the cork removed.

D764—Pie Table, with full instructions for operating $32.00

Extra Blank Cartridges (not mailable), loaded specially for us to give an
    extra loud report; per box of 50 .... .45

顧客の声

　1月の会合は大変な盛り上がりを見せました。初めて大規模な集会を行いましたが、かなり前から告知をしていたので多くのメンバーが集まりました。一般の参加者も多く、大した出し物はないと思っていたようです。ところが、本当に驚きました。この装置を使った会合は町中の噂になりました。次の会合はここから160キロメートル離れたニューヨーク州のポート・ジャービスで行うよう招待を受けています。

——フレッド・H. ブロム

（エリー・レイルロード・スクエア・クラブ、ニューヨーク州ニューヨーク）

THE BLARNEY STONE

No matter how much "blarney" the candidate has had imparted to him, he will not hesitate for a moment when commanded to kiss the Blarney Stone. He recalls that this stone is said to give to those who kiss it a cajoling tongue and he thinks he might be able to cajole the brothers into giving him a place of honor in the lodge.

It is indeed very comical and interesting to note candidate's awkward motions and peculiar method of attempting to kiss the stone, but best of all is to perceive his surprise and "take back" when an artesian well spurts forth into his mouth. He will think there is some mythological power connected with this stone.

As a climax to the candidate's touch of the stone, a touch at his other end is not out of order. Attendant should be ready with a hand spanker to deliver the "touch" just as the candidate kisses the stone.

D466

As a closing scene of this event, a negro dame rushes up and embraces and kisses the candidate just as he arises from his dignified position. This part should be taken by one of the members dressed as a negro woman, with face blackened. She leaves some of her color on the candidate's face, much to the amusement of those present.

The Blarney Stone is provided with a long rubber tubing and bulb which should be concealed under a rug or by some other similar means.

D466—Blarney Stone, an exact imitation; not heavy; size about 8x8x2½ inches ....$ 5.75

ブラーニー・ストーン（おべっか石）

志願者がどれほどお世辞をうまく言える人物であっても、ブラーニー・ストーンにキスするよう言われた時、躊躇することはないでしょう。この石が人を饒舌にし、組織の中での立場を良くするのに役立つことを知っているからです。

まずは、石にキスしようとする人の奇妙な動きを楽しんでください。ただ、本当のお楽しみはキスしようとしているその口に向けて勢いよく水が噴き出る時の驚きようです。石に魔法の力が宿っていると思うに違いありません。

石の下に取り付けるゴム製の長い管が付いています。これを敷物の下に隠して、石まで水を引いてください。

D466● ブラーニー・ストーン 20×20×6センチ：5ドル75セント

本物のブラーニー・ストーンは、アイルランドのコークから8キロ行ったブラーニー村にある。伝説によれば、ブラーニー・ストーンにキスした者には「おしゃべりの才能」が宿り、お世辞を言う能力が上がるとされている。

BLEEDING TEST

Here is where the candidate is the principal character in a "Merchant of Venice" scene. To him this is the very limit. He did not seriously object to a little rough treatment and some bruises, but when it comes to shedding blood —well, that's where he balks. Even though the lodge exacts a pound of flesh from each candidate, had not the presiding officer decreed that it must be taken without the shedding of a drop of blood? This stunt is a sure enough deception.

The Bleeding Outfit consists of an electrical probe and magneto battery, a receptacle ingeniously arranged to produce the effect of blood trickling out of the wound, and a tin pan in which the "blood" drops. Full directions for using accompany each outfit.

D467—Bleeding Test Outfit, complete $16.25
D468—Bleeding Test Outfit, without magneto and cord 5.00

 出血テスト

　志願者に『ヴェニスの商人』の一場面で重要な役を演じてもらいましょう。ちょっと手荒い扱いを受けて、あざができる程度なら文句はないはずです。しかし血を流すということ になれば、話は別です。志願者全員から肉を1ポンド、血を一滴も滴らせることなく集めることができるでしょうか？

　この装置は、目隠しされた志願者が体の一部に傷をつけられ、そこから血を滴らせているという感覚に陥れるため のものです。こうした感覚を生むのは装置に付いた電気針です。安全に使うための説明書をお付けいたします。

D467 ● 出血テスト装置一式：16ドル25セント

D468 ● マグネット装置およびコードなし：5ドル

とげとげ椅子

　びっしり並べた鋲の上に座ったことがありますか? 肉体的な痛みを感じただけではなく、心も傷ついたことを覚えていますか? 鋭い突起が並んだ椅子に座るよう指示される志願者は、どんな気持ちになるでしょう? 頑として断るでしょうが、まったく無害なものであることがわかった時にどれほど馬鹿げて見えるかを知る由はありません。

5356●とげとげ椅子は丈夫な製品で、座面が鋭い突起物(実際はゴム製)で覆われています。見るからに痛そうに仕上げました: 2ドル

5357●びっしょりとげとげ椅子は、座面の下に仕掛けがあります。座面に腰を下ろすと重みで全体が下がり、すぐ下にある水で満たした洗面器状の皿まで落ち、全体が濡れます。二重の驚きを約束します: 7ドル50セント

5358●びしょびしょ椅子　突起物のある座面がないタイプの製品です。何の変哲もない椅子に座った入会希望者のお尻がびしょびしょになります: 6ドル75セント

A POINTED AFFAIR

5357

　Did you ever sit on a tack or a bent pin? Remember how it hurt your feelings? Then can you imagine how a candidate feels when he is asked to sit, or is forced to sit on a stool bristling with sharp pointed spikes? He would prefer to sit on a hot stove. He will plead. He will storm and rage, but how silly he looks when he finds it's harmless.

5356　The "Spikey Stool" is strong and well made, the top is filled with large sharp-pointed (flexible rubber) spikes. This stool has a penetrating aspect, calculated to appear extremely uninviting..$2.00

5357　Spikey Wet Stool, with a double spring bottom. The lower bottom is in the form of a pan that holds water, and when the candidate attempts to sit on the upper, or rubber spiked bottom, it springs down and is telescoped into the lower one, thereby causing the water to flow over the seat. This is indeed a "pointed wet affair," and forms a suitable seat(?) for the smart lodge-joiner who thinks he knows it all........... 7.50

5358　Wet Stool, same as Spikey Wet Stool, but with spikes omitted. May be used to seat candidate after he has been "there" and is longing for one blissful moment of rest.................... 6.75

顧客の声

　われわれの場合、会合への出席者は30〜50名といったところでしたが、御社の製品を使った出し物をするようになってから10倍に跳ね上がりました。御社製品のおかげというしかありません。今は亡くなった会員の未亡人や子どもたちを養っていくのに十分な財力を得るまでになりました。
——R.C.コッパーマン
(オーレイ・ロッジ、コロラド州オーレイ)

THE MOLTEN LEAD TEST

It was a Datto who suggested dropping a prisoner in boiling oil, as a punishment, but to request a candidate to dip his hands in molten lead as an evidence of his bravery will "jar his slats." He objects. He rages. He storms. He does not know that it is harmless. This test is a great improvement over the small ladle test. Our dry mercurine powder is much cheaper than the liquid mercury and looks much more like molten lead. It can be ladled up and poured back into the pot repeatedly in the presence of candidate, and the delusion is absolutely perfect. The contents of the pot is simply cold water, with a pinch of our new dry mercurine sprinkled in it.

5333 Complete outfit, consisting of pot, tripod, ladle, alcohol stove, bottle of alcohol and a can of dry mercurine sufficient for fifty to a hundred trials, with full directions for using......$2.60
Dry Mercurine, extra can, when wanted, by mail prepaid.... .50
Wood Alcohol, in tin screw-top can, per pint, 20 cents; per qt.. .35

ELECTRIC ATTACHMENT FOR MOLTEN LEAD TEST

With this attachment the candidate will receive a shock when he plunges his hands in the molten lead, which will cause him to believe that the test is no "fake."
5398 Mat properly wired and with connections for attaching to pot.$1.50
5347 Magneto Battery and Cord................................ 4.00
The battery used with this test may be used with any of our electrical devices.

THE LADLE LEAD TEST

5334 Ladle with can of Dry Mercurine and full directions for using......$0.65
5335 Ladle, extra heavy and well made, with can Dry Mercurine and full directions for using.... .75

HALTER CORD OR ROPE

5336 Halter Cord or Rope, six feet long, with collar; used to lead candidate...$0.40

BINDING STRAPS

730 Straps for binding candidate.................................$0.50

CANDIDATE'S BELT

6729 Belt of leather, 3½ inches wide; straps on sides with which to guide candidate; very strongly made; will fit any size man..$2.00

5333 ● 鍋と三脚、レードル、アルコールランプ、儀式100回分の粉末水銀など一式：2ドル60セント
粉末水銀一缶：50セント
ランプ用アルコール：35セント

付属電気部品

　この部品を使うと、志願者が鍋に手を入れた瞬間に電気ショックが走ります。儀式が偽物ではなかったと信じるでしょう。
5398 ● 配線済みマットと鍋との接合部品：1ドル50セント
5347 ● マグネット発電機とコード：4ドル
　本製品付属の電池は、当社の別の製品にも使っていただけます。

溶けた鉛の試練：レードルタイプ

5334 ● レードルと粉末水銀セット：65セント
5335 ● 補強型レードルと粉末水銀セット：75セント

手綱

5336 ● 長さ182センチの手綱・ロープ。溶けた鉛の試練でお使いください：40セント

拘束用皮ストラップ

730 ● 入会希望者を縛るための革製ストラップ：50セント

儀式用ベルト

6729 ● 幅8センチの革製ベルト。ストラップと併せてお使いください：2ドル

👆 溶けた鉛の試練

　志願者の勇気を試すのに使う装置です。溶けた鉛の中に手を入れることができるでしょうか？　もちろん二つ返事で実行する人はいません。なぜそんなことをさせられるのか、激怒する人もいるでしょう。まったく無害であることを知らないからです。
　当社の粉末水銀は、液体水銀よりもはるかに安価で、水に溶かした時には熱した鉛そっくりの外見になります。レードルですくい上げることも可能です。だまされない人はいないでしょう。鍋の中にあるのは、表面が粉末水銀で覆われた常温の水だけです。

犠牲者が完全に気絶したり、絶命したと感じられたりした時は、溶けた鉛で生き返らせようとした。

——ジェームス・ペティボーン『ロッジのヤギ』(1902年)

アイスクリーム・テーブル

　今は、何でも全自動の世の中です。ボタンを押せば、あとは機械が何でもやってくれます。この装置で押されるのはボタンではありません。志願者はテーブルに沿って並び、アイスが入ったカップに口を近づけると、水が噴き出て顔がびっしょりになります。

B420 ● アイスクリーム・テーブル 全体が崩れ落ちるテーブルと容器付き：30ドル

ICE CREAM TABLE

This is a day of automatic contrivances. We press the button and machinery does the rest. In this stunt it is not a button which is pressed, but results are obtained just the same, and, after all, it is results that count. The candidates are lined up at this table for refreshments and the service they get beats that of any soft drink parlor. Imagine the surprise of each candidate when a young geyser suddenly shoots up out of his goblet, scattering the contents profusely over his face. He is convinced that the fountain is highly charged with extract of effervesence.

B420 Ice Cream Table, consisting of collapsible table, including neat containers, tubing and bulbs $30.00

仕掛け葉巻

　奇麗な仕上げの葉巻を楽しんでいると、1/3ほど吸ったところで中に仕掛けられたばねが弾け、吸っている人がびっくりするという商品です。爆発物をはじめとする危険物は使っていませんので、けがの心配はありません。本製品に関するサンプルはございません。ご注文は最低1箱単位でお願いいたします。

D240 ● 仕掛け葉巻 50本入り 1箱：5ドル

TRICK LOADED SMOKES

This is a well made cigar, of very good appearance, and a fairly good smoke (while it lasts). It is made up containing a spring which is tied under pressure with a light string. When the cigar is about one-third smoked, the fire gets to the string and all to pieces goes the cigar, much to the surprise of the victim. Contains no explosive, nor anything that can cause the least injury. We do not furnish samples of this article nor accept orders for less than one box.

D240—Trick Smokes, box of 50 ....$5.00

サム・S.アダムスがニュージャージー州プレインフィールドで「カチューくしゃみ粉社」を立ち上げたのは1906年だった。アダムスは最終的に37に上る特許を取得している。本社1階の作業場で、従業員はばねを葉巻に、花に雷管を仕込んでいた。作業の精緻さは時計職人のそれに匹敵しただろう。

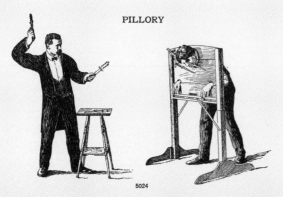

PILLORY

5024

Have you ever been caught in such a position that you could not move your head or hands? If you have, you know the effect produced upon the candidate when he is placed in the Pillory, especially since the discussion preceding his capture is of such a nature that his nerves are in a state of high tension. This is bad enough, but when "Professor Jackson" comes forward with his large steel bladed knives to display his ability at knife throwing, the candidate begins to plead and offers to do anything the Lodge desires rather than take the chances of having one of those large steel bladed knives pierce his skull. When he is hood-winked his protest reaches a climax. There is no danger, however, as the knives are not actually thrown, but are struck against the Pillory and at the same time a special knife in a slot is caused to vibrate, thereby producing a very realistic effect.

The Pillory is substantial and is arranged so the head and hands are securely fastened with the least effort possible. It folds into a small space and can be prepared for use in a moment.

5024   Pillory, including 13 large steel bladed knives, boxed........$9.00

さらし台

頭も手も動かせない状態に置かれたことがありますか? もしあるなら、こうした状態に置かれながら話を進めることを強いられる入会希望者の気持ちは理解できるでしょう。極度の緊張にさらされることは間違いありません。

すでに最悪の状態は、さらに悪くなります。目の前に、鋭い刃物を手にした男性が現れます。ナイフ投げの達人という触れ込みで、腕前を披露したいと言い出します。入会希望者はなんとかして的になるのを避けようとするでしょう。そんな彼の意向を無視して目隠しをした時に、クライマックスが訪れます。

ただ、この装置に危険な要素はまったくありません。間を置いて装置全体が振動するので、目隠しをされている人はナイフが投げられ、刺さっているのだと錯覚するでしょう。丈夫な作りの装置なので、頭と両手をしっかり固定できます。使わない時は小さくたたんでしまっておくことができます。

5024●さらし台 ナイフ13本付:9ドル

良 い ア イ デ ア は あ り ま せ ん か ?

入会儀式で使用するための装置に関するアイデアをお持ちではないでしょうか? 当社製品と併せることができる儀式のアイデアはありませんか? もしお持ちなら、ぜひお手紙をお寄せください。どんなアイデアも大歓迎です。ロッジにとって興味深く、多くの利益をもたらすような製品を作っていくことが私たちの望みです。

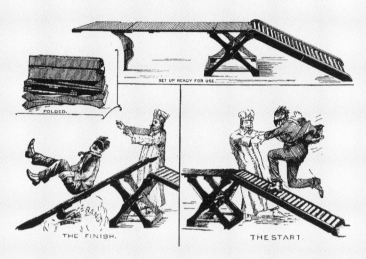

"UPWARD, ONWARD, DOWNWARD"
or Falling Bridge

D323

Here is where the candidate halts between two opinions. He starts up the incline at a speed rivaling that of a race horse, and in his opinion he has traveled miles, when he finally reaches the top and halts. Though it is only for a moment, he soons realizes that he who hesitates is lost, and that "pride goeth before a fall". Priding himself that he has risen to such a height in the race for worldly honor, his next opinion is that he has stripped a gear. He comes down with a bump that jars his false teeth and he completes the journey on his coat tail.

D323—"Upward, Onward, Downward," is strongly made of the best seasoned wood. The rollers are turned smooth. The support of platform is a spring-hinged affair that snaps shut, firing a 32-calibre blank cartridge, allowing the platform to drop very suddenly as soon as the candidate steps on it. Great improvements have been made in the construction of the "Onward and Downward," so that it folds up in a compact form, occupying a space 2⅓x3½x2 feet, and can be opened up for use in less than two minutes. Price, including 50 blank cartridges (weight, packed, 175 pounds) $52.00

顧客の声

　たいへんきれいな状態で商品が届きました。昨日使ってみて、とても楽しい時間を過ごすことができました。みんな大喜びで、ロッジの宝になりそうです。
——ハリー・ラッシュ
（BPOE、ニューヨーク州ママロネック）

登って進んで下っていく：あるいは落ちる橋

　志願者は競走馬のようなスピードで駆け出し、まず坂を登ります。ところが、回転軸が並んだ坂を走り切ることはなかなかできません。かなりの距離を走った実感を伴いながら平らな部分に達すると、少し安心しながら前に進むことができます。そして、楽だと思い始めた頃、今度は立っている板がすごい勢いでいきなり前傾し、足を滑らせて尻もちをつくという装置です。

　D323● この装置は、最高の木材を使って作った頑丈な製品です。回転軸の動きもスムーズです。平らな部分を支えているのは大きなばねで、前傾するとともに空砲が大きな爆発音を立てます。改良により、小さくたたんでしまっておくことができるようになりました。76×106×60センチという寸法で、完全に組み立てて稼働状態にするまで2分もかかりません。50発の空包をお付けいたします：52ドル

ROLLER PATHWAY

D332—Roller Pathway, 6 feet long, with plank back and stand on which
to rest upper end $19.00
D333—Roller Pathway, 6 feet long, without plank back 17.25
We can make **D332** to hinge in center, occupies but little space for
storage; extra 1.75
Weight, packed, 95 pounds

ローラー・パスウェイ

D332 ● ローラー・パスウェイ
長さ182センチ、傾く板付き：
19ドル

D333 ● 本体のみ：17ドル25
セント

　中間部分で折り曲げてたた
み、狭いスペースにしまってお
けるよう加工することも可能で
す。追加料金：1ドル75セント
増し

> デムーリン・ブラザーズ・カンパニー
> が公園遊具のカタログも作っていた事
> 実はほとんど知られていない。

OUTFITS FOR GOLIATH

F1625　Head of papier mache, extra large size, with hair and long beard; imitation of head of
Philistine giant; ingeniously arranged so that imitation blood will drip from neck at
will of David; including oilcloth mat and directions ....$ 8.00
F1626　Head, same as F1625, but without arrangement for dripping blood 4.25
F1627　Head, same as F1625, but without arrangements for dripping blood; medium size..... 3.70
F1628　Sword of wood, large size; blade covered with smooth bright tin to look like polished
steel 2.00
F1629　Sword of wood, large size; blade bronzed to look like steel 1.25

F1625—F1626

ゴリアテの衣装

F1625 ● パルプ製の首。首か
ら血が滴ります：8ドル
F1626 ● 血が滴る機能なし：
4ドル25セント

F1627 ● 一回り小さいサイ
ズ：3ドル70セント
F1628 ● 木製の剣。表面に
錫を貼って磨き上げた鉄に見
えます：1ドル25セント

ギロチン

　首切り人の斧など比べものにならない、非キリスト教的装置です。大きな刃が装着された恐ろしげな外見だけでも、志願者は体を震わせるでしょう。刃や台座に飛び散る血やこびりついた髪の毛を目の当たりにして、決して悪夢ではなく現実であることを悟るのです。

　台座に頭を押さえつけられたところで、志願者は命乞いをし抵抗するでしょう。しかし手錠をかけられ、あごをストラップで固定されて体を動かすことはできません。誤って(?) 落とされた刃は首から10センチくらいのところで止まります。刃が止まるタイミングで空包が爆発し、大きな音があたりに響きます。6463●本装置は木製です。切れ味が鋭い鉄に見えるよう、刃の部分は錫でコーティングしました。装置に寝かされる人には見えない角度に刃のストッパーが付けられており、首から10センチほど上のところから下には達しない安全な設計になっています。梱包時重量45キロ。空包50発付き：12ドル
5998●血のり付きの布。苦しんだ痕跡が見られます。ギロチンや志願者にかけてお使いください：2ドル
5999●パルプ製の生首。リアリティが高まります：2ドル50セント
空包50発：25セント

THE GUILLOTINE

6463

The beheader's axe is not in it compared with this heathenish invention. The very sight of this horrible instrument with its huge glittering steel blade, will make the candidate shiver ; and when he sees the block and blade spattered over with blood and a few locks of human hair, which have been left over from the last execution, he will be convinced that it is no "dream" but the "real thing." When his head is laid across the chopping block he will beg, he will resist, but he is held in position by being bound with handcuffs and with a strap over his chin. When the knife is dropped it accidentally(?) gets stuck in the slots and stops within a few inches of his neck, exploding a blank cartridge with a loud report. How fortunate for the poor victim that it failed to work, for just at this moment of anxiety a friend comes to his rescue. See suggestions for introducing, page XI in back of catalog.

6463　The Guillotine is built of wood to look like a massive structure. The knife is covered with smooth bright tin to look like polished steel. *There is a positive stop arrangement* in the slots (invisible to candidate) so the knife *cannot* drop lower than within a few inches of the candidate's neck. It is perfectly safe and harmless. Weight, packed, 100 pounds. Price, including 50 blank cartridges **$12.00**

5998　Cloth, spattered with blood and showing signs of struggle, on which to place guillotine and candidate. Not essential, but very desirable................................. **2.00**

5999　Decapitated head, of papier mache, realistic. Not essential, but very desirable... **2.50**
Extra blank cartridges, per box of 50.. **.25**

デムーリン・ブラザーズ・カンパニー社にまつわる伝説のひとつに、ギロチンがあまりにリアルでメンバーが怖がり、返品されたという話がある。

FLYING MACHINE
IT'S A STUNNER. A PUZZLE. A NEW SENSATION

3539

On this aerial navigator the candidate clings to the rudder like grim death. The fan with the clattering attachment and the rain sprayer in front chase the breezes and misty clouds against his anatomy with the sound and feeling of a hurricane—he surges, he lurches and bobs, he ascends and descends, now and then passing through a cloud which sprays his brow—he occasionally thinks he is going to make a parachute leap, but cannot cut loose from the pesky thing. Thus it is one continual round of torture until he is again on terra firma.

The Flying Machine is substantially built and well finished. The oscilating and up and down movements of the platform driven by an eccentric from the main axle produce a good flying or swinging motion; the rocking spring pendulum from which the seat and handle bar are pivoted gives the victim all the flying sensation necessary to impress him that he is traveling at a high speed; the rain spray which may be turned on or off at will, makes him realize that he occasionally dashes right through a cloud. The wheels have rubber tires. The machine packs in a small chest. Shipping weight, 225 pounds.

3539 Flying Machine, including chest with lock and key.........$40.00

5377 Costume for candidate, consisting of coat and trousers, as shown above.. 2.60

5378 Costumes for manipulators, consisting of robe and large papier mache donkey or goat head; each................... 2.25

顧客の声

皆様へ。商品は問題なく届けられ、土曜日の夜に実際に使いました。メンバーたちは大騒ぎでした。話を聞いた人たちがいたようで、翌日何件か問い合わせがありました。　　　　──チャス・スネリング
（第2キャンプ、アイオワ州ミラーズバーグ）

👆 フライングマシーン

この装置に乗せられた人は、舵にしがみつくしかありません。前方から風に吹かれた雨粒が飛んできて、嵐の中を進んでいる感覚にとらわれます。その状態で上下左右に揺られ、すぐにも降りたくなるでしょう。

頑丈な作りの装置です。不規則な動きは、車輪の中心を外した軸によって生まれます。シートとハンドルに装着されたばね振り子により、浮遊感が実現されます。顔に水しぶきが当たるため、雲の中を進んでいる気持ちになるでしょう。ゴムタイヤで動き、小さくたたむ

ことができます。梱包時重量102キロ。

3539 ● フライングマシーン装置一式：40ドル

5377 ● 装置に乗せる人に着せる衣装：2ドル60セント

5378 ● 装置を操作する人たちの衣装。マントと動物のパルプ製マスク：2ドル25セント

爆発飛行機

言葉を失うほどのスリルをもたらす装置です。人の手で動かしますが、さまざまなアクロバット飛行を再現することができます。

　いくら精緻に見えようと、機械がその外見通りに動くとは限りません。飛行機は乱気流に巻き込まれたり、エンジントラブルに見舞われたりすることもあります。この装置は、空中爆発を起こして翼が折れる瞬間を体験するものです。

D771●ゴム製タイヤ付きの飛行機本体。表面は防火加工済み。空包発射装置と空包50発。装置内部の配線済み。梱包時重量81キロ：125ドル

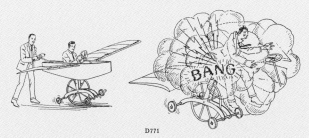

WHIZ BANG AEROPLANE

D771

Darius Green would look with envy upon this worthy successor to his crude old flying machine. And why not? This whiz bang aeroplane is a thriller from the word go. The action is not mechanical but is controlled by the man at the handle, and he can produce all kinds of thrills such as the figure eight, tail spin and nose dive.

Sometimes a piece of machinery does not perform as well as it looks. The air currents seem to have a disastrous effect upon this aeroplane or perhaps the aviator has engine trouble. Anyway, there is an explosion and one wing drops off; another explosion and another wing off; a third explosion and the sides fall out. The candidate is stranded in mid-air and his only hope is to glide to the earth, which he does with considerable difficulty.

D771—Aeroplane. with rubber tires, fire-proof compartment in which fire-crackers are fired, cartridge-firing attachments, 50 blank cartridges and seat wired for electricity with connections (battery not included); weight, packed, about 180 pounds $125.00

潜水艦

　深海を静かに進む潜水艦の中にいるのは、楽しい体験となりえます。でも、この潜水艦は一味違う体験をもたらします。水の上でも水の中でも、次から次へとスリルが訪れるのです。水中航行の感覚にある時に、魚雷で撃たれる体験をしていただきましょう。

D770●車輪に据えられた形の潜水艦を模した装置です。爆竹を使いますが、全体に防火加工を施してあるので安心です。梱包時重量136キロ：77ドル

THE SUBMARINE

D770

Sailing over the deep blue sea may be an enjoyable pastime, but a ride in this submarine is an entirely different proposition. Just one thrill after another, first on top of the water and then down he goes head first into the deep. All goes well until the engine misses and then—Bang—an explosion and a smoke screen that will convince the candidate that his craft has been hit by a submarine chaser.

D770—Submarine, including clatter attachment on small wheels, cartridge firing attachment, fire-proof compartment in which firecrackers are fired and large compartment for tin cans, rocks, sand, etc., which serve their purpose to good advantage when submarine turns over (weight packed, about 300 pounds) $77.00

KNIFE THROWING STUNT

In the category of nerve-testing, hair-raising experiences, there are some that cannot be described. Unless you have gone through the ordeal yourself, you will never realize the feeling produced. It is so with this knife throwing stunt. Believe us, it's a dandy. Perfectly harmless, but a complete deception. The candidate firmly believes that the knives are being thrown by the Arab and each time one sinks (?) into the wall near his body, or when he receives an instant electric shock in one arm and at the same moment a knife lodges very near this point, his opinion as to the knife thrower's ability will be somewhat exaggerated.

To make the deception more complete, a spotlight should be directed from behind the knife thrower on the candidate. When the Arab's arm comes in the shadow of his body, the candidate, blinded by the light and not being able to follow the course of the knife, will think the Arab has thrown the knife and is in the act of reaching for another.

The knives are concealed back of the "wall" and are thrown out through slots with a thud by means of springs operated from behind. One of the straps around the arm has an electric arrangement so that when the knife nearest this point is sprung an electric current is automatically caused to pass through the arm for an instant only, giving the same sensation as if the arm had been cut by the knife.

D269—Knife Throwing Stunt Outfit, including knives (battery not included) $155.00
D213—Jump Spark Battery and Cord 23.00

Prices on Spotlight quoted on application.

COSTUME FOR KNIFE THROWER

D272—Costume, consisting of jacket, shirt, sash, bloomers, cape and turban. Jacket of red army duck with yellow braid border; shirt of white mercerized cashmere; sash of black and yellow striped galatea; bloomers of red army duck; cape of green mercerized cashmere; turban of yellow and green mercerized cashmere. Price, including brown, black and red face and arm paints $14.60
D273—Mustache, black hair on gauze, including a bottle of spirit gum for attaching .... .50

ナイフ投げ

　度胸試しの独特な感覚は、それを体験した本人でなければわかりません。ここでご紹介するナイフ投げに関しても同じです。けがの心配はまったくありませんが、効果満点の一流品です。志願者は、アラブ人が投げるナイフが1本1本体のすぐ近くに刺さる感覚を味わいます。ナイフが刺さるたびに、腕に電気ショックが走ります。

　劇的効果を高めるため、ナイフを投げる人と志願者それぞれにスポットライトを当てるのもよいでしょう。

　ナイフはあらかじめ装置に仕込んであり、音とともにスプリングで内側から飛び出す仕掛けになっています。

D269●ナイフ投げ装置一式。ナイフも含む：155ドル
D213●電池とコード：23ドル

ナイフを投げる人の衣装

D272●上着とシャツ、サッシュベルトを含む衣装一式：14ドル60セント
D273●ひげと黒髪のかつらなど変装道具一式：50セント

　南北戦争中、南軍兵士はナイフ投げの腕を競ったといわれている。ナイフ投げという余興自体は1880〜1890年の間で特に盛んだったようだ。ナイフ投げの達人だったリリアン＆ヴィクター・コディは、1902年あたりから全米ツアーを行っていた。

振り落としソファ

このソファから落ちないようにするのは、かなり難しいでしょう。それと同時に、見ている者にとってはかなり面白いものとなります。ソファに乗せられた志願者は、なんとかして体を安定させようとします。ロープを持つ人たちはさまざまな方向にソファを動かし、脱線やアヘンを吸った感覚を再現します。5369 ● 内部が空洞になっており、ジャックナイフのような形で小さくたためます。実寸は40×60×121センチ。底面に車輪が付いているので、床の上で転がしながら動かせます。（梱包時重量：45キロ）：17ドル50セント

雨粒スプレー

5370 ● ゴム製バルブとスプレーノズル付き装置：1ドル50セント

雨箱

105 ● 雨にそっくりな音を出すための装置です：1ドル25セント

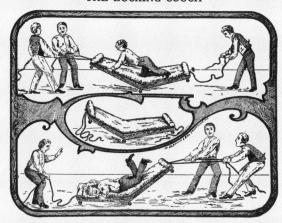

THE BUCKING COUCH

It's about as hard for a candidate to stay on top of this Couch as to keep the pledge; one of the funniest things you ever saw; in fact, it will make a lodge skeleton laugh to see the candidate struggling for a comfortable position. The attendants can give the candidate a good sample of a railroad wreck or opium dream by manipulating the ropes.

5369　The Bucking Couch has a hollow back and folds up like a jack-knife; packs in a space about 16x24x48 inches; has rollers underneath so arranged that there cannot be more than three on the floor at one time; well upholstered and padded; including ropes and boxing. (Weight, packed, 100 pounds)..$17.50

RAIN SPRAY

5370　Rain Spray, consisting of receptacle for water, spray nozzle and rubber bulb; pressure of air in receptacle makes spray continuous; more effective than ordinary storm spray......$1.50

RAIN BOX
To Produce Noise to Imitate Rain.

105　Rain Box, octagon pattern, frame well made and stayed, very satisfactory for the purpose...................................$1.25

1890年代は、脱線事故が毎日のように起きていた。また、労働者階級に属する人たちはアヘン窟に行ってハイな気分になることが多かった。アヘン窟はまるで水疱瘡のようにアメリカ中に広がっていたのが事実だ。デムーリン・ブラザーズ・カンパニー社のカタログに当時のこうした世相を反映した文章が記され

ていたとしても不思議はない。

19世紀、アメリカにアヘンを持ち込んだのは中国からの移民たちだ。1890年代半ばまでに、30万人以上のアメリカ人が中毒患者とされた。アヘン窟は、海岸沿いか鉱山の近くにあることが多かった。

TRICK CHAIRS

Before **After**

3518 Trick chair, the best of its kind, but not as effective as our Surprise Chair; made of oak, nicely finished and upholstered to represent a parlor chair. It is so constructed that it may be used as an ordinary chair by a locking device which prevents it from falling, but at the will of the attendant the legs will automatically separate and let it drop flat to the floor, at the same time a blank cartridge is exploded and an alarm set to ringing. The chair arises to its original position as soon as the candidate picks himself up; a great surprise to the victim when he looks around and finds it standing just as it was before he seated himself. Mechanical or trick part of this chair operated by the best tempered steel springs. Price of chair including 50 blank cartridges..............$9.00

3519 Trick Chair, same as 3518 but not upholstered and without
locking device.. 8.00

仕掛け椅子

　最高級の仕掛け椅子をご紹介します。オーク材を使った豪華な椅子ですが、志願者が座ると脚の部分から崩れ落ち、同時に空砲が鳴って大きな音が響きます。倒れた人が起き上がると、椅子も自動で元通りになります。なぜ転げ落ちたのか。何が起きたのかわかりません。各部に頑丈なスプリングを使っています。50発の空包付き：9ドル
3519●自動復元機能なし：8ドル

デムーリン・ブラザーズ・カンパニー社の作業場。エラスタス・デムーリン（右端）が仕掛け椅子の組み立て作業を見守っている。

顧客の声――――――
　先日行った会合は、ここ数年で初めて満員になりました。仕掛け椅子と尻叩き器が、活気をもたらしてくれました。またすぐにお手紙を出します。今日の会合の議題は、電気マットの注文についてです。　　――カール・フーバート（ミシガン州ジャクソン）

座面仕掛け椅子

裏側にある歯止めを引くと、座面全体が下に落ちる椅子です。志願者が座面とともに床に落ち、椅子全体はそのままですが、脳震盪を起こすほどの衝撃が生まれます。

1729 ● 仕掛け椅子 空包爆発装置あり 空包50発付き:8ドル50セント

1730 ● 仕掛け椅子 空包爆発装置なし:7ドル

上記の二つのタイプの椅子専用の背もたれ:3ドル50セント

TRICK BOTTOM CHAIR

When the trigger on back of chair is pulled, the seat is quickly scuttled. The bottom of the chair and the bottom of the candidate both go down quickly and simultaneously, producing all kinds of concussions, without in any way disturbing the equipoise of the chair.

1729　Chair, with cartridge exploder and 50 cartridges............$8.50
1730　Chair, without cartridge exploder........................ 7.00
　　　Either of the above Chairs with upholstered seat; extra...... 3.50

昔ながらの肘掛け椅子

ご覧ください。いかにも座り心地のよさそうな肘掛け椅子です。この椅子は心地よさに加え、喜びの涙をもたらすでしょう。ただ、喜びは悲しみに変わります。いずれにせよ、この椅子はさまざまな思い出を生み出してくれます。

見た目はごく普通の椅子ですが、何も疑わないで座る志願者が予想さえできないタイミングで全体がバラバラになります。梱包時重量31キロ

1731 ● 空包爆発装置なし:18ドル

1745 ● 空包爆発装置あり 空包50発付き:19ドル50セント

THE OLD ARM CHAIR

The very sight of this comfortable appearing Chair will bring smiles to the candidate and sometimes tears of joy, which are often later turned to tears of sorrow. It is, however, to be remembered that while this Chair is substantial and comfortable, it is in reality of the go-down-as-you-please kind.

The Old Arm Chair, in appearance is like any ordinary chair, but at the time when candidate is least expecting it, the attendant can cause it to collapse and fall flat to the floor. Chair is handsomely upholstered. Weight, packed, 70 pounds.

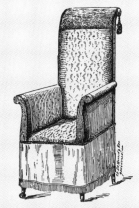

1731　Chair without cartridge exploder...........................$18.00
1745　Chair with cartridge exploder and 50 cartridges........... 19.50

顧客の声

先週の水曜日の夜、新入会員の入会儀式を執り行いました。来週もより大きな規模の儀式を予定しています。仕掛け椅子を使ったところ、だまされた人間を除くすべての出席者が楽しい時間を過ごすことができました。

──J.E.パースリー
（第57支部、オハイオ州コロンバス）

TRICK BOTTOM CHAIR

D193

Even the floor will rise up to greet the candidate; at least that is the impression he gets when the bottom of this chair suddenly drops from under him. And if, as we understand it, an impression means a dent in a soft place, we are inclined to believe that the impression will be well defined.

The Candidate always welcomes an opportunity to sit down and rest. This chair will look mighty good to him, especially after he has become fatigued from other tests. He sees himself, comfortably seated here and watching the other candidates get what's coming to them. But, alas, he suddenly starts on a quick descent to the lower abyss of chaos, until the floor offers resistance to his impetuous precipitation.

This chair is similar to the regular folding chair used in lodge rooms. At the will of attendant, the bottom drops and a blank cartridge is exploded. It is a sure catch, not for candidates but for members who don't get around to the meetings very often.

D193—Trick Bottom Chair with 50 blank cartridges .... $ 9.50

Extra blank cartridges (not mailable), loaded specially for us to give an
    extra loud report; per box of 50 .... .45

We suggest placing electric carpent on floor under chair upon which candidate is dropped,

ELECTRIC ATTACHMENT FOR CHAIRS

D194—Electric Attachment, complete, with magneto and cord $13.25

D195—Electric Attachment, without magneto and cord, otherwise same as
    D194 .... 2.00

D196—Electric Attachment, complete, with jump spark battery and cord;
    far superior to **D194**; electricity will penetrate the clothing without
    the use of conductors 25.00

D197—Electric Attachment, without jump spark battery and cord, other-
    wise same as **D196** 2.00

顧客の声

700人の出席

　全体会議の出席者が700人に達しました。御社で買わせていただいた製品はすべて満足しています。仕掛け椅子、いたずら電話、そしてトラブル・トンネルで大いに楽しませていただきました。誉め言葉も多く寄せられています。額面99ドルの小切手を同封します。

—— ロッジ関係者（ミズーリ州カンサスシティ）

仕掛け椅子

　だまされた人は、床が突然上がってきたような感覚にとらわれるでしょう。実際は、座っている椅子の座面が外れて床の上で尻もちをつくということです。

　見るからに頑丈な椅子が突然崩れ落ちるとは、誰も思わないでしょう。儀式で疲れた志願者の目には、安心して一息つける場所として映るはずです。ところが、腰を下ろしてしばらく経つと、突然座面が崩れ落ちます。外見はごく普通のたたみ椅子ですが、見えない場所にスイッチがあり、それを押すことで座面が落ちて空砲が鳴り響く仕掛けになっています。出席率が悪いメンバーも、これを使ったいたずら見たさに顔を出す機会が増えるでしょう。

D193●仕掛け椅子 空包50発付き：9ドル50セント

大きな爆発音が出る空包50発（郵送不可）：45セント

　椅子の下に電気カーペットを敷いておくことをお勧めいたします。

装着可能な電気装置

D194●マグネット発電機・コード付き装置一式：13ドル25セント

D195●マグネット発電機・コードなし：2ドル

D196●高性能電池・コード付き装置一式：25ドル

D197●高性能電池・コードなし：2ドル

SURPRISE CHAIR

868

びっくり椅子

うっかり座ると、体ごと後ろに倒れ、それと同時に大きな音が響き渡る椅子です。驚かない人はいないでしょう。ロッキングチェア状の脚によって座った体が前後に大きく揺れるので、けがの心配はありません。

頑丈に作られた安全な装置です。ロッジの建物の中でよく見るタイプの外見なので、疑われることはありません。ところがスイッチを押すと全体が大きく後ろに向けて揺れ、普通のロッキングチェアをはるかに超える幅で行ったり来たりします。立ち上がるのが難しいので、椅子の動きから逃れようとするなら自分で後転するしかありません。

868●びっくり椅子　空包50発付き(梱包時重量29キロ)：15ドル

空包50発(郵送不可)25セント

The startling effect produced by a backward trip on this Surprise Chair, accompanied by a loud explosion, is superior to that caused by a wild ride on the scenic railway or by a flying trip on a loop-the-loop. It produces the real plunging feeling with absolutely no danger to the occupant, as it is well padded and the rockers prevent it from jarring.

We recommend this Surprise Chair as the most substantial, effective and the safest made. It has the appearance of a nice upholstered lodge chair and may be so used; is nicely finished in polished oak and upholstered in imitation leather. At the will of the operator, the chair may be caused to suddenly rock backward and at the same time a blank cartridge is automatically exploded with a loud report. The weight of the man is at a point where it causes the chair when down to rock to and fro. It does not complete the fall with a jar and at no time attains a fixed stop. When the chair has fallen, the candidate finds himself in such an awkward position (since the high arms prevent his rolling out to one side and he cannot move the chair) that his usual method of escape is actually to loop-the-loop (turn a back somersault). There are no springs to break or sprain, and the chair will last a lifetime without repairs.

868 Surprise Chair, including 50 blank cartridges, weight, packed,
   65 pounds...$15.00
   Extra blank cartridges (not mailable), per box of 50........ .25

ウッドメンの儀式典範書では、いたずら椅子を使って伝えられる教訓が「名誉の椅子」と表現されている。「名誉の椅子で得る体験は、人生には不確かなことが多いという事実である。名誉ある地位に就いていても緊張が絶えず、他の人間の画策によって追い落とされることがあるかもしれない」。

・轟音、そしてすすり泣き・

　多くの人で満たされたロッジの一室で、バラバラに壊れて大きな音を立てる椅子に、何の疑いもなく座ろうとしている男性がいる。しかも椅子が壊れる直前に電気が流れるのだ。そして部屋は爆笑に包まれる。

　20世紀初頭にはアメリカ中のウッドメンのロッジでこうした光景が繰り広げられていたが、誰もが楽しんだというわけではない。ほとんどの団体は、いわゆる「第二義的な仕事」を正式に認可していなかった。たとえばフリーメイソンとオッド・フェローズは、こうした行いは卑しく低く、見苦しいと考えていた。しかしウッドメンなどの団体はその"卑しさ"に価値観を見出した。偉そうな態度の入会希望者の気持ちは、座らされた椅子が崩れ落ちると同時に折れる。ただ、人生の教訓と悪ふざけを結び付けることに疑念を抱いていた人たちにとっても、いたずら装置の意義は明らかだった。会員数増加に直結するものだったのだ。

　MWAではいたずら椅子がすぐに法的問題となった。1895年には、入会儀式でけがを負った男性から訴えられ、これ以降儀式典範書で認可されていない装置はいかなる儀式においても使えなくなった。訴訟はさらに続く。1896年12月14日付の『ザ・ニューヨーク・タイムズ』紙の1面には、アイオワ州デュビュク在住のジョージ・ハリスという男性がMWAの入会儀式に参加し、仕掛け椅子から落ちて肘にけがを負った事件についての記事が掲載されている。ハリス氏には「腕を切断する可能性がある」という診断が下された。こういう事件が表ざたになってしまった以上、MWAとしても行動規範を見直さなければならない。仕掛け椅子はMWAの規約に抵触した装置とされ、1909年までに正式に「危険な装置」として認定された。1910年には儀式典範書から削除された。翌1911年のMWAカタログには、表紙裏に「仕掛け椅子は削除いたしました」という文字が誇らしげに記されていた。これ以降、使われることはまったくなくなったのか？　いや、違う。デムーリン・ブラザーズ・カンパニー社は、以降も長年にわたって同じ装置を販売し続けていた。

——ジェフリー・クロトー
（アメリカ国立文化遺産博物館アーキビスト・司書、マサチューセッツ州レキシントン）

関係者各位：
　イリノイ州ボンド郡グリーンビル
に居住するアメリカ合衆国民である
私エラスタス・デムーリンは、以下に
記す特徴を持った新型仕掛け椅子を
発明しました。
　本発明品は入会儀式に用いられる
もので、これまでの製品よりも顕著
な特徴があります。発明の目的は、座
面を高くしてあり、通常はまったく普
通の椅子として使えることにありま
す。もうひとつの目的は、少し離れた
場所から全体をバラバラにできるよ
うな仕組みを実現することにありま
す。さらには、椅子に座っている人物
の体の動きによって自動的に全体が
バラバラになるスイッチが起動する
構造の実現も目的のひとつです。さ
らに目的としているのは、一度バラ
バラになった椅子が自力で元通りの
形になる構造の実現です。

E. DE MOULIN.
TRICK CHAIR.
APPLICATION FILED OCT. 21, 1908.

Patented Nov. 23, 1909.

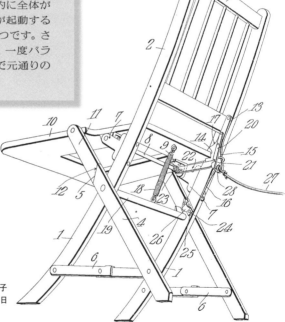

E・デムーリン 仕掛け椅子
特許認可 1909年11月23日

THE TRICK CAMERA

POSING

"LOOK PLEASANT"

5264

The Trick Camera is a very clever device which never fails to work, and the candidate never fails to be "worked" as it seems perfectly natural for the lodge to want his picture to keep on file for identification or for advertising in case he should be missing. The Surprise Chair or Trick Chair works well with the Camera. We recommend the Surprise Chair. The photographer takes focus through peep-hole in lens, and when all is ready he asks candidate to be perfectly quiet for a moment. He then presses the bulb, which sends a spray of water with a strong force into the candidate's face. At the same time, if Surprise Chair is used, an attendant pulls it off, causing it to rock backward and fire a blank cartridge.

5264　The Trick Camera is a perfect facsimile of a genuine photo
camera, with polished brass lens. Size 8x8 inches. Price,
including focusing cloth and folding tripod.................$6.00

トリックカメラ

常に正しく作動する、頼れる装置です。メンバーに対し、ポートレート写真の撮影を依頼するのはごく普通でしょう。仕掛け椅子あるいはサプライズ・チェアーはカメラとの相性がよい装置といえます。私たちがお勧めするのはサプライズ・チェアーです。

シャッターを押す直前、カメラマンは動かないように指示を出します。そしてシャッターにつながるバルブを押すと、レンズから水が勢いよく噴き出します。それと同時に、サプライズ・チェアーがひっくり返って大きな音が出るのです。

5264 ● 本物そっくりに仕上げたトリックカメラの大きさは20×20センチです。装置にかける布と折りたたみ三脚付き一式：6ドル

多くのロッジで、会合への出席率が上がった。さまざまないたずら装置を用いることで、新規会員獲得に必死になったり、思うように人が集まらず憂鬱になったりする状況から解放された。そして競争の時代が訪れた。各種クラブや映画など、魅力的な場所が多くなっている。ロッジも同じようにして、多くのメンバーを集めるべきだ。

——『モダン・ウッドメン・オブ・アメリカ（MWA）カタログ』No.111

大砲

朝日が昇ると同時に大砲で撃たれるだけでも、冗談では済みません。しかし自分が撃たれる大砲に自分で弾を込め、自分で発射するとなったら、けがだけではなく気持ち的にも恥の上塗りということになります。志願者は、こうしたことを強いられます。

まずは、重さ2キロの鉄球を大砲に込めます。そして係員が空包を込めた後、銃尾がしっかり閉まっているか確かめます。志願者は、5〜6メートル離れた場所で銃口に背を向けて立ちます。係員は、狙いをつけるふりをしながら鉄球とゴムのボールをすり替えます。

引き金につながる紐を渡された志願者は、言われた通りそれを持つほかありません。別ページで紹介している「裏切り者判別台」と併せて使っていただくことをお勧めします。ゴムボールが当たる瞬間に裏切り者判別台を作動させるのです。

高さ86センチの本装置は本物そっくりで、従軍経験者の目も欺くでしょう。頑丈な作りで、鉄製の車輪付きです。砲身は木製ですが、塗装によって鉄の質感を実現しています。空砲は轟音と大量の煙を放ちます。

B318●ゴムボール2個、鉄球1個、空包50発付き：65ドル
空包50発（郵送不可）：1ドル25セント
B319●ダミー人形：キャンバス地製の等身大人形：13ドル50セント

CANNON

B318

To be shot at sunrise is no joke, but to be required to load the cannon and even pull the cord which discharges it—well, that's adding insult to injury. It's a responsibility which the candidate hesitatingly assumes, as he supposed he was joining the lodge for instruction and not for destruction. If he escapes with his life he will doubtless be a strong advocate for disarmament.

The candidate loads cannon with a five-pound iron ball. The attendant will then insert the blank cartridge and see that the breeching is properly closed. Candidate is stood about eighteen or twenty feet in front of the cannon with his back to it. Attendants will then proceed to take the proper aim and while so doing will substitute a rubber ball in place of the iron. When all is ready candidate is given hold of the cord and commanded to shoot. Very effective if used in connection with Judgment Stand, listed on page 56. Just as the cannon is shot and the ball hits the candidate, spring the trap on Judgment Stand and he will think his end has come.

This cannon is a good large size, being 34 inches high, an exact imitation of the genuine article, and will deceive even an "Old Soldier." It is made very substantial, being mounted on a steel frame and on steel wheels. The muzzle is made of wood, stained the color of iron and lined on the inside with an iron pipe. The cartridge attachment produces a loud noise and lots of smoke.

B318 **Cannon,** including 2 rubber balls, 1 iron ball and 50 blank cartridges $65.00

Extra blank cartridges, 38 calibre central fire (not mailable), per box of 50 .... 1.25

DUMMY MAN

B319 **Dummy Man,** made of extra heavy duck, well stuffed, life size, not dressed $13.50

「大砲の弾キャッチ」は、よく知られた見世物だった。1890年代初頭、ミネアポリスのパレス博物館にジョルトムという双頭の巨人が出演していた。このイベントの広告には「大砲の弾を受け止める」という文章が記されていた。

BIG BUSY BERTHA

D772

If the candidate is to be shot at sunrise and the firing squad is otherwise engaged, just bring this B—B—B into action and do a good job of it. This extra large cannon fires a large shell and is a heavy smoke producer. With the cannon we furnish mask, glove and body protector, so that the baseball stunt can be pulled off in good shape. The action is intensified by the use of electric chair.

D772—Cannon, including mask, body protector and glove, also 50 blank cartridges, 4 rubber balls and 1 iron ball $78.50

Extra Blank Cartridges 38-calibre center fire (not mailable), loaded specially for us to give an extra loud report; per box of 50........... 1.25

D722—Electric Trick Chair, same as **D204** listed on page 17, except seat of chair having electric attachment (battery not included) 21.00

大砲の弾キャッチ

志願者に、大砲の弾をキャッチしてもらいましょう。この大砲は大きな弾を発射し、もうもうたる煙を放ちます。弾を受ける人間にはマスクとプロテクター、そしてグローブを装着してもらいます。電気椅子と併用すればさらに効果が増します。
D772 ● マスクとプロテクター、グローブ付き装置一式。空包50発とゴムボール4個、鉄球1個付き：78ドル50セント
空包50発（郵送不可）：1ドル25セント
D772 ● 電気椅子 D204と同じ装置です。こちらは配線済みのシート付の商品となります（電池は除く）：21ドル

フランク・"キャノンボール"・リチャーズはカーニバルなどで活躍するパフォーマーで、「腹部を強打されても大丈夫」という演目もこなしていた。観客に腹部を殴らせて我慢するという芸だ。1927年、プロボクシングのヘビー級チャンピオン、ジャック・デンプシーが彼の腹部を75回殴った。その後フランクは、砲身3.7メートルの大砲から発射される重さ47キロの砲丸を受け止めるというパフォーマンスを始めた。ただしこれは、1日に2回が限度だったという。

1904年、シカゴ・ホワイトソックスのクロード・ベリーは、メジャーリーグで初めて股間保護カップを付けた選手となった。

誓いの祭壇

　志願者は、祭壇の前でひざまずき、従順な態度で自らに課される責任を全うしていく気持ちを固めます。責任とは、ロッジの儀式についての秘密を決して明かさないと誓うことにほかなりません。すると、部屋が突然暗くなり、目の前にガイコツが現れます。空砲が鳴り響き、ガイコツから放たれた水が顔を直撃します。それと同時に、マットについた両ひざに電気が流れます。樫の木で作った重厚な祭壇で、普通の行事でも使っていただけます。

D267● 高さ83センチ・縦横55×68センチ。電気マットと空包50発付き: 76ドル

D213● 電池とコード: 23ドル

D268● 電気マットなし: 73ドル

空包50発（郵送不可）● 45セント

　本装置には上記の電池をお勧めしますが、志願者が両ひざを出した状態でマットに直接ひざまずく場合は、マグネト発電機（11ドル25セント）の使用も可能です。

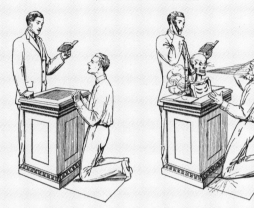

THE PLEDGE ALTAR

Things Are Not Always What They Seem

　The candidate kneels before the altar, in all meekness and sincerity, to take the obligation. How thankful he is that it is all over; that all he has to do is to pledge himself not to reveal the secrets of the sublime degrees through which he has just passed. When lo! the room is darkened; up before him jumps a skeleton with large, illuminated, glaring eyes; a blank cartridge is exploded; a stream of water hits him in the face; an electric shock is shot into his knees.

　This altar is not tricky, but is ornamental and useful. It is a regular lodge room altar such as every lodge should have. Made of solid oak, top and panels of built-up veneered quartered oak; rich golden oak finish carried in stock—other finishes to order. We highly recommend this altar, not only for its usefulness but as the culmination of surprises.

D267—Pledge Altar, 33 inches high, top 22x27 inches; with electric mat and 50 blank cartridges $76.00

D213—Jump Spark Battery and Cord 23.00

D268—Pledge Altar, same as **D267**, but without electric mat 73.00

Extra Blank Cartridges (not mailable), loaded specially for us to give an extra loud report; per box of 50 .... .45

　We recommend the above Battery; however, our Magneto at $11.25 may be used if the candidate's bare skin comes in direct contact with the mat.

顧客の声

　誓いの祭壇が最高の商品であることをお伝えしたいと思います。これ以上改良はできないのではないでしょうか。
　　　　　　——J. ハリー・ウィリアムズ（ペンシルバニア州ベルフォント）

　御社製品をいくつか使いました。いずれも説明文通りで、どの製品にも卓越した職人技が感じられます。誰に対しても、自信をもって勧めたいと思います。　　　——C. ウォーレン・レイド
　　　　　　（フォーティ&エイト渉外担当、ワシントン州タコマ）

COFFIN STUNT OR FUNERAL OF AL. K. HALL

BANG!

仕掛け棺、あるいはアル・K.ホールの葬儀の説明図

この装置はアルコールに関わるもので、「アル・K. ホール」（アルコール）という人名が示されている。この装置がデムーリン・ブラザーズ・カンパニー社のカタログNo. 439に掲載された1929年時点で、アルコールは9年間にわたって法的に禁止されていた。"死んだ"状態だったわけだ。飲酒が許可されたのは1933年になってからだった。だが、「ソース」［火酒の一種］や「ホワイト・ミュール」（白いラバ）といった密造酒の流通はいまだ盛んだった。

禁酒活動家として有名だったのは、キャリー・ネイションに加え、元プロ野球選手で街頭宣教師に転身したビリー・サンデーだ。サンデーに冷笑を浴びせる人は決して少なくなかったが、バイブルベルト（キリスト教の信仰が篤い南部・中西部の各州）では多くの人々の心を揺り動かした。

私は自ら、酒類販売の永遠かつ決して屈することのない敵となることを固く誓った。これからも、そしてこれから先もずっと、酒類販売という呪われ、汚れ、腐りきった行いと全力で戦っていく。

——ビリー・サンデー（1916年）

COFFIN STUNT OR FUNERAL OF AL. K. HALL

This is one of our latest and very best.

The stunt consists of a coffin with electric bottom, and top arranged so it will fly into pieces and create a great deal of clatter; a special keg with exploding device; costumes for "Al. K. Hall", pallbearers, chief mourners, etc.

HOW STUNT IS USED

Candidate is dressed as a white mule with a white mule head and is placed in the coffin and the lid put on. On top of coffin is placed the keg labeled "Al. K. Hall At Rest."

The pallbearers and chief mourners consist of Drunkard, Convict, Thug, Wild Wild Woman, Skeleton, Disease, Poverty, Lust,, the Devil, Indian, and a large bottle with man inside—all dressed to represent these different characters.

Stage is set to represent a funeral scene and the digging of a grave. Near the grave the floor is prepared with a bare spot where coffin is to be placed and an electric runner on each side.

The scene opens on the stage with the grave diggers digging a grave, throwing out real dirt and singing an appropriate song. After throwing out a good size pile of dirt, the diggers depart, leaving the stage dark.

A red light is lighted in the grave and the devil appears, as if looking for the victim.

A funeral march is played and the funeral procession enters. They march up to the grave and place the coffin on the floor on the bare spot. The pallbearers and chief mourners are asked to kneel on either side of the coffin (on the electric runners) and assist in the ceremony.

An appropriate eulogy is given by one of the members who has charge of the funeral ceremony and who may use, if desired, statistics showing the record of "Al. K. Hall." He may make any kind of a talk he sees fit and which is most appropriate for the community.

At the words, "The dead shall rise again," the juice is turned on and the white mule kicks the entire top out of the coffin. The keg also explodes, scattering staves in all directions.

The pallbearers and chief mourners likewise get the juice when the white mule kicks his way out of the coffin and they scramble away in wild confusion. If desired, a policeman with an electric club may be on hand to take after the white mule and place him under arrest or run him out of the hall. Or he may be pursued by the devil with an electric trident.

Being a new stunt, you may, after having used it, be able to suggest ways of improving the ceremony. Any suggestions you have to offer will be appreciated.

仕掛け棺、あるいはアル・K.ホールの葬儀 [イラスト186ページ]

　最新・最良の装置を紹介いたします。装置の主要部分は底に配線を施した棺です。蓋は衝撃でバラバラになるようにしてあります。「アル・K.ホール」と書かれた樽は爆発して大きな音を出します。

　志願者は白いラバの仮面をかぶって棺に入ります。蓋を閉め、その上に樽を置きます。

　メンバーの中から人を選び、酔っ払いと囚人、悪党、粗暴な女性、ガイコツ、疫病、貧困、肉欲、悪魔、そしてインディアン、そして酒瓶に扮してもらいます。

　墓穴を掘り、それに棺を納めるという場面です。陰鬱な音楽が流れ、墓掘りの作業が進む中、赤い光で照らし出され

た悪魔役が棺の横に立ちます。それに続いて、さまざまな扮装のメンバーが次々と入ってきます。

　別れの言葉が述べられるのを合図に電気が流れ、棺の中にいる志願者が驚いて跳ね上がるのと同時に蓋がバラバラになり、樽が爆発して大きな音が響き渡ります。

THE PRICES

D384—Coffin, completely wired, with connections $60.00
D385—Keg, collapsible, cartridge attachment 17.00
D386—White mule costume with head 8.00
D244—Devil's Costume, good quality red cotton knit material, including cape and head
　　　with mask 10.00
D388—Trident, wired for electricity, with connections 10.50
D387—Convict Suit, of good quality striped material, the trousers without fly front but
　　　with draw-string at waist, one patch hip pocket; including cap, blouse and trousers,
　　　complete 6.30
D389—Skeleton Costume, including headpiece of black cotton knit material, anatomy in
　　　white felt applique on front 18.00
D390—Skeleton Costume, same as D389 but anatomy on both sides—front and back 22.50
D391—Black Gloves, with anatomy of white felt applique 1.75
D631—Ghost; white robe with black cross-bones on front, white hood and waxed linen
　　　skull mask 5.60
D622—Policeman, coat, trousers, belt, club, star, mask with headdress 6.70
D392—Electric Policeman's Club, made of wood; wired for electricity, with connections ... 11.00
D452—Stuffed Club, substantial material, tightly stuffed .... .75
D456—Electric Stuffed Club, wired complete with connections 5.00
D336—Large Bottle, papier mache, for man inside 20.00
D550—Grease Paint, set of eight colors; per box 1.25
D393—Nose Putty, per stick .... .50
D245—Two electric runners, each fifty inches wide and three yards long, for placing on
　　　floor at sides of coffin; price for the two 37.50
D213—Jump Spark Battery, in carrying case 23.00
D215—Portable Jump Spark Battery, for use with electric club, arranged to carry under
　　　front of policeman's coat, answers for stomach pad; also caried under devil's cape
　　　for use with electric trident 23.00

☛ **仕掛け棺、あるいはアル・K・ホールの葬儀（価格表）**

D384● 配線済みの棺：60ドル　　　　　　D392● 配線済み警棒：11ドル
D385● バラバラになる樽：17ドル　　　　D452● 木製こん棒：75セント
D386● 白いラバの衣装：8ドル　　　　　D456● 配線済みこん棒：5ドル
D224● 悪魔の衣装：10ドル　　　　　　D336● 酒瓶の衣装：20ドル
D388● 三つ又の槍 電極付き：10ドル50セント　D550● 塗料8色セット：1ドル25セント
D387● 囚人服：6ドル30セント　　　　　D393● 白漆喰：1本50セント
D389● ガイコツの衣装：18ドル　　　　　D245● 棺の内部に敷く配線一式
D390● ガイコツの衣装フルセット：22ドル50セント　　　　（2個一組）：37ドル50セント
D391● 手の骨を描いた黒い手袋：1ドル75セント　D213● 電池：23ドル
D631● 幽霊の衣装：5ドル60セント　　　D215● 携帯電池：23ドル
D622● 警官の衣装：6ドル70セント

アルコールの影響

　メンバーが使う建物の中での飲酒を禁じる団体、さらにはメンバー全員に禁酒を求める団体もあったが、大多数の団体はアルコールに関して寛容だった。この装置を見てわかるように、アルコールは社会に浸透している。アルコールは悲惨な出来事や痛み、そして時として死をもたらすことがある。十分気をつけなければならない。「白いラバ」というのは、白トウモロコシから醸造されるアルコール飲料を意

味するスラングだった。自家製の酒を意味する言葉として「棺の上塗り薬」、「馬の塗り薬」、「月明かり」、「サルのラム酒」、「ヒョウの汗」、「内臓腐敗薬」、「タランチュラ・ジュース」、「山のしずく」、そして「虫ジュース」などがあった。

手回し式映写機

この種の映写機は、団体の歴史や秘儀について紹介する際によく使われます。映写機そっくりの外見を実現したいたずら装置を紹介します。本社が自信をもってお勧めできる商品です。ハンドルを回していくうちに空砲が大きな音を立て、同時に水が噴き出します。梱包時重量 29キロ 空包50発付き: 14ドル50セント 空包50発 (郵送不可): 25セント

ペニー・グリップ

志願者が、予想以上の金額を手にすることができる装置です。握力測定器を模した装置で、ハンドルを握ると爆発音がとどろき、煙が上がります。

握力記録器

この装置は握力を測定し、それを記録しておく機械を模したものです。ハンドルを握って力を込めると、顔に水が噴射され、それと同時に空包が爆発して大きな音が出ます。空包50発付き: 15ドル 空包50発 (郵送不可): 25セント 梱包時重量 29キロ

THE MUTOSCOPE

Suggestions are hardly necessary to introduce the Mutoscope except for revealing the Lodge secrets. For general use, it appeals to the curiosity of a candidate very much like the odor of a "good square meal" affects the appetite of a hungry tramp. Just takes a starter like this to induce a "knowledge seeking" candidate to focus his optics on the talking pictures inside: "Turn the crank, my friend (addressing the candidate), and you will see Cleopatra at her best, going thru some of her remarkable stunts."

5309

The machine is substantially made and in no respect resembles a toy in its mechanical construction. This is just one of the many characteristics of side degree paraphernalia that discriminates our goods from those manufactured by other firms. By pressing a push button on the side, an electric light is reflected on the pictures, and after candidate has turned the crank enough times to reveal three pictures, the machine automatically explodes a blank cartridge and sprays water in his face. Weight, packed, 65 pounds. Price, including 50 blank cartridges......................$14.50

Extra blank cartridges (not mailable), per box of 50......................... .25

5309

Drop a Penny and Grip.

With this machine a candidate will always get more (?) for his money than he expected. It costs him but a penny to try his grip, but he will get a bath and the startle that he'll get from the explosion may cause him to swallow his false teeth. After a candidate has been up against this infernal machine, the scolding of his wife for being out late at night will have no more effect on him than a ham sandwich on an empty stomach.

BRIEF.

826. This Machine is a perfect imitation of a slot machine for recording the number of pounds a person can grip. The index on dial will register, but is only a "fake" to deceive the candidate. When the candidate grips the handles, a spray of water is forced into his face and when he releases the grip a 32-calibre blank cartridge will be exploded with a loud report—never fails to startle. Price, including 50 blank cartridges...................$15.00

Extra blank cartridges, (cannot go by mail); per box of 50............$0.25

Weight of No. 826, packed, 65 pounds.

手回し式映写機が置かれたのは、いわゆる酒場という言葉で形容される場所だった。集まってくる男性に対してわいせつな映像を見せるのに使われていた。あまりにも人気が出たので、家族向けの映像も提供されるようになった。「ペニー・スロット」と呼ばれたこうした機械は、遊歩道沿いに建つ店に設置されることが多かった。イギリスでは「執事が見たものを映し出す機械」とも呼ばれていた。

酒場では酔っ払い同士の喧嘩が絶えなかったため、オーナーたちは手回し式映写機に加え、ペニー・グリップをはじめとする腕力を計測する機械に意識が向いていくよう願っていた。

IRON TEST

B286

Here's a severe test of a man's courage. It takes nerve to even stand behind a cannon and fire at the enemy, but when it comes to pulling the trigger and letting a cannon ball drop from the ceiling and hit you in the region of your diaphragm—well, if that does not require courage, then there is no such animal. Believe us, this stunt is a dandy and will jar the candidate's slats. Chances are he will absolutely refuse to pull the rope, in which case the attendants should be in readiness to hold him down while someone else does the pulling.

The Iron Test consists of two large balls exactly alike (in appearance); one is of solid cast iron and the other of thin hollow rubber; a grab hook is also provided with a cartridge exploder attached, iron pulley and several feet of rope. When the ball is released from grab hook, a trigger automatically fires a blank cartridge.

B286 Iron Test, complete .... $ 9.60
B287 Iron Test, without cartridge attachment, otherwise the same as B286 .... 8.75
    Extra Blank Cartridges (not mailable), per box of 50......................... .45

HOW IT MAY BE INTRODUCED

The candidate may be asked to lie on the floor just below the pulley, which has been previously attached to ceiling; the iron ball is then attached to hook and handed to him, that he may satisfy himself that it is solid iron. Just at that moment a member moves that candidate be blindfolded so he cannot see the torture. As soon as blindfolded the rollow rubber ball is hung on hook in place of the iron one and is drawn to ceiling. Motion is then made and carried that the candidate be allowed to see and that he also be compelled to pull the rope and cause the ball to drop. The blindfold is then removed; the result can better be imagined than described.

アイアン・テスト

勇気を問う厳しい試練です。天井に吊るされた砲丸につながるロープを持たされ、床に横たわる時の気持ちを想像してください。砲丸は横隔膜めがけてまっすぐに落ちてきます。恐怖を感じない人はいません。自分でロープを引くことを拒まれたら、係員が役割を果たします。

アイアン・テストには本物の砲丸と、本物の砲丸そっくりなゴムボールが揃っています。志願者が手に取って確かめるのは本物の砲丸、天井に吊る

SEA SERPENT

The idea of the Sea Serpent is to keep the class of candidates in line, in spite of obstacles such as electric carpets which otherwise tend to cause some confusion in the ranks.

D736—Sea Serpent, consists of heavy canvas body 20 feet long, well stuffed, and having grotesque head with squak attachment, supporting straps every five feet $30.00

ウミヘビ

志願者たちを一列に並ばせ、電気カーペットなどを使って乗っているのを難しい状態にもっていく装置です。
D736● 厚いキャンバス地製、長さ6メートルのウミヘビのぬいぐるみ：30ドル

した後落ちてくるのはゴムボールというわけです。ゴムボールが落ち始めるのと同時に、空砲が鳴って大きな音が響き渡ります。
B286● アイアン・テスト 装置一式：9ドル60セント
B287● アイアン・テスト 空包なし：8ドル75セント
空包50発（郵送不可）：45セント

実用案
装置を天井にあらかじめ設置しておきます。志願者に砲丸を手渡し、重さを確かめさせた後ゴムボールにすり替え、すり替えたゴムボールを天井に吊るします。ボールをすり替える前に目隠しをしてもよいでしょう。そしてその場にいるメンバー全員で誰がロープを引くかを決め、志願者自身が引くよう仕向けます。彼が拒めば、誰かが代わりに行います。ロープが引かれる瞬間、入会希望者の顔に恐怖にとらわれる表情が浮かびます。効果はご想像に任せます。

JEWISH AND SWISS NAVAL BATTLE

All the thrills of a canoe tilting contest right in your hall! The boats run on casters and are liable to go in almost any direction, which makes it no simple matter for the tilters to maintain their equilibrium. The sides of the canoes are low to prevent the participants from falling too hard.

A novel and entertaining race can be staged with the "canoes" piloted by candidates, who will experience some difficulty in controlling their course.

D731—Jewish and Swiss Naval Battle consists of two boats on casters, two fencing poles and two push oars with rubber tips $40.00

☞ 船上の戦闘

大広間で白熱した戦いを繰り広げましょう。車輪付きの船に乗った二つのグループが、お互い相手を叩き落そうとします。ボートはさまざまな方向に動くので、容易に狙いが定まりません。船体の側面は低くしてあり、参加者が強く床に叩きつけられることはありません。志願者たちは、ものごとが思い通りに進まないことを自らの体を通して知るでしょう。

D731●船上の戦闘 船2隻、戦闘用具（先にゴムが付けられたオール）付き：40ドル

SAY IT WITH FLOWERS

The bouquet of flowers cleverly conceals a device which at the proper time acts much like a young geyser.

When the candidates are drinking their beer and favoring the audience by singing "How Dry I Am" there is an explosion—the flowers, including a large quantity of water, blow up, and, like the rain referred to in the Scriptures, falls upon the just and unjust alike. Is automatically discharged by candidate or attendant pushing call button on table, or can be discharged by attendant at a distance.

D730—Say it with Flowers includes folding table, bouquet of imitation flowers and flower vase with automatic arrangement which fires blank cartridge and shoots water in all directions, also 50 blank cartridges $26.00

Extra Blank Cartridges (not mailable), loaded specially for us to give an extra loud report; per box of 50 .... .45

花に気持ちを託しましょう

花束にいたずら装置を仕込んでみましょう。志願者たちが集まっているテーブルに、花瓶に挿さった花束が飾られています。それが爆発して、水が噴き出します。自動で爆発させることも、遠くにいる係員がタイミングを見て爆発させることもできます。

D730 ● 空包50発付き装置一式：26ドル
空包50発（郵送不可）：45セント

電信文を介して花を届けるサービスを展開するフローリスツ・トランスワールド・デリバリー（FTD）グループが設立されたのは1910年だ。1918年、FTDはこの年の母の日のキャンペーンのため「Say it with flowers＝花に気持ちを託しましょう」という有名なキャッチコピーを生み出した。以下に、当時流行していたキャッチコピーの数々を紹介しておく。

When It Rains, It Pours＝ついていない時は、とことんついていない
　　　　　　　　　　　　　　　　── モートン・ソルト社：1911年
The Pause That Refreshes＝さわやかなひととき
　　　　　　　　　　　　　　── コカ・コーラ社、ダーシー社：1929年
Shot From Guns＝銃から撃ち出された
　　　　　　　　　　　　　　　　── ロード＆トーマス社：1920年代
I'd Walk a Mile for a Camel＝キャメルのためなら1マイル歩く
　　　　　　　　　　　　　　　　　　── リゲット社：1921年
The Champagne of Bottled Beer＝瓶ビールのシャンペン
　　　　　　　　　　　　　　　　　　　── ミラー社：1906年
Good to the Last Drop＝最後の一滴までおいしい
　　　── マックスウェル・ハウス社：1926年 セオドア・ルーズベルトの発案
The Skin You Love To Touch＝触れたくなる肌
　　　　　　　　　　　── J・ウォルター・トンプソン社：1911年
Always Bridesmaid, But Never a Bride＝主役はいつも私以外の誰か
　　　　　　　　　　　　　── ランバート＆フィーズリー社：1923年
The Instrument of the Immortals＝死せぬ者たちの楽器
　　　　　　　　　　　　　── N・W・アイヤー＆サン社：1919年
Fun in the Lodge room＝ロッジの部屋でのお楽しみ
　　　　　　　　　── デムーリン・ブラザーズ・カンパニー社：1912年

第8章

ワードローブ！
着るものいろいろ

洋服が人間を作る。
裸の人間は社会にほとんど、あるいはまったく影響力を持たない。
——マーク・トウェイン

本書に掲載されているいたずら装置のカタログには、さまざまな種類の式服や制服も紹介されているが、デムーリン・ブラザーズ・カンパニー社製の式服・制服についてはほとんど触れてこなかった。正式な儀式に用いられたものだからである。この章では、寸劇で使われることを目的とした衣装の数々を見ていくことにする。「第二義的な仕事」とは別に、仮面やかつら、頭飾り、手錠、目隠し、そして民族的な衣装や奴隷の装束などが使われた寸劇が行われていた。

男性は、女性が自分たちの活動について知ることを好まなかった。そうなれば、ロッジで使う衣装を妻に縫ってもらうわけにはいかない。ロッジの運営を理解し、何も言わずに思い通りにしてくれる会社に発注するほうがはるかによい方法だったのだ。

デムーリン・ブラザーズ・カンパニー社は数多くの熟練した針子を雇い入れ、男性よりも高い給料を支払い、ガス動力のミシンを導入して、さまざまな製品を提供した。電気カーペットやかつら、ネイティブ・アメリカンの頭飾り、フラダンスの腰みの、ゲートル、メイソンの衣装、軍で使う帽子、血を滲ませた奴隷の衣装、サーカスの象に着せる絹やベルベット製の布など、商品は多岐にわたった。

ペティコートやレギンス、スカートに長袖のブラウスという姿で作業に当たっていた女性たちが、明かりも満足ではなく、エアコンなど想像さえできない中で高品質の製品を作り続けることができた理由はわからない。イリノイ州南部の夏はひときわ蒸し暑い。工場の敷地に、男たちが釣りをしに集まる池があったことはわかっている。針子たちは、タイミングを見てここで泳いでいたのかもしれない。

1890年代から1920年代にかけての時代は、ロッジのメンバー数がピークを迎えた。友愛団体は、入会儀式に何らかの衣装を用いた。式服を含む正装は、主として集会やパレードなど"目立つ"イベ

ントで着用されることが多かった。美麗な式服は高価だったが、自分たちの雄姿を見せ、新規入会者を集めるためには不可欠な要素だった。友愛団体はリングリングやバーナム、セルズ、そしてフォレポーなどのサーカスや、「バッファロー・ビル・ワイルド・ウェスト・ショー」といった当時人気だったエンタテインメントよりも注目を浴びる存在でなければならなかったのだ。

　1893年のシカゴ万博は、半年間の開催期間で2,600万人の来場者を記録した。アメリカ合衆国の人口の半分にあたる人々が、アメリカ中から鉄道を使ってシカゴを訪れた。今の時代のディズニー・ワールドのようなものだ。中国、アルジェリア、ジャワ、エジプトをはじめとする数多くの国々のパビリオンが並ぶミッドウェイ地区には、多くの人たちが群がった。アフリカ系アメリカ人と移民人口——イタリア人、ユダヤ人、アイルランド人、日本人、中国人そして"ジプシー"——が、ひどい偏見の犠牲となりながらアメリカ社会に定着し、アメリカ人とともに働く時代の中、アメリカ人は人種性や民族性に魅了された。ただ、19世紀半ばの時代、特に人気を集めたのは『アラビアン・ナイト』であり、多くのアメリカ人がエキゾチックな外国文明に夢中になった。1890年代に入ると、洋服（ズアーブ・パンツやターバン風の帽子）から食べ物に至るまで、中東のミステリアス

なイメージのブームは成熟期を迎えていた。当時イギリスで人気が出ていたカレーがアメリカにも渡った。新しいカレーを作ろうとしてさまざまなスパイスをブレンドした結果、ウスターソースが出来上がったという伝説もある。

　世紀の変わり目までに、アジアとアラビア的なイメージが広告業とエンタテインメントのテーマとして人気を集めていた。1920年になると、タバコのパッケージや楽譜、洋服のデザイン、そして友愛団体の建物などに、民族性を盛り込んだ画像があふれるようになる。デムーリン・ブラザーズ・カンパニー社のカタログにも、民族衣装や、ゲートルから帽子、靴、ベルト、剣や矢、矢筒や鞘まで、ズアーブやネイティブ・アメリカン風の手の込んだ服飾品が掲載されるようになる。すべての製品が、これ以上ないほど細部にこだわった作りだった。デムーリン・ブラザーズ・カンパニー社のライバルであるシンシナティのペティボーン・ブラザーズ・カンパニー社も、壮麗な式服のラインアップを揃えていた。

　デムーリン・ブラザーズ・カンパニー社は、友愛団体以外の顧客に対してもカスタムメイドの制服の受注を開始した。トム・ミックス（アメリカの映画俳優）、グレイ・イーグル酋長（スー族の酋長）、そしてサーカスの象まで、デムーリン・ブラザーズ・カンパニー社の衣装を愛用していた。

MASKS, WIGS and BEARDS

588M

587M

589M

587M Consul's Mask of wire, nicely painted ; best quality long white hair beard and fine quality long white hair ventilated wig attached....... $2.30

588M Advisor's Mask of wire, nicely painted ; short gray beard and best quality gray ventilated bald wig attached.............................. 2.30

589M Banker's Mask of wire, nicely painted ; short gray beard and best quality, short, gray, ventilated wig attached........................... 2.30

　　The Masks, Beards and Wigs listed above are all of best standard quality and are not to be compared with the inferior qualities listed by some of our competitors.

マスク、かつら、つけひげ

587M ● 執政官マスク。長い白髪とあごひげ。白髪かつら付き：2ドル30セント
588M ● 顧問役マスク。短めのグレーのあごひげ。通気性のよい禿げ頭かつら付き：2ドル30セント
589M ● 銀行家マスク。短いグレーのあごひげ。通気性のよいかつら付き：2ドル30セント

顧客の声

　　皆様へ：額面48ドル15セントの小切手を同封します。御社のマスクと礼服は一級品で、非常に満足しています。「観覧車ヤギ」はとても人気があり、来訪者から見せてほしいと頼まれます。デムーリン・ブラザーズ・カンパニー社のカタログを手に入れるよう伝えることにしています。
　　　　　　　　　　　　　　　　　　　——W.C.ストロヒー
　　　　　　　　　　　　　（ペンシルバニア州フィラデルフィア）

WIGS

11725

11722

11722	Buffalo Scalp and Horns, to be worn on the head; hide with the brown wool left on; very close imitation; elastic holds it securely in place......................	$1.40
11723	Indian Wig, genuine hair, extra long and heavy, with buffalo horns and 36-inch side braids; black only............	3.25
11724	Indian Wig, genuine hair, good length, with buffalo horns; black only........	2.15
11725	Indian Wig, genuine hair, extra long and heavy, with 36-inch side braids; black or white......................	2.80
11726	Indian Wig, genuine hair, long and heavy, with side braids; black only....	1.75
11727	Indian Wig, good quality and length; white only............................	1.60
11728	Indian Wig, genuine hair, medium length, with side braids; black only....	1.40
11729	Indian Wig, imitation hair, masquerade grade; black only.....................	.60
11730	Pawnee Wig, genuine hair with scalp lock standing up straight and patch at back hanging down; black only........	2.45
11731	Pawnee Wig, same as 11730, but cheaper quality.......................	2.00

11726, Wig with 3 Feathers

Three feathers on any of above wigs, extra per wig, $0.10.

かつら

11722 ● バッファローの角 本物の皮革とウール製：1ドル40セント

11723 ● インディアンかつら 本物の毛髪 バッファローの角と91センチの三つ編み付き：3ドル25セント

11724 ● インディアンかつら 本物の毛髪 バッファローの角付き：2ドル15セント

11725 ● インディアンかつら 本物の毛髪：91センチの三つ編み付き：2ドル80セント

11726 ● インディアンかつら 本物の毛髪 長い三つ編み付き：1ドル75セント

11727 ● インディアンかつら 白髪：1ドル60セント

11728 ● インディアンかつら 本物の毛髪 三つ編み付き：1ドル40セント

11729 ● インディアンかつら 人工毛髪：60セント

11730 ● ポーニー族インディアンかつら 本物の毛髪：2ドル45セント

11731 ● ポーニー族インディアンかつら 11730の廉価版：2ドル

いずれのタイプにも追加料金で羽根3枚をお付けいたします。

顧客の声————

この1年はまったく活気がありませんでしたが、御社製品を使うようになってから10人の新規加入があり、今後も数人の新規加入を見込んでいます。会合への出席も平均40人ほどを達成しています。
————F.H.コンロイ（イリノイ州イーストン）

COSTUMES FOR MYSTERY MEN

For use in Warrior's Degree, Amplified Form

ミステリーマンの衣装

図版175

〈グレード C〉

11727 ● 羽根3枚付きかつ
ら：1ドル70セント

11686 ● ラムスキンの上着
（白）：29ドル90セント

11687 ● 白いラムスキンの脚
絆：14ドル30セント

11743 ● モカシンシューズ：1
ドル

11688 ● 衣装一式：46ドル
90セント

〈グレード B〉

11727 ● 羽根3枚付きかつ
ら：1ドル70セント

11690 ● 上着（白）布製：4ド
ル55セント

11691 ● 白い脚絆（布製）：1
ドル85セント

11743 ● モカシンシューズ：1
ドル

11692 ● 衣装一式：9ドル
10セント

〈グレード A〉

11727 ● 羽根3枚付きかつら：1ドル70セント

11693 ● 上着（白）キャンバス地製：4ドル10セント

11694 ● 白い脚絆（キャンバス地製）：1ドル60セント

11743 ● モカシンシューズ：1ドル

11695 ● 衣装一式：8ドル40セント

図版176

〈グレード C〉

11727 ● 羽根3枚付きかつら：1ドル70セント

11696 ● ラムスキンの上着（白）：36ドル90セント

11701 ● 尻あて：1ドル70セント

11743 ● モカシンシューズ：1ドル

11698 ● 衣装一式：41ドル30セント

Plate 175		
Grade C.		
11727	Wig with three feathers......	$ 1.70
11686	Coat, white lambskin (soft and pliable), trimmed in appropriate colors	29.90
11687	Leggings, white lambskin (soft and pliable) trimmed in appropriate colors.	14.30
11743	Moccasins	1.00
11688	Complete Costume.	46.90
Grade B.		
11727	Wig with three feathers......	$ 1.70
11690	Coat, white Indian cloth, trimmed in appropriate colors.....	4.55
11691	Leggings, white Indian cloth, trimmed in appropriate colors.	1.85
11743	Moccasins	1.00
11692	Complete Costume.	9.10
Grade A.		
11727	Wig with three feathers......	$ 1.70
11693	Coat, white Indian duck, trimmed in appropriate colors.	4.10
11694	Leggings, white Indian duck, trimmed in appropriate colors.	1.60
11743	Moccasins	1.00
11695	Complete Costume.	8.40

Plate 176		
Grade C.		
11727	Wig with three feathers......	$ 1.70
11696	Coat, white lambskin (soft and pliable), trimmed in appropriate colors	36.90
11701	Hip Hose, worsted............	1.70
11743	Moccasins	1.00
11698	Complete Costume...........	41.30
Grade B.		
11727	Wig with three feathers......	$ 1.70
11700	Coat, white Indian cloth, trimmed in appropriate colors....	6.70
11701	Hip Hose, worsted...........	1.70
11743	Moccasins	1.00
11702	Complete Costume...........	11.10
Grade A.		
11727	Wig with three feathers......	$ 1.70
11703	Coat, white Indian cloth, trimmed in appropriate colors.	6.25
11704	Hip Hose, cotton..........	.80
11743	Moccasins	1.00
11705	Complete Cosutme..........	9.75

〈グレード B〉

11727 ● 羽根3枚付きかつら：1ドル70セント

11700 ● 上着（白）布製：6ドル70セント

11701 ● 尻あて（布製）：1ドル70セント

11743 ● モカシンシューズ：1ドル

11702 ● 衣装一式：11ドル10セント

〈グレード A〉

11727 ● 羽根3枚付きかつら：1ドル70セント

11703 ● 上着（白）キャンバス地製：6ドル25セント

11704 ● 白いズボン（綿布製）：80セント

11743 ● モカシンシューズ：1ドル

11705 ● 衣装一式：9ドル75セント

パルプ製大型マスク

［左上から右下の順］
・ナイトキャップをかぶった老婆
・イエローキッド
・アイルランド人男性
・悪魔
・イギリス人男性
・頭蓋骨
・アルフォンス＊
・グルーミー・ガス＊＊
・ガストン＊

人面マスク
　その他「ハッピー・フーリガン＊＊」、「オランダ人男性」、「帽子をかぶった老婆」、「ビリケン」などもご用意しております：3ドル85セント

＊［訳注］アメリカの漫画家フレデリック・B・オッパーのコミック作品『アルフォンスとガストン』の主人公たち。互いに譲り合ってばかりいることから、礼儀正しすぎる人たちの代名詞ともなっている。
＊＊［訳註］同じくオッパーのコミック作品『ハッピー・フーリガン（幸せな浮浪者）とその兄弟グルーミー・ガス（陰気なやつ）』の主人公たち。

LARGE PAPIER MACHE HUMAN HEADS

Old Lady with Night Cap.	Yellow Kid.	Irishman.
Devil.	Englishman.	Skull.
Alphonse.	Gloomy Gus.	Gaston.

HUMAN HEADS

(See illustrations on page 118)

We carry in stock Alphonse, Gaston, Happy Hooligan, Gloomy Gus, Yellow Kid, Skull, Devil, Dutchman, Englishman, Irishman, Negro, Dandy, Clown, Indian, Jew, Old Lady with Hat, Old Lady with Night Cap, Santa Claus, Bridget, Tramp, Turk, Wench, Chinese, Soldier, Billiken, etc., each .... $ 3.85

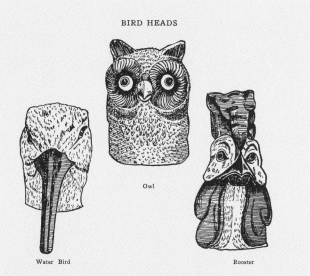

BIRD HEADS

Owl

Water Bird

Rooster

We carry Rooster, Owl, Water Bird, Stork, Robin, Crow, Eagle, Turkey,
Hen, Parrot, etc., in stock, each ....$ 3.85
Any of the above Bird Heads made to order with movable bills and eye
lids, each 6.70

鳥マスク

［左から］
・水鳥
・フクロウ
・ニワトリ

　ニワトリ、フクロウ、水鳥、ツル、コマドリ、カラス、ワシ、七面鳥、メンドリ、オウムなど：3ドル85セント
　すべての種類のマスクのまぶたとくちばしを可動式にさせることができます：6ドル70セント

顧客の声—————————
　皆様：商品が届きました。すべて満足行くもので、価格通りの品質であると思います。式服とマスクの仕上がりが特に気に入っています。
　　　　　　　　　　　　——ベンジャミン・フランクソン
（ラグビー・キャンプ、ノースダコタ州ラグビー、1906年1月8日）

LARGE PAPIER MACHE ANIMAL HEADS

Dog.   Donkey.   Tiger.
Elephant.   Lion,   Goat.
Hog.   Ram.   Babboon.
Cow.   Ice Bear.   Cat.

ANIMAL HEADS

We carry Wolf, Dog, Elephant, Donkey, Lion, Tiger, Goat, Hog, Ram, Babboon and Frog in stock. The following will be made to order: Bull Dog, Poodle Dog, Sheep, Rabbit, Alligator, Cow, Horse, Cat, Camel, Giraffe, Mouse, etc.; each $1.40

Elk Head, each 2.50

Buffalo Head, in stock; each 2.00

LARGE PAPIER MACHE HEADS

To be worn over head and rest on shoulders.

Full size. Fine natural painted. Heads kept in stock can be shipped on short notice; those made to order require about two weeks for shipment.

パルプ製大型動物マスク

［左上から右下の順］
・犬
・ロバ
・トラ
・ゾウ
・ライオン
・ヤギ
・ブタ
・雄ヒツジ
・ヒヒ
・牛
・アイスベアー
・ネコ

動物マスク

　上記のほか、オオカミ、カエルの在庫もございます。以下のマスクは受注生産となります。
ブルドッグ、プードル、ヒツジ、ウサギ、ワニ、馬、ラクダ、キリン、ネズミ
各1ドル40セント
エルク：2ドル50セント
バッファロー：2ドル

パルプ製大型マスク

　頭からかぶり、肩に乗せて固定します。実物大、美しい塗装で仕上げました。在庫品は受注後すぐに発送いたします。受注品に関しては、発送まで2週間ほどかかります。

動物マスク

[画像左上から右下の順]
・オオカミ
・トラ
・ライオン
・イヌ
・ヒヒ
・牛

519W ●ロウを塗ったガーゼ
で作ったマスクです。クマ、ネ
コ、ヒツジ、ヤギ、ブタもござい
ます。1ダース:1ドル40セント

パルプ製大型動物マスク

　頭からかぶり、肩で固定す
るタイプのマスクです。

520W ●オオカミ、ライオン、ト
ラ、ゾウ、ロバ、イヌ: 各1ドル
25セント/5個セットで6ドル

521W ●大型マスク。ヤギ、ブ
タ、雄ヒツジ、ヒヒ、カエルは在
庫あり。すぐに発送可能です。
以下のタイプは受注生産品と
なり、発送まで2週間ほどいた
だきます。
ブルドッグ、プードル、ヒツジ、ウ
サギ、ワニ、牛、馬、ネコ、ラク
ダ、キリン、ネズミ: 各1ドル40
セント

8W32 ●大型動物マスク。ま
ぶたと下あごが動くタイプのオ
オカミ、ライオン、トラ、イヌ。ま
ぶたと鼻が動くタイプのゾウ:
各2ドル50セント

突き出る舌

523W ●舌が突き出るタイプ
のパルプ製マスクです。息を吹
き込むと、音を立てながら突き
出す舌です。それぞれのマスク
に装着して使ってください: 5
セント、前払い郵送代金: 8セ
ント

ANIMAL MASKS
Noon Degree

Wolf	Tiger	Lion
Dog	Babboon	Cow

519W

519W Animal Masks, waxed gauze, consisting of wolf, lion, tiger, dog, bear, babboon, cat, sheep, goat, fox, hog, cow; to be worn by members in the N. degree; per dozen.....................$1.40

LARGE PAPIER MACHE ANIMAL HEADS
To be Worn Over Head and Rest on Shoulders
Noon Degree

520W Animal Heads, illustrated on opposite page, large size, fine natural painted; wolf, lion, tiger, elephant, donkey and dog; each..$1.25
Five of above at one time.................................. 6.00

521W Animal Heads, illustrated on opposite page, large size, fine natural painted. We carry goat, hog, ram, babboon and frog in stock and can ship them on short notice. The following will be made to order and will require about two weeks for shipment; bulldog, poodle, sheep, rabbit, alligator, cow, horse, cat, camel, giraffe, mouse and others; each........................... 1.40

8W32 Animal Heads, large size, fine natural painted; wolf, lion, tiger and dog with movable jaws and eyelids; donkey with movable ears, jaw and eyelids; elephant, reduced to reasonable size, with movable trunk and eyelids; each.......................... 2.50

PROTRUDING TONGUE
Noon Degree

523W Protruding Tongue, to be used with papier mache heads; closely rolled; a puff of breath causes it to shoot out quickly, becoming inflated and making a peculiar sound.......................$0.05
By mail, postpaid.. .08

MASKS OF NATIONS

1. 2. 3. 4.

5. 6. 8. 7.

9. 10. 11. 12.

Assortment D580

D579—Masks, waxed gauze, assorted, representing twelve characters of nations: 1, French; 2, Dutch; 3, Turk; 4, English; 5, Japanese; 6, Indian; 7, Italian; 8, Yankee or Uncle Sam; 9, Bedouin; 10, Irish; 11, Negro; 12, Jew. Each, $0.20; per dozen .... $ 1.50

D580—Masks, style **D579,** but all have artificial hair and beards, and of better quality; each, $0.30; per dozen 2.75

These masks may be sent by mail, but we cannot state exact amount as this depends upon the parcel post "zone." Make sufficient allowance and any surplus will be refunded with invoice.

世界の人々のマスク

D579 ● ロウを塗ったガーゼ製。1.フランス人、2.オランダ人、3.トルコ人、4.イギリス人、5.日本人、6.インディアン、7.イタリア人、8.アメリカ人／アンクル・サム、9.ベドウィン、10.アイルランド人、11.黒人、12.ユダヤ人：各20セント 12種類一括購入で1ドル50セント
D580 ● 上記各マスクに高品質の人工毛髪を装着したタイプ：各30セント 12種類一括購入で2ドル75セント

本商品は郵送も可能ですが、お住まいの配達「地域(zone)」によって送料が異なります。多めの金額の小切手をお送りくださいますようお願いいたします。差額は請求書とともにお返しいたします。

小包郵便は1913年1月1日に正式に法制化され、荷物をやりとりする地域＝ゾーンごとに郵便料金が決められることになった。当時、ゾーンという言葉は一般大衆にとって新しい響きだったので、マスクの送料に関する一文にも説明が記されている。

動物

D565●美しい塗装で仕上げた馬。スカート状に垂れる布が、馬上の人の脚を隠します：25ドル

D566● D565と同じ構造のロバです。口と尻尾が動きます：36ドル

梱包費用はサービスさせていただきます。

目と耳が動くようにする追加料金：5ドル

D567● 実物大のラクダあるいはロバ。中に二人の男性が入ります。あごと尻尾も中の二人が動かします：50ドル

トラ、ライオン、馬、エルク、ムース、ゾウ：60ドル

耳と目が動くようにする追加料金：5ドル

　梱包費用はサービスさせていただきます。

ANIMALS

D565—Horse, finely painted; curtain conceals legs of man, who, though standing through saddle, appears to be riding ...$25.00

D566—Donkey, same as D565, but has moving mouth and tail $36.00

No extra charge for crating.

Movable ears and eyes, extra...$5.00

D565

D567—Camel or donkey, life size, well stayed and framed; legs for two men inside; jaw and tail can be moved at will of the men inside $50.00

Tiger, lion horse, elk, moose, elephant, etc., as above $60.00

Movable ears and eyes, extra ..$5.00

No extra charge for crating.

D567

> 長い脚のゾウの着ぐるみの中に、脚が短い人を入れるわけにはいかない。ただ、ほぼすべての男性がほぼすべてのゾウの着ぐるみを身に着けることができる。
> ——「劇場大道具係のエピソード」『ザ・ニューヨーク・タイムズ』紙（1899 年）

ロバ型性別指示装置

322W8144●リアルな仕上げです：3ドル

放水装置：6ドル

DONKEY "SEX INDICATOR" FOR NOON DEGREE

322W Donkey "Sex Indicator," realistic and substantial............$3.00

8144 Donkey "Sex Indicator," realistic and substantial; water attachment; an ideal ornament for candidate to wear.............. 6.00

Complete Donkey Costume listed on pages 207 and 211.

BURLESQUE COSTUMES

This is a subject to which considerable attention has been given of late, by some of the best known secret society organizations in the country. In fact, few of those who use burlesque paraphernalia perform the work without grotesque costumes. These should be worn by the attendants and all those taking part in the initiation. It will also be found effective to have the candidates attired in burlesque costumes during some of the tests. This feature will create much amusement for the members and will also add to the confusion of the candidates.

While we illustrate only a few of these special costumes, we make others; in fact, we can furnish an appropriate outfit for any character.

6733   6734

6733   Indian.   Complete costume, with mask and headdress........$2.50
6734   Uncle Josh.   Coat, vest, trousers and mask with headdress.... 3.75

　国内有名秘密結社のメンバーの間で、最近話題になっているコスチュームを紹介させていただきます。こうした衣装なしで出し物が行われることはほとんどありません。進行役であれ志願者であれ、入会儀式に関わる人すべてに使っていただけます。記憶に残る儀式となるでしょう。どなたにもふさわしいものをご用意できるよう、さまざまなタイプの衣装を取り揃えております。
6733 ● インディアン衣装一式 頭飾り付き：2ドル50セント
6734 ● アンクル・ジョッシュ衣装一式：3ドル75セント

ジョッシュ・ビリングいわく、
「笑う時は、声が届くように大きく口を開けろ」。

　イラスト6734にも使われているジョッシュ・ビリングという名前は、アメリカのユーモア作家ヘンリー・ウィーラー・ショー（1818年4月12日〜1885年10月14日）のペンネームだ。ショーはキャンパスの鐘にいたずらをしたことでハミルトン・カレッジから退学になった。「天才は優雅な常識に過ぎない」といった明快な文章で知られ、19世紀後半においておそらくマーク・トウェインに次ぐユーモア作家・講演家だった。独特のユーモア感覚と言葉遊びに満ちた文章は、後の世代の人々にとってはそれほど魅力的に映らなかったようだ。（138ページの「電気ベンチ」参照）

D790-D792　　　　　　　　D626

D790—Yama Yama Costume, of good quality figured cloth, including cap.$ 7.20
D791—Yama Yama Costume, of army duck, including cap 6.40
D792.—Yama Yama Costume of near silk, including cap 4.35
　　　　　(Write for samples of materials)
D626—Donkey. Union Suit of fuzzy goods with tail, and large papier
　　　　mache head 7.60
D767—Frog Costume. Green worsted union suit, painted to look like a
　　　　frog; leather soles; head with movable mouth and eyes included.... 40.00
D768—Alligator Costume. Made up in same manner as D767 Frog Cos-
　　　　tume except with long tail added 55.00
D769—Giraffe Costume. Union Suit of cotton flannel with a very long
　　　　neck supported by a spiral spring, the suit striped with paint, includ-
　　　　ing attachment for manipulating head and neck 60.00
　　　We can make up costumes similar to D626 Donkey Costume for most any
of our papier mache heads listed on page 117. Price would be same as for
Donkey Costume.

顧客の声
ヤマヤマの衣装を使った儀式は大盛況でした。パレードにも「二
義的な仕事」にも、その他の儀式にも使いました。
　　　　　　　　　──A・デイビス（サミス・グロット、バージニア州リッチモンド）

＊[訳注] 20世紀初頭アメリカの流行曲「ザ・ヤマヤマ・マン」の
歌手が着たことから人気が出た、ピエロのような衣装。

ヤマヤマとロバ

D790●ヤマヤマの衣装 高品質紋織物生地製 帽子付き：7ドル20セント
D791●ヤマヤマの衣装 ダック生地製 帽子付き：6ドル40セント
D792●ヤマヤマの衣装 シルク調生地製 帽子付き：4ドル35セント
D626●ロバ 尻尾付きジャンプスーツ パルプ製マスク：7ドル60セント
D767●カエル グリーンのジャンプスーツ 口とまぶたが動くパルプ製マスク：40ドル
D768●ワニ 長い尻尾が付いたジャンプスーツ：55ドル
D769●キリン 綿フランネル製ジャンプスーツ 首と頭を動かす機能搭載：60ドル

　D626のロバ・コスチュームは、別ページに掲載のパルプ製マスクに合わせてお作りすることも可能です。価格は同じです。

PAPIER MACHE HEADS
With Water Attachment

What would you think if some dumb brute would walk up to you and spit in your face? The act seems preposterous, yet you can imagine how it would make you feel.

NOTE—Any of our papier mache heads listed at $3.85 on page 117 can be furnished with water attachment. The water may be squirted from any part of the head desired. When ordering advise definitely.

D608—Papier Mache Head with water attachment.$ 5.75

D609—Papier Mache Head (any one listed at $3.85, on page 117), made to order with movable mouth and also arranged with water attachment 8.50

D610—Donkey Costume and Papier Mache Head with water attachment 10.00

D611—Donkey Costume and Papier Mache head with movable ears and jaws, and also arranged with water attachment 13.40

D610, D611

別ページに掲載のパルプマ

☞ 水噴射型パルプマスク

のろまな動物が近寄ってきて、いきなり唾を吐きかけられたらどう思いますか? あまりにも馬鹿げていますが、される側の人間の気持ちはわかるでしょう。

別ページに掲載のパルプマスクは、すべて水を噴射する機能を付けることができます。噴射口はマスクのどこにでも開けられます。ご注文の際は、ご希望の箇所を明記してください。

D608● 水噴射機能付きパルプマスク:5ドル75セント

D609● パルプマスク。口の部分を動かせるタイプの水噴射機能付き:8ドル50セント

D610●ロバの衣装とパルプマスク(水噴射機能付き):10ドル

D611●ロバの衣装とパルプマスク 耳と口が動き、水噴射装置付きタイプ:13ドル40セント

コスチュームいろいろ

D625●ピエロ 全身スーツタイプ 靴・帽子付き：5ドル85セント

D758●メキシコ人コスチューム 帽子と袖なしジャケット、シャツ、サッシュベルトとズボン：10ドル35セント

D627●カウボーイ 帽子とジャケット、ベルト、ナイフ、ズボン：9ドル40セント

D512●32口径回転式ピストル：6ドル25セント

D628●ユダヤ人 帽子、パルプマスク、ベスト、ズボン：6ドル40セント

D615●黒人 帽子、マスク、上着とズボン：5ドル60セント

D616●騎士 ヘルメット、鎧、ベルト、剣、盾、靴：13ドル85セント

D625—Clown.　Complete suit, including slippers and mask with headdress.$ 5.85
D758—Mexican Costume.　Hat, sleeveless jacket, shirt, sash and trousers.. 10.35

D627—Cowboy.　Hat, coat, belt, dagger, trousers and leggings ....$ 9.40
D512—Revolver, 32-calibre 6.25
D628—Jew.　Hat, mask, coat, vest and trousers 6.40

D615—Negro.　Hat, mask, coat and trousers ....$ 5.60
D616—Knight.　Helmet, armor coat, belt with thong, sword, shield, hose
　　and sandals 13.85

生真面目さと礼節に対する行きすぎた価値観に飽き飽きしていた人々は、抗う気持ちを示すためにデスクに足を乗せたり、腹の底から笑えるようなことを進んで行ったりするようになった。

——コールトン・ウォー
『ザ・コミックス *The Comics*』（1947年）

『カッツェンジャマーの子どもたち *The Katzenjammer Kids*』や『ザ・イエロー・キッド *The Yellow Kid*』といった漫画は、新聞での連載が開始されると同時に批判的な意見が集まった。スラム街でしか通用しないような言葉遣いや粗暴な行動を称賛する作風を受け容れない人が多かったのだ。確かに、毎回最後の一コマで棒を振り回して子どもたちの尻を乱暴に叩くカッツェンジャマー夫人の姿が描かれていた。しかし、体罰がごく普通に行われていた当時、一般大衆が非難めいた声を上げることはなかった。お尻を叩くのも、状況によっては笑いをもたらすと考えられていた。友愛団体や男子学生会は「カバの木の枝を振るう」ことをよしとした。実際、握手すると電気が流れる装置や顔にタルカムパウダーを吹き付ける装置、そして全身をびしょ濡れにする装置まで、多くのロッジで時代背景を反映したいたずらが実践されていた。

喜劇的要素は、楽しみや希望、そして人生訓をもたらすものとして好まれ、よりどころとなることも多かった。属する社会的階層がどんなものであれ、自分を投影できる漫画のキャラクターがいた。フレデリック・オッパーの『ハッピー・フーリガン *Happy Hooligan*』には、ブリキの帽子をかぶったアイルランド人のキャラクターが登場する。このキャラクターはサンフランシスコとニューヨークで発行されていた新聞でデビューを飾って以来、32年にわたって連載が続いた。主人公ハッピーは楽観的な人物で、どんな不運に見舞われても決してへこたれない。ハッピーは、長い間顔を合わせていなかったグルーミー・ガス（いつも不機嫌なキャラクター。いつも楽し気なハッピーとは正反対で、運には恵まれている）、そしてモントモレンシー（イギリスの上流階級的な態度と片目がねがトレードマークのキャラクター）と久しぶりに会う。オッパーは1902年の『アルフォンスとガストン *Alphonse and Gaston*』という二人のコミカルなフランス人キャラクターを描いた作品でも成功した。

次ページ以降で紹介する衣装は、当時の連載漫画の人気を反映したものといえる。儀式の間に演じられた寸劇で使われることが多かった。

6741. Irishman. Coat, vest, trousers and mask with headdress............$4.00

6742. Clarence the Cop. Coat, trousers, belt, club, star and mask with headdress................$4.25

6743　Ballet Girl. Complete costume, with blonde wig.............$3.85
6744　Dutchman. Coat, vest, trousers and mask with headdress.... 3.50
6721　Wooden Shoes for Dutchman, made in extra large size........ 1.15

各種衣装

6741●アイルランド人男性／上着、ベスト、ズボン、マスク：4ドル
6742●警官クラレンス／制服、帽子、警棒：4ドル25セント
6743●バレー少女／衣装一式・ブロンドのかつら：3ドル85セント
6744●オランダ人男性／上着、ベスト、ズボン、マスク：3ドル50セント
6721●オランダ人男性用木靴／特大サイズ：1ドル15セント

　　水曜日の夜にレッドメンの施設で行われた会合は非常に興味あるものだった。悪天候だったことを考えると、出席者数も満足できるといえるだろう。集まった人たちは楽しんだようだ。ぶさいくコンテストではフランク・スナイダーが350票を集め、チャス・ウィギントンは300票という結果だった。　　——『マウント・ヴァーノン・レジスター』紙
（イリノイ州マウント・ヴァーノン、1904年2月18日付）

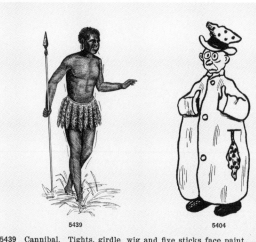

5439

5404

5439　Cannibal.　Tights, girdle, wig and five sticks face paint......$4.95
5404　Gloomy Gus.　Duster, handkerchief, hat and mask............ 2.75

5405

5406

5405　Ghost.　White robe with black crossbones, candle and large
　　　papier mache skull head................................$3.00
5406　Montmorency.　Coat, vest, trousers, hat rim, bald wig, mask
　　　and cane... 4.75

仮装用コスチューム（1）

5439●人食い人種／タイツ、腰帯、かつら、棒5本、メイク用塗料：4ドル95セント
5404●グルーミー・ガス／上着、ハンカチ、帽子、マスク：2ドル75セント
5405●幽霊／ローブ、キャンドル、大型パルプマスク：3ドル
5406●モンモランシー／上着、ベスト、ズボン、帽子のつば、禿頭のかつら、マスク、杖：4ドル75セント

　人食い人種は、カタログNo. 439ではサンタクロースに差し替えられた。理由についてはわからない。19世紀の終わりには、冒険家や伝道者による人食い人種の話が人々の心をつかんでいた。ハーマン・メルビルとエドガー・アラン・ポーが人食い人種に関する物語を書いている。18〜19世紀のアメリカとヨーロッパでは、旅回りのサーカス団と見世物小屋がエンタテインメントの基本的な形態で、「人食い人種」に関するものが含まれていたことは間違いない。

仮装用コスチューム（2）

7576 ● 物乞いのピート／上着、ズボン、腹当て、マスク、頭飾り：4ドル20セント

7577 ● セシル／上着、ズボン、マスク、禿げ頭のかつら：3ドル65セント

7578 ● スモーキー／上着、ズボン、腹・背当て、マスク、禿げ頭のかつらとパイプ：4ドル85セント

7579 ● エスキモー／上着、ズボン、フード、手袋、棒、メイク用塗料 本物の毛皮よりも涼しいです：4ドル50セント 槍（追加料金）：35セント

7576　Panhandle Pete.　Coat, trousers, stomach pad, mask and suitable headdress..$4.20
7577　Cecil.　Coat, trousers, mask and bald wig.................　3.65

「タッキー・パーティー」は中流・上流階級に人気があった催し物だ。仕事を求めて旅をする労働者や放浪者、物乞いに扮した多くの人々が集まった。

7578　Smoky.　Coat, trousers, stomach and back pad, mask, bald wig and pipe..$4.85
7579　Esquimaux.　Coat, trousers, hood, mittens and large stick face paint.　Much cooler than fur.........................　4.50
　　　　Spear extra...　.35

　カタログNo.439では、エスキモーがR. W. テイラー作の漫画のキャラクター「イェンス・イェンセン・ヤニター」に差し替えられた。漫画史に詳しいコールトン・ウォーによればイェンセンというスカンディナヴィア人のキャラクターは「すらっとした北方系の男性の魅力」をそなえていた。北欧人が人種的偏見にさらされることはなかったが、新聞で愚弄されることは多かった。

「特異な」と形容された人たち

　デムーリン時代の探検家や人類学者、そして世界を旅して回った人たちは、自らの体験を文章や写真、そして映像という形で記録に残した。ただ、一般大衆はそれだけでは満足しなかった。エキゾチックな人たちについて知りたいという願望が誤った方向に進んでしまったのも事実だ。安っぽい娯楽を生業とする人たちは、「奇形」や「化け物」、「蛮人」、「異常」といった言葉に頼って多くの観客を集めた。

　1893年のシカゴ万博では、ラブラドール・イヌイットあるいはエスキモーを紹介する際に「化け物登場──エスキモーの村」とか「地上で最も奇異な人種」といった文言が宣伝に使われた。こうした出し物は大人気だったため、世界中の展示会で常設のアトラクションとなった。白人世界の仕組みをまったく知らなかったため、彼らはしばしばただ利用されて終わりになった。

　1904年のセントルイス万博で設営されたエスキモー村では、氷山を模した外観の装飾が施された。内部は北極地帯を思わせる風景の中、石膏製のイグルー［氷のブロックを重ねて作ったドーム状の住居］、ミニチュアの湖、そして「雪に覆われた」丘陵地帯が展示された。マックと名付けられたホッキョクグマのぬいぐるみが犬ゾリを引き、演出通りにふるまうよう指示されたエスキモーの家族が、エスキモーならではの衣装に身を包んで観客を迎えた。50の部族がこうした展示に関わったが、エスキモーは7カ月にわたる会期中2,000万人の来場者を集めた。

　史上最大級と形容されたセントルイス万博は、グリーンビルから電車でわずか30分という場所で開催された。デムーリン兄弟が世界の部族の展示を見て、エスキモーや人食い人種のコスチュームをカタログに載せることを決めたと言っても間違いではないだろう。ただ、後になってカタログから姿を消したことを考えると、一過性の流行だったのかもしれない。

ズアーブ兵制服

トルコ帽

1M ● 国産品。コットン製飾り房付き。高品質：55セント／
2M ● 輸入品。飾り房付き。高品質：85セント、金・銀・銅の紋章：各10セント、シルクの刺繍（各色）：40セント、金・銀の刺繍：45セント

上着

3M ● 撥水加工上着：1ドル35セント／4M ● 防水加工済：2ドル50セント／5M ● 10級服地：3ドル65セント／6M ● 20級服地：4ドル／7M ● 30級服地：4ドル30セント／8M ● 40級服地：4ドル55セント／9M ● 50級服地：4ドル85セント／10M ● 70級服地：6ドル70セント

ベスト

11M ● 撥水性服地：60セント／12M ● 防水加工：1ドル／13M ● 10級服地：1ドル50セント／14M ● 20級服地：1ドル75セント／15M ● 30級服地：2ドル／16M ● 40級服地：2ドル15セント／17M ● 50級服地：2ドル35セント／18M ● 70級服地：2ドル90セント

サッシュベルト

19M ● 飾り房付き撥水生地製：55セント／20M ● 飾り房付きカシミア素材：65セント／21M ● 飾り房付きウール素材：1ドル

ズボン

22M ● 撥水性服地：95セント

23M ● 防水性服地：1ドル60セント／24M ● 10級服地：2ドル70セント／25M ● 20級服地：3ドル25セント／26M ● 30級服地：3ドル65セント／27M ● 40級服地：3ドル85セント／28M ● 50級服地：4

ドル35セント／29M ● 70級服地：6ドル25セント

ゲートル

30M ● 撥水加工生地製：60セント／31M ● 革製：1ドル65セント

ZOUAVE UNIFORM

FEZ

1M　Fez, domestic made, with cotton tassel ; fair quality $0.55
2M　Fez, imported, with fine tassel ; fine quality .... .85
Regulation Emblem, gold, silver or bronzed metal, $0.10 ; any color silk embroidered, $0.40 ; gold or silver bullion embroidered, $0.45.

JACKET

3M　Jacket of drill.............$1.35
4M　Jacket of repellent 2.50
5M　Jacket of Quality 10 cloth 3.65
6M　Jacket of Quality 20 cloth 4.00
7M　Jacket of Quality 30 cloth 4 30
8M　Jacket of Quality 40 cloth 4.55
9M　Jacket of Quality 50 cloth 4.85
10M　Jacket of Quality 70 cloth 6.70

VEST

11M　Vest of drill.............. $0.60
12M　Vest of repellent 1.00
13M　Vest of Quality 10 cloth 1.50
14M　Vest of Quality 20 cloth 1.75
15M　Vest of Quality 30 cloth 2.00
16M　Vest of Quality 40 cloth 2.15
17M　Vest of Quality 50 cloth 2.35
18M　Vest of Quality 70 cloth 2.90

SASH

19M　Sash of drill with tassels $0.55
20M　Sash of cashmere with tassels .... .65
21M　Sash of wool serge with tassels 1.00

TROUSERS

22M　Trousers of drill.............$0.95
23M　Trousers of repellent 1.60
24M　Trousers of Quality 10 cloth 2.70
25M　Trousers of Quality 20 cloth 3.25
26M　Trousers of Quality 30 cloth 3.65
27M　Trousers of Quality 40 cloth 3.85
28M　Trousers of Quality 50 cloth 4.35
29M　Trousers of Quality 70 cloth 6.25

LEGGINGS

30M　Leggings of drill ; per pair $0.60
31M　Leggings of black leather ; per pair 1.65

Fez 1M, 2M
Jacket 3M to 10M
Vest 11M to 18M
Sash 19M to 21M
Trousers 22M to 29M
Leggings 30M, 31M

・ズアーブ兵の制服について・

『風と共に去りぬ』の一場面。メイベル・メリーウェザーのダンスパートナーの凛々しい姿を覚えている人がいるだろう。南軍兵士の色鮮やかなズアーブ兵の制服を着た男性だ。南軍・北軍を問わず、制服は1850年代半ばのクリミア戦争でフランス外国人部隊の兵士が着ていたものを模している。アメリカの友愛団体も、ズアーブ兵タイプの制服に人気があった。

　デムーリン・ブラザーズ・カンパニー社のカタログには、さまざまな生地と仕上げのズアーブ兵制服が掲載されていた。デムーリン型ズアーブはボレロジャケット（丈の短い上着）、ベスト、ゆったりとした作りのズボン、サッシュベルト、ゲートルとトルコ帽という組み合わせが基本型だった。ボレロジャケットの生地として絹やモヘア、そして綿を選ぶことができた。

　ズアーブの制服を使っていたフリーメイソンをはじめとする友愛団体に関する資料はたくさんある。少なくともオハイオ州コロンバスの「コロンバスの騎士」という団体には「ズアーブ隊」というグループがあった。1916年6月、モダン・ウッドメン・オブ・アメリカがネブラスカ州リンカーンで「フォレスト・ディグリー」と呼ばれる一般向けのイベントを初めて開催した。この時の記録には「207名の入会希望者が4つのフォレスター・チームおよびズアーブの制服を着たマーチングバンドに導かれて入場した」という一文が残されている。ズアーブの制服に最も影響を受けたのは、おそらくエンシャント・アラビック・オーダー・オブ・ザ・ノーブルス・オブ・ザ・ミスティック・シュラインズ（「シュライナーズ」または「ザ・シュライン」として知られている）だろう。1872年にニューヨーク・シティで設立されたこの団体は、儀式において中東地域で使われていた紋章や式服を用いた。ボレロジャケットとバギースタイルのズボン、そしてズアーブ型のトルコ帽が正装だった。

　ズアーブ風ファッションの流行は、男性に限ったものではなかった。1862年2月号の『ハーパーズ・ニュー・マンスリー・マガジン』には深紅のフラネル生地製でリボンが付いたズアーブ型ジャケットを着た女性のスタイル画が掲載されている。説明文は、こんな内容だ。「ズアーブ・ジャケットは今多くの女性たちから支持されています。スタイルや素材に関係なく楽しんでいただけるでしょう」。

　女性にも男性にも人気があったズアーブ兵の制服の流行は、1800年代の終わりまで続いた。1897年に制服の製造に乗り出したデムーリン・ブラザーズ・カンパニー社にとっては、前段階として有益な体験になったはずだ。そしてマーチングバンドのユニフォームは、デムーリン・ブラザーズ・カンパニー社の主力商品になっていく。今日でも、マーチングバンドと軍の制服に縁取りやボレロジャケット、そして鮮やかな色の組

> み合わせが特徴であるズアーブ風のテイストが感じられることがある。
>
> ——ジェフリー・クロトー
> （アメリカ国立文化遺産博物館アーキビスト・司書、
> マサチューセッツ州レキシントン）

ズアーブ兵制服 No. D980

　裏地付きジャケット、太さ約2センチのシルクの紐とソウタシエで縁取りし、内ポケットも付けました。前面にジッパー付きの立ち襟ベストは金箔あるいは銀ボタンをお選びいただけます。

　普通のズボンと同じデザインのバギーパンツには、ベルトループとサスペンダーホールを付けました。調整用ストラップとバックルファスナー付き。時計用のほかに二つのポケット、外側に太さ約2センチのシルクの紐とソウタシエの飾りを付けました。

〈種類〉
・上質シルクビロード
・シルクベルベット
・サテン
・コットンシルク
・5級服地
・10級服地
・20級服地
・40級生地
・50級生地

モヘアの縁飾りは、ジャケット：25セント、バギーパンツ：10セントの割引をいたします。

ZOUAVE UNIFORM NO. D980

Jacket, lined, trimmed with ¾-inch silk braid and silk soutache, inside pocket.

Vest, to fasten down front with gilt or silver buttons, standing collar.

Bloomers, fly front like regular trousers, belt loops and suspender buttons, adjustable strap and buckle fasteners at bottom, one watch and two side pockets, ¾-inch silk braid and silk soutache design at sides.

	Jacket	Vest	Bloomers
R-13 superfine silk plush	$17.85	....	....
R-9 silk plush	13.25	....	....
Silk velvet	13.05	$5.35	....
Guaranteed Skinner's satin	11.40	4.65	$11.80
Silk poplin	8.10	3.95	8.70
Quality 5 cloth ...	9.65	4.15	9.25
Quality 10 cloth ...	11.00	4.50	10.95
Quality 20 cloth ...	12.10	4.85	12.40
Quality 40 cloth ...	13.60	5.00	13.15
Quality 50 cloth ...	14.05	5.40	14.90

Mohair trimming instead of silk, deduct: Jacket, $0.25; Bloomers, $0.10.

Jacket, army duck, cotton trimming, not lined, $3.80; vest. army duck, $1.85; bloomers, army duck, cotton trimming, $4.25.

D980

RACE COSTUMES

5604	5608	5611	5615

5602 Black Race—North African Negro. Coat, trousers, sash, hose,
slippers, and headdress.....................................$3.00
5603 Mask, extra quality waxed gauze, with mustache and beard... .70

5604 Complete Costume.............................$3.70

5605 Mohammedan—Young Turk. Shirt, trousers, jacket, sash,
hose, slippers and fez...........................$3.50
5606 Mask, extra quality waxed gauze, with mustache. .40
5607 Sword of wood, blade covered with smooth bright tin to look
like polished steel.............................. .75

5608 Complete Costume.............................$4.65

5609 Yellow Race—Chinese. Tunic, trousers and slippers.........$3.00
5610 Mask, extra quality waxed gauze with queue................. .70

5611 Complete Costume.............................$3.70

5612 Red Race—American Indian. Coat and leggings............$4.50
5613 Mask, headdress and wig.................................. .60
5614 Bow and Arrow.. .65

5615 Complete Costume.............................$5.75

5602●黒人ー北アフリカ。
上着とズボン、サッシュベルト、
長靴下、靴、頭飾り：3ドル
5603●ロウを塗ったガーゼ製
マスク。口ひげ、ひげ付き：70
セント
5604●衣装一式：3ドル70
セント
5605●モハメダンー若いトル
コ人。シャツ、ズボン、ジャケット、
サッシュベルト、長靴下、靴、ト
ルコ帽：3ドル50セント
5606●ロウを塗ったガーゼ製
マスク。口ひげ付き：40セント
5607●木製の剣、錫箔コー
ティング：75セント
5608●衣装一式：4ドル65
セント
5609●黄色人種ー中国人。
チュニック、ズボン、靴：3ドル
5610●ロウを塗ったガーゼ製
マスク。弁髪付き：70セント
5611●衣装一式：3ドル70
セント
5612●赤色人種ーアメリカ
ン・インディアン。上着と脚絆：
4ドル50セント
5613●頭飾りとかつら付きの
マスク：60セント
5614●弓矢：65セント
5615●衣装一式：5ドル75
セント

フィジー諸島出身の人食い人種、ソロダー教授が先週の金曜日の夜、20名ほど
の少年たちを前にバプテスト教会で講演を行った。彼の声には独特な響きがあり、
それが出席者の耳に障ったようだ。
——『レイクショア・ニュース』紙
（ニューヨーク州ウォルコット、1887 年）

民族衣装

5616●モハメダン―年老いたトルコ人男性。チュニック、ズボン、サッシュベルト、頭飾り：3ドル60セント

5617●ロウを塗った良質ガーゼ製マスク。口ひげと長い顎ひげ付き：80セント

5618●衣装一式：4ドル40セント

5619●黒色人種―ナミビア人。長いチュニック、サッシュベルト、長靴下、頭飾り：3ドル

5620●ロウを塗った良質ガーゼ製マスク。25セント

5621●衣装一式：3ドル25セント

5622●黄色人種―日本人。チュニック、ズボン：2ドル60セント

5623●ロウを塗った良質ガーゼ製マスク。口ひげと弁髪付き：85セント

5624●衣装一式：3ドル45セント

5625●褐色人種―パールシー人。ローブ、サッシュベルト、靴、頭飾り：3ドル25セント

5627●衣装一式：3ドル95セント

5628●異教徒―拝火教徒。ローブ、サッシュベルト、頭飾り：3ドル25セント

5629●ロウを塗った良質ガーゼ製マスク。口ひげと長いあごひげ付き：85セント

5630●衣装一式：4ドル10セント

RACE COSTUMES

5618　　5621　　5624　　5627　　5630

5616	Mohammedan—Old Turk. Tunic, trousers, sash and headdress.	$3.60
5617	Mask, extra quality waxed gauze with mustache and long beard.	.80
5618	Complete Costume.	$4.40
5619	Black Race—Nubian. Long tunic, sash, hose and headdress.	$3.00
5620	Mask, extra quality waxed gauze.	.25
5621	Complete Costume.	$3.25
5622	Yellow Race—Japanese. Tunic and trousers.	$2.60
5623	Mask, extra quality waxed gauze with mustache and queue.	.85
5624	Complete Costume.	$3.45
5625	Brown Race—Parsee. Robe, sash, slippers and headdress.	$3.25
5626	Mask, extra quality waxed gauze, mustache and short beard.	.70
5627	Complete Costume.	$3.95
5628	Pagan—Fire Worshiper. Robe, sash and headdress.	$3.25
5629	Mask, extra quality waxed gauze, with mustache and long beard	.85
5630	Complete Costume.	$4.10

　世紀の変わり目の時代、異質で風変わりなものの訴求力は、当時のアメリカ人が固執していた「白熱化した人種問題」と背反するものだった。多くのアメリカ人がマーク・トウェインやテディ・ルーズベルトの冒険旅行記に夢中になる中、教会や会館で行われる伝道師の後援会に多くの人が集まり、人食い人種の信仰体系や「東洋人種」の特異な癖、サモア人主婦の家庭習慣についての話に聞き入った。

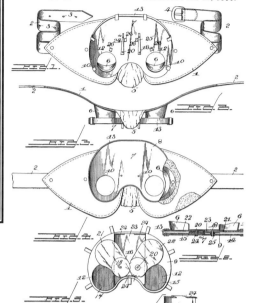

(No Model.)

E. & U. S. DE MOULIN.
HOODWINK.
No. 562,071. Patented June 16, 1896.

HOODWINKS
DeMoulin's Patent Hoodwink

290J DeMoulin's Patent Hood-wink, the best and most desirable on the market; has merits found in no other; three changes—light, darkness and tableau effect—can be produced without removing hoodwink from the face; easily manipulated; nothing to get out of order; well made and nicely finished; part fitting close to face is of kid leather, lined with soft felt $1.25

290J

目隠しマスク

290J ●デムーリン型特許目隠し装置。あらゆる意味で最高の製品です。3つのモード（明・暗・劇場効果）の切り替えが、装置を顔から外すことなく可能です。取り扱いも簡単で、顔の表面に優しくフィットする素材で作りました：1ドル25セント

儀式用目隠し

292J ●硬めの生地を顔の形に整形し、伸縮バンドを付けました：10セント

293J ●上記モデルの表面をベルベットで包みました：20セント

294J ●両目にぴったりとかぶさるタイプ。ベルベット製、伸縮バンド付き：30セント

292J, 293J

294J

292J	Hoodwink, stiff cloth pressed into shape of face, with elastic band	**$0.10**
293J	Hoodwink, stiff cloth pressed into shape of face and covered with velvet, elastic band	**.20**
294J	Hoodwink of velvet, shaped to fit the eyes, with elastic band	**.30**

・目に映るもの、映らないもの・

　1895年、デムーリン・ブラザーズ・カンパニー社は1,000個以上の目隠しを販売した。フリーメイソンをはじめとする多くの友愛団体の儀式において、志願者が目隠しをされた。顔にフィットするよう伸縮性のバンドを付けたベルベットの布が使われることもあった。志願者は自分で目隠しをして、正しいタイミングで外す。しかしデムーリン・ブラザーズ・カンパニー社は、特許が与えられるような、かなり複雑な構造の目隠しを売り出した（220ページ参照）。この製品にはシャッターが付いていて、顔から外すことなく視界を遮断したり、見えるようにしたりすることができた。儀式の中で見るべきものがある時はシャッターを開き、それ以外の時にはシャッターを閉めた状態にすることができた。カタログの文章によれば、このタイプの目隠しには「明・暗・劇場効果」という3つのモードがあった。モードの切り替えは、装着している志願者もまったく気づかないほどきわめてスムーズに行うことができたようだ。

　志願者に目隠しをするという行いには、象徴的な意味があった。闇の中で生きてきたとしても、団体の教えで目の前が明るく開ける。ただ、視界を奪われた状態になると、儀式において伝えられる言葉により集中できたかもしれないし、あるいはそうした言葉をよりよく受け容れるような状態になることもあったかもしれない。

　　　──エイミー・E．ニューウェル博士（フリーメイソン・スコティシュ・ライト博物館・
　　　　図書館所蔵品管理担当主任、マサチューセッツ州レキシントン）

HANDCUFFS.

No. 729.

727—Made of Orange Leather, with Buckles, per pair ....$ 15

728—Heavy Leather, with Buckles, and fastened together with
      rings, per pair   30

729---Handcuffs made of Heavy Leather and fastened together
      with Swivel Chain as shown in cut, per pair   40

730—Straps for binding candidate, per set   50

731.

731 Tower's Handcuffs, pol-
     ished, with Key........   4 00

732 - Tower's Handcuff's, Nick-
     el Plated.............   4 75

734.

733—Bean's Prison, Polished
     Steel 4 00

734—Bean's Prison, Nickel Plat-
     ed.....................   4 75

RED FIRE TORCHES.

721—These Torches are specially made for use by Woodmen,
      and we can guarantee them to give entire satisfaction,
      per dozen......................................   50

We were first in the field with Paraphernalia for the New Ritual.

手錠

727 ● 皮革製 バックル付き：15セント

728 ● 上質革製 環状部品でつないだモデル：30セント

729 ● 上質革製 回転軸付きの鎖でつないだモデル：40セント

730 ● 目隠し用ストラップ：50セント

731 ● 磨き仕上げ手錠 鍵付き：4ドル

732 ● ニッケルメッキ仕上げ：4ドル75セント

733 ● 囚人用手錠 磨き仕上げ：4ドル

734 ● ニッケルメッキ仕上げ：4ドル75セント

たいまつ

721 ● ウッドメン仕様のたいまつです。満足していただけることを保証します：1ダース50セント

> 世紀転換期、自身もロッジ会員だったハリー・フーディーニ［ハンガリー出身の奇術師］は「ハンドカフ・キング」として世界的に知られていた。

　拘束具に頼らざるをえない場面が多かった奴隷の輸送により、手錠が大量生産されるようになった。こうした傾向は19世紀終わりに始まり、1920年代まで続いた。

　当時隆盛を誇っていたのがビーン・ハンドカフ・カンパニー社だ。ほぼすべての商品が武器製造業者であるアイバー・ジョンソン社によって作られていた。デムーリン・ブラザーズ・カンパニー社は

ビーン・ハンドカフ・カンパニー社モデル（上記イラスト734）を販売していたが、アメリカの手錠の古典期を独占していたのはタワー・カンパニーという会社だった。19世紀の最後の10年間、タワー製の手錠が稼働状態の正確性と職人技的な仕上げ、そして安全性とすべての面で業界をリードすることになった。731はタワーの単一錠型手錠である。

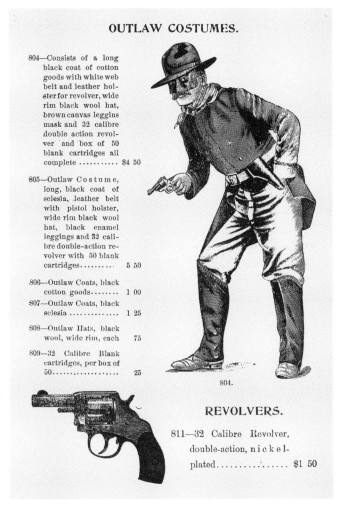

OUTLAW COSTUMES.

804—Consists of a long black coat of cotton goods with white web belt and leather holster for revolver, wide rim black wool hat, brown canvas leggins mask and 32 calibre double action revolver and box of 50 blank cartridges all complete $4 50

805—Outlaw Costume, long, black coat of selesia, leather belt with pistol holster, wide rim black wool hat, black enamel leggings and 32 calibre double-action revolver with 50 blank cartridges......... 5 50

806—Outlaw Coats, black cotton goods........ 1 00

807—Outlaw Coats, black selesia 1 25

808—Outlaw Hats, black wool, wide rim, each 75

809—32 Calibre Blank cartridges, per box of 50................. 25

804.

REVOLVERS.

811—32 Calibre Revolver, double-action, nickel-plated................ $1 50

アウトロー・コスチューム

804●黒の長いジャケット、白ベルト、革製ホルスター、黒のつば広帽子、茶色のキャンバス地の脚絆、32口径ダブルアクション回転式拳銃、空包50発：4ドル50セント
805●良質な生地のジャケット、革製ベルトとホルスター、ウール地製の帽子、エナメル仕上げの脚絆、32口径ダブルアクション回転式拳銃、空包50発：5ドル50セント
806●ジャケットのみ（綿素材）：1ドル
807●ジャケットのみ（上質生地）：1ドル25セント
808●ウール地製幅広帽：75セント
809●空包50発：25セント

回転式拳銃
811●32口径回転式拳銃　ニッケルメッキ仕上げ：1ドル50セント

　アウトローあるいはハイウェイメンと呼ばれた人たちは、世紀の変わり目の時代にはまだ有害な存在として認識されていた。街灯もついていない荒れた道を行く旅人たちは、強盗の標的になりやすかった。開拓時代のアメリカ西部からは、カウボーイ同士の喧嘩や列車強盗などの話が伝わってきた。馬に乗って、目につくものを撃つランダム・シューティング的な事件を起こすティーンエイジャーも多かったようだ。「フットパッド」と呼ばれた強盗は、木の陰や茂みから突然姿を現し、郵便配達員や牛乳配達、あるいは夕暮れの散歩を楽しむ人たちを襲って金品を奪った。当時の新聞は、この種の事件の記事でいっぱいだった。

COSTUMES

For Ruffians   Disguise

M2605—M2613   M2614—M2615

COATS
With collar, silver matted buttons and rope girdle.
M2605—Soulette Poplin.
M2606—Mercerized Sateen.

TURBANS
With Roll.
M2607—Soulette Poplin.
M2608—Mercerized Sateen.

TROUSERS
Ancient baggy style.
M2609—Soulette Poplin.
M2610—Mercerized Sateen.

CLOAK AND HOOD
M2614—Soulette Poplin, set of 3.
M2615—Mercerized Sateen, set of 3.

CLUBS
M2611—Stuffed Club, substantial material, tightly stuffed; fine for clubbing purposes.
M2612—Stuffed Club, same as M2611, but smaller.
M2613—Clubs, natural wood with bark, varnished; set of four.

コスチューム

ごろつき
コート
襟付き、銀のつや消し仕上げのボタン、ロープ状腰紐
M2605●木綿
M2606●マーセライズ糸綿繻子

ターバン
M2607●木綿
M2608●マーセライズ糸綿繻子

ズボン
M2609●木綿
M2610●マーセライズ糸綿繻子

変装
マントとフード
M2614●木綿 3組
M2615●マーセライズ糸綿繻子 3組

詰め物で作ったこん棒
M2611●こん棒。ものを叩くのに最適
M2612● M2611よりも小さなサイズ
M2613●樹皮付きのこん棒。ワニス仕上げ 4本組

顧客の声――――――――――
より大きな会場が必要

　御社製品を使い続けていますが、非常に評判が良く、会合への出席率が高くなりました。今は毎週木曜日に行われる会合に多くの会員たちが集まっています。私たちにとっては大切なことであり、より大きな会場が必要となりつつあります。御社製品には大変満足しています。製品購入に至るまではかなり時間がかかりましたが、私は粘り強く説得を続けました。今では話がきわめて順調に進むようになっています。

―― ジェオ・H.パリッシュ
（ノースカロライナ州ヘンダーソン）

SMOKING CAMEL

D413

Smoking Camel—put him at the head of the parade, then follow his smoke.

This Camel is substantially built, can carry a rider if desired and is comfortably padded for carrying the load; made for two men inside; the men stand upright, one in each hump, which allows perfect freedom for operating the several parts, also provided with breathing screens. Tail and lower jaw movable. Long cigar in camel's mouth which produces a dense smoke; cigar connects to an arrangement by which smoke is drawn in, then forced out through the nostrils.

D413—Smoking Camel, including large cigar............................$75.00

D414

COW BELLS

Cow Bells—they were never used in the chimes of Normandy; they are all sizes and all out of tune; scatter them among the crowd to be used for applause.

D414—Cow Bells, per set of 7, assorted sizes, $2.50

タバコを吸うラクダ

パレードの先頭に立たせ、煙を追いかけてください。丈夫な製品で、人を乗せることもできます。内部に二人入り、歩いていけます。まっすぐ立って、このぶの中に上半身が収まるようになっています。中で自由に動けるので、さまざまな操作も簡単に行えます。呼吸用スクリーンも付いています。尻尾と下あごが動くようになっています。口にくわえた長いタバコが濃い煙を発します。鼻から煙を出すためのパイプもお付けいたします。

D413 ● タバコを吸うラクダ 大きなタバコ付き：75ドル

カウベル

さまざまな音が出るさまざまな大きさのカウベルです。集まった人たちに配り、思い思いに鳴らしてもらいましょう

D414 ● 7個1セット。サイズ各種：2ドル50セント

参考文献・サイト

友愛結社の「第二義的な仕事」とレガリア関係の博物館／コレクション
- デムーリン博物館　DeMoulin Museum（イリノイ州グリーンビル）www.demoulinmuseum.org
- アメリカ国立文化遺産博物館 National Heritage Museum（マサチューセッツ州レキシントン）www.monh.org
- フェニックスメイソンリー博物館・図書館 Phoenixmasonry Masonic Museum and Library www.phoenixmasonry.org
- ウェッブ・ギャラリー　Webb Galleries（テキサス州ワクサハチーおよびオースティン）www.webbartgallery.com

読書案内
- David T. Beito, *From Mutual Aid to the Welfare State: Fraternal Societies and Social Services, 1890–1967*, University of North Carolina Press, 1999.
- Mark C. Carnes, *Secret Ritual and Manhood in Victorian America*, Yale university Press, 1989［邦訳：マーク・C.カーンズ、野崎嘉信訳『結社の時代　19世紀アメリカの秘密儀礼（りぶらりあ選書）』法政大学出版局、1993年］.
- Frederick Denny's Encyclopædia of the British Music Hall, www.oldtimemusichall.net.
- William D. Moore, "Riding the Goat, Secrecy, Masculinity, and Fraternal High Jinks in the united States, 1845–1930," *Winterthur Portfolio: A Journal of American Material Culture* 41, 2/3 (summer/autumn 2007): 161–88.
- James Pettibone, ed., *The Lodge Goat: Goat Rides, Butts and Goat Hairs*, Cincinnati, Ohio, 1902.
- フェニックスメイソンリー博物館・図書館（URLは左列参照）
- Darius Rejali, *Torture and Democracy*, Princeton university Press, 2007.

図 版 出 典 一 覧

F1677 Seal, lion's head pattern, rich oxidized copper finish; name, number, location, date of institution and emblems engraved on 2-inch die, best quality 6.00

第1章 デムーリン兄弟
21ページ：Courtesy of DeMoulin Museum, Greenville, Illinois
23ページ：Courtesy of Phoenixmasonry Masonic Museum and Library, www.phoenixmasonry.org
27ページ：Courtesy of DeMoulin Museum, Greenville, Illinois
27ページ：Courtesy of DeMoulin Museum, Greenville, Illinois
28ページ：Courtesy of DeMoulin Museum, Greenville, Illinois

第2章 友愛団体の基礎知識
43ページ：Courtesy of Phoenixmasonry Masonic Museum and Library, www.phoenixmasonry.org
48ページ：From *The Lodge Goat* by James Pettibone, 1902
51ページ：From *The Lodge Goat* by James Pettibone, 1902
56ページ：From *The Lodge Goat* by James Pettibone, 1902

第3章 お楽しみ

62ページ：From *The Lodge Goat* by James Pettibone, 1902
63ページ：Courtesy of Corbis Images

第4章 工場生まれのヤギ
80ページ：Courtesy of Duke university, Special Collections
81ページ：Original drawing by the author, based on an image from the Special Collections Davidson Library, university of California Santa Barbara
88ページ：Courtesy of National Heritage Museum, Lexington, Massachusetts
97ページ：From *The Lodge Goat* by James Pettibone, 1902

第5章 法廷でお会いしましょう
98ページ：From *Duncan's Ritual of Freemasonry*, Third Edition, by Malcolm C. Duncan (David McKay Company, n.d.)
103ページ：From *The Lodge Goat* by James Pettibone, 1902
104ページ：From *The Lodge Goat* by James Pettibone, 1902
111ページ：From *The Lodge Goat* by

James Pettibone, 1902

第6章 ビリビリ!
119ページ: From *Modern Mechanix*, July
1933

第7章 ドカン! ガシャーン! パシャッ!
176ページ: Courtesy of DeMoulin
Museum, Greenville, Illinois

カタログ一覧

カタログのイラストおよびその説明文は、デムーリン・ブラザーズ・カンパニー社の13種類のカタログから引用した。本書で紹介したカタログ(メイソンロッジ製品、インディペンデント・オーダー・オブ・オッド・フェローズ、インプルーブド・オーダー・オブ・レッドメン用カタログを除く)は、「第二義的な仕事」のためのいたずらグッズを提供した同社の他の友愛団体用品のカタログとは内容が異なる。

デムーリン・ブラザーズ・カンパニー社のカタログには古い順から通し番号が付けられており、最も古いのはモダン・ウッドメン・オブ・アメリカ用カタログの8号となっている。ほとんどの場合、発行年月日は記載されておらず、推測するしかない。デムーリン・ブラザーズ・カンパニー社の最古のカタログ(通し番号不明)は1897年に印刷され、最後に印刷されたのが1929年の439巻だった。

リストに記載された略称は、それぞれの団体が使っている標準的な表記である。

第1章 デムーリン兄弟

第2章 友愛団体の基礎知識

40ページ: Modern Woodmen of America (MWA) catalog no. 111

41ページ: Independent Order of Odd Fellows (IOOF) catalog no. 320

42ページ（左）: Independent Order of Odd Fellows (IOOF) catalog no. 320

42ページ: Burlesque and Side-Degree (BSD) catalog no. 439

45ページ: Modern Woodmen of America (MWA) catalog no. 111

46ページ: Independent Order of Odd Fellows (IOOF) catalog no. 320

50ページ: Modern Woodmen of America (MWA) catalog no. 111

51ページ: Independent Order of Odd Fellows (IOOF) catalog no. 320

52ページ: Modern Woodmen of America (MWA) catalog no. 8

53ページ: Modern Woodmen of America (MWA) catalog no. 111

54ページ: Modern Woodmen of America (MWA) catalog no. 111

55ページ: Independent Order of Odd Fellows (IOOF) catalog no. 320

57ページ: Woodmen of the World Supplies, no. 257

58ページ: Burlesque and Side-Degree (BSD) catalog no. 439

59ページ: Independent Order of Odd Fellows (IOOF) catalog no. 320

60ページ: Burlesque and Side-Degree (BSD) catalog no. 439

第3章 お楽しみ

61ページ: Modern Woodmen of America (MWA) catalog no. 111

65ページ: Burlesque and Side-Degree (BSD) catalog no. 64

66ページ: Burlesque and Side-Degree (BSD) catalog no. 64

67〜8ページ: Burlesque and Side-Degree (BSD) catalog no. 439

69ページ: Brotherhood of Railroad Trainmen (BRT) catalog no. 169

70ページ: Burlesque and Side-Degree (BSD) catalog no. 439

71ページ: Burlesque and Side-Degree (BSD) catalog no. 439

72ページ: Burlesque and Side-Degree (BSD) catalog no. 439

73〜4ページ: Burlesque and Side-Degree (BSD) catalog no. 439

77ページ: Burlesque and Side-Degree (BSD) catalog no. 439

第4章 工場生まれのヤギ

82ページ: Modern Woodmen of America (MWA) catalog no. 11

83ページ: Modern Woodmen of America (MWA) catalog no. 8

84ページ: Modern Woodmen of America (MWA) catalog no. 11

85ページ: Burlesque and Side-Degree (BSD) catalog no. 64

86ページ: Junior Order of united American Mechanics (JOUAM) catalog no. 127

87ページ（上）:Burlesque and Side-Degree (BSD) catalog no. 64

87ページ: Junior Order of united American Mechanics (JOUAM) catalog no. 127

88ページ: Burlesque and Side-Degree (BSD) catalog no. 439

89ページ: Modern Woodmen of America (MWA) catalog no. 8

90ページ: Modern Woodmen of America (MWA) catalog no. 111

91ページ: Junior Order of united American

174ページ: Burlesque and Side-Degree (BSD) catalog no. 439

175ページ: Modern Woodmen of America (MWA) catalog no. 111

176ページ: Modern Woodmen of America (MWA) catalog no. 111

177ページ: Modern Woodmen of America (MWA) catalog no. 111

178ページ: Burlesque and Side-Degree (BSD) catalog no. 439

179ページ: Modern Woodmen of America (MWA) catalog no. 111

182ページ: Modern Woodmen of America (MWA) catalog no. 111

183ページ: Burlesque and Side-Degree (BSD) catalog no. 126

184ページ: Burlesque and Side-Degree (BSD) catalog no. 439

185ページ: Burlesque and Side-Degree (BSD) catalog no. 439

186ページ: Burlesque and Side-Degree (BSD) catalog no. 439

187〜8ページ: Burlesque and Side-Degree (BSD) catalog no. 439

189ページ（上）:Junior Order of united American Mechanics (JOUAM) catalog no. 127

189ページ: Brotherhood of Railroad Trainmen (BRT) catalog no. 169

190ページ: Burlesque and Side-Degree (BSD) catalog no. 126

191〜2ページ:Burlesque and Side-Degree (BSD) catalog no. 439

193ページ: Burlesque and Side-Degree (BSD) catalog no. 439

第8章　ワードローブ!

197ページ: Modern Woodmen of America (MWA) catalog no. 111

198ページ: Woodmen of the World Supplies, no. 257

199ページ: Woodmen of the World Supplies, no. 257

200ページ: Modern Woodmen of America (MWA) catalog no. 111

201ページ: Burlesque and Side-Degree (BSD) catalog no. 439

202ページ（いずれも）:Modern Woodmen of America (MWA) catalog no. 111

203ページ: Woodmen of the World Supplies, no. 257

204ページ: Burlesque and Side-Degree (BSD) catalog no. 439

205ページ（上）: Burlesque and Side-Degree (BSD) catalog no. 439

205ページ: Modern Woodmen of America (MWA) catalog no. 11

206ページ: Modern Woodmen of America (MWA) catalog no. 111

207〜8ページ: Burlesque and Side-Degree (BSD) catalog no. 439

209ページ（いずれも）:Burlesque and Side-Degree (BSD) catalog no. 439

211ページ: Modern Woodmen of America (MWA) catalog no. 111

212ページ: Modern Woodmen of America (MWA) catalog no. 111

213ページ: Modern Woodmen of America (MWA) catalog no. 111

215ページ: Modern Woodmen of America (MWA) catalog no. 111

217ページ: Burlesque and Side-Degree (BSD) catalog no. 439

218ページ: Modern Woodmen of America (MWA) catalog no. 111

219ページ: Modern Woodmen of America (MWA) catalog no. 111

220ページ: Modern Woodmen of America

訳者あとがき

本書は『THE EXTRAORDINARY CALTALOG OF PECULIAR INVENTIONS』の全訳である。秘密結社メンバーが実際に使っていた装置や道具、装束を通してアメリカ史の一部を切り取って見ていこうという、まさに"peculiar"＝特異なアイデアの一冊だ。

秘密結社——どこかおどろおどろしい響きが否めない言葉だ。いわゆる陰謀論では、闇の世界の頂点に立つとされることも多い。この本にも、そういう団体の名前が具体的に記されている。ただ、どんな団体もダークなイメージだけでは語り切れないようだ。頻繁に開催される会合でメンバー同士が楽しむというだけの目的で存在していた装置や道具があったという事実に、まず驚かされる。

秘密結社には、イニシエーション＝入会式をはじめとしてさまざまな重要儀式がある。しかし本当に大事なのは、正式な儀式の直後に行われる"ちょっとした"余興だった。定例ミーティングも変わらない。電流、空砲、炎、水……。ありとあらゆるものを用いた仕掛けが繰り広げられる余興が、メンバーの心をがっちりつかむ。

ちょっと考えてみた。こうした装置を現代によみがえらせることができたら、何に使えるだろうか。リアクション芸人というジャンルの人たちに試してもらったら、どんな反応を見せてくれるだろうか。どっきり企画とか、ビビり芸人グランプリみたいなフォーマットに落とし込んだら見栄えがするかもしれない。

ここ数年で、ポリティカル・コレクトネスとかコンプライアンスという言葉が世の中に完全に定着した。こうした概念で網をかけられられる行いの範囲が広がり続けていることは、なんとなく体感できる。そんな空気の中では、吸っている途中で爆発する葉巻とか、座っていると一瞬でバラバラになる椅子とか、キッチュな仕掛けのインパクトが増幅するに違いない。結果として、人間の本能に訴えかけるピュアな笑いが生まれる。この本で紹介されている装置は、デムーリ

ン・ブラザーズ・カンパニーが隆盛をきわめていた時代よりも現代のほうがさらにウケるのではないだろうか。

　装置の向こう側に感じられる時代精神めいたものに触れるのも興味深い。たとえば、第8章で紹介されている人種マスクの数々は、今の時代ではかなりきわどい商品となるだろう。NFL（ナショナル・フットボール・リーグ：アメリカのプロフットボール機構）の名門チーム「ワシントン・レッドスキンズ」は2022年2月2日に「ワシントン・コマンダーズ」という新チーム名を発表したし、MLB（メジャー・リーグ・ベースボール：アメリカの大リーグ野球連盟）の「クリーブランド・インディアンズ」は1915年のネーミング以来初めて、2021年シーズン終了後からチーム名が「クリーブランド・ガーディアンズ」に変わった。いずれもネイティブ・アメリカン人口への配慮によるものだ。

　この本は、何に対しても正しくあろうとする今の時代精神と正反対に位置するものといえるだろう。だからこそ、これ以上なく魅力的に映る。歴史書であり、年代史であり、文化研究書であり、ビジュアル面も充実している。そして、娯楽に徹した作りに強く惹かれる。バカげたことを真剣に考える。本当に面白いのは、そういう行いなのだ。この本を手にとってくださる方々に心からお礼を申し上げるとともに、そのあたりの感覚を真剣に楽しんでいただけることを願う。

　参考までに、現在のデムーリン・ブラザーズ・カンパニーと博物館のURLを記しておく。

- DeMoulin Bros. and Co.
  https://demoulin.com
- DeMoulin Museum
  https://www.demoulinmuseum.org

　最後になったが、本書の訳出においてさまざまに協力していただいた編集担当の小澤祥子さんに感謝の言葉を述べさせていただく。ありがとうございました。

　　　　　　　　　　　　　　宇佐和通

著者

ジュリア・スーツ
Julia Suits

アーティスト、漫画家。1988年から2008年まで、ロサンゼルスの「クリエイターズ・シンジケート」でイラストレーターとして活躍。2006年から『ニューヨーカー』、『ナレイティブ』、『ザ・リジェクション・コレクション』といった雑誌媒体をはじめ、単行本企画に参加。デムーリン・ブラザーズ・カンパニー社の工場から電車で西に1時間ほど行ったミズーリ州セントルイス出身。祖父は同社の工場から数キロメートルしか離れていないイリノイ州バトラーで生まれ育った。本書が単行本デビュー作。

訳者

宇佐和通
（うさ・わつう）

1962年、東京生まれ。東京国際大学卒業後、南オレゴン大学にてビジネスコース修了。商社、通信社勤務を経て、翻訳家・ノンフィクション作家に転身。翻訳書に『インディゴレッスン』、『エンジェルアストロロジー』、『お金の心配のない現実を作る方法』（JMA・アソシエイツ）、『目覚めた人になる4つのステージ』、『「ロスト・シンボル」の秘密がわかる33のカギ』（SBクリエイティブ）、『世界で最も危険な書物—グリモワールの歴史』（柏書房）、『チベット聖なる音のパワー』、『エンジェル・セラピー』（ベストセラーズ）、『劇的瞬間の気もち』、『死刑囚 最後の晩餐』（筑摩書房）など。

デムーリン・ブラザーズの
華麗なる秘密結社グッズカタログ

第一刷 2022年5月31日

著者
ジュリア・スーツ

訳者
宇佐和通

発行人
石井健資

発行所

株式会社ヒカルランド
〒162-0821 東京都新宿区津久戸町3-11 TH1ビル6F
電話03-6265-0852 ファックス03-6265-0853
http://www.hikaruland.co.jp info@hikaruland.co.jp

振替
00180-8-496587

ブックデザイン・DTP
鈴木成一デザイン室

校正
麦秋アートセンター

本文・カバー・製本
中央精版印刷株式会社

編集担当
小澤祥子

ヒ カ ル ラ ン ド 好 評 既 刊

現代魔術の源流
［黄金の夜明け団］入門

チック・シセロ＋
サンドラ・タバサ・シセロ＝著
江口之隆＝訳・解説
A5ハード／本体3,333円＋税

ウェイト＝スミス・タロット物語

K・フランク・イェンセン＝著
江口之隆＝訳・解説
A5ソフト／本体3,333円＋税

SS先史遺産研究所
アーネンエルベ

ミヒャエル・H・カーター＝著
森貴史＝監訳
四六ハード／本体9,000円＋税

スーパーナチュラル・ウォー

オーウェン・デイヴィス＝著
江口之隆＝訳
四六ハード／本体3,200円＋税

トランプ時代の魔術と
オカルトパワー

ゲイリー・ラックマン＝著
安田隆＝監訳
四六ソフト／本体3,500円＋税

coming soon

謎の友愛結社 オッド・フェローズ(仮)

歴史、伝統、地域奉仕の200年史

Louie Blake Saile Sarmiento＝著

宇佐和通＝訳

2023年刊行予定／予価未定

今からおよそ300年前に、英国の貿易ギルドで誕生した
「オッド・フェローズ(Odd Fellows)」。
かつて世界最大の友愛結社だったこの組織は、
新大陸の開拓や新たな国家の形成において、重要な役割を果たした。
世界中の数多くの街や都市、国の発展に大きく貢献してきた
彼らの知られざる歴史・儀式・諸活動を、
気鋭の現役団員が鮮やかに活写する。